Bernd Schmid und Oliver König (Hrsg.)

Train the Coach: Methoden

Übungen und Interventionen für die professionelle Weiterbildung von Coachs, Teamcoachs, Change-Agents, Organisationsentwicklern und Führungskräften

CIK UnternehmerBeratung GmbH
St. Ottilien-Str. 8 · D-82299 Türkenfeld

managerSeminare Verlags GmbH – Edition Training aktuell

Bernd Schmid, Oliver König (Hrsg.)
Train the Coach: Methoden
Übungen und Interventionen für die professionelle Weiterbildung von
Coachs, Teamcoachs, Change-Agents, Organisationsentwicklern und
Führungskräften

© 2014 managerSeminare Verlags GmbH
Endenicher Str. 41, D-53115 Bonn
Tel: 0228-977910, Fax: 0228-9779199
info@managerseminare.de
www.managerseminare.de/shop

Printed in Germany

ISBN: 978-3-941965-80-5

Herausgeber der Edition Training aktuell:
Ralf Muskatewitz, Jürgen Graf, Nicole Bußmann
Lektorat: Ralf Muskatewitz, Vera Sleeking
Cover: © Fotolia/lassedesignen
Druck: Kösel GmbH und Co. KG, Krugzell

Inhalt

Vorwort 7

Aufbau des Buches 9

Schnellfinder 14

1. Als Coach Vorgehensweisen im Coaching lernen und üben 17

Schlechtester Coach der Welt
Von Dr. Bernd Schmid 20

Anwendung systemischer Fragen
Von Joachim Hipp und Katja Wengel 23

Persönlichkeitsentwicklung durch systemische Fragen
Von Marc Minor 33

Zirkuläres Fragen
Von Dr. Andreas Kannicht 40

Interventionstechniken für kritische Situationen entwickeln
Von Wolfgang Schmidt 44

Der Fußweg zum Ziel
Von Prof. Dr. Jörg Fengler 51

Modell der strukturierten Problemlösung
Von Walter Slupetzky 59

Vom „Nicht-Klienten" zum „echten" Klienten
Von Jutta Kreyenberg 64

„Schachmatt-Sätze"
Von Dr. Julika Zwack 72

Unentscheidbares entscheiden
Von Dr. Julika Zwack 78

Schwieriger Coachee
Von Prof. Dr. Eric Lippmann 84

2. Als Coach Prozesse reflektieren und steuern lernen 91

Lösungsorientierte Reflexion
Von Dr. Peter Szabó 93

Kunden-Nützlichkeitsbewertung
Von Katalin Hankovszky Christiansen 98

Coaching als Prozess – (M)ein erster Entwurf
Von Wolfgang Schmidt 103

Turbo-Coaching
Von Gerhard Neumann 108

Stopp & Go
Von Prof. Dr. Eric Lippmann 114

Vom äußeren Konflikt zur psychischen Dynamik
Von Klaus Eidenschink 118

**3. Übungen für lernende Coachs auswählen – Unterschiedliche
Settings von kollegialer Beratung** 127

Kreativer Dialog
Von Walter Slupetzky 129

Reflecting Team
Von Oliver König 134

Die Kollegiale Coaching Konferenz
Von Dr. Elke Berninger-Schäfer 140

Geschichten zum Fall
Prof. Dr. Eric Lippmann 148

Perspektivenwechsel für Gespräche
Von Dr. Sonja Radatz 152

Beratermarkt
Von Dr. Bernd Schmid 157

Fishbowl, Coachingfall, Open Staff Meeting und Reflecting Team
in einem Modul
Von Dr. Hüseyin Özdemir 163

Kooperationswerkstatt
Von Thorsten Veith und Helena Veith 169

4. Narrative Ansätze und hintergründige Themen 177

Drei-Welten-Modell der Persönlichkeit
Von Rita Strackbein 180

Arbeiten mit analogen Techniken
Von Jutta Kreyenberg 186

Theatermetapher
Von Oliver König 192

Die Dialogmethode nach David Bohm
Von Dr. Cornelia von Velasco 198

Vier Dimensionen des Tätigseins
Von Dr. Christoph Schmidt-Lellek 206

Konfliktressourcen
Von Dr. Michael Loebbert 214

Menschliche Grundbedürfnisse am Arbeitsplatz
Von Dr. Hans Jellouschek 222

Die Lebensuhr
Von Dr. Cornelia von Velasco 228

**5. Profilbildung und Persönlichkeitsentwicklung
der Coachs unterstützen** 235

Der Weg zum Klienten
Von Christopher Rauen 238

Genius
Von Birgit Minor 242

Selbstbildnis
Von Dr. Walter Spreckelmeyer 249

4 Zukünfte
Von Cornelia Seewald 255

Die Passungsformel im Wertekreuz
Von Thorsten Veith und Fred F. Schmidt 262

Spiegelungsübung Self Care
Von Dr. Andreas Kannicht 271

Spiegelungsübung Ladenmetapher
Von Dirk Strackbein 275

Spiegelungsübung Lebensphasen
Von Dr. Cornelia von Velasco 280

Flyer-Arbeit
Von Oliver König 285

Portfolio-Arbeit
Von Thorsten Veith und Susanne Ebert 292

6. Lernprozesse in der Ausbildungsgruppe anleiten 299

Pressenotiz
Von Gerhard Neumann 301

Teambuilding
Von Dr. Andreas Kannicht 306

Mein Lebens- und Lernweg
Von Wolfgang Schmidt 311

Übergänge und Abschlüsse gestalten
Von Jutta Kreyenberg 314

Autorenverzeichnis 321

Stichwortregister 333

Vorwort

Tool-Bücher sind wie Kochbücher. Die Parallelen sind unübersehbar. *Kochbücher für Anfänger* helfen, wenn man vom Kochen wenig Ahnung hat, aber etwas zubereiten möchte, das erfreut und gemeinsamen Genuss im Kreise auserwählter Menschen ermöglicht. Ein Kochrezept ermöglicht Teilnahme an der Erfahrung solcher, die kochen können. Entlang seiner Vorgaben gelingt es mit großer Wahrscheinlichkeit, etwas Geschmackvolles auf den Tisch zu bringen. Dazu ist lediglich wichtig, dass das Rezept geeignet ist, indem z.B. die Zutaten leicht verfügbar und die Abläufe auch für den Laien gut verständlich und umsetzbar erklärt sind. So kann jemandem im Nachvollziehen etwas gelingen, was er aus eigener Kenntnis und mit eigenem Experimentieren nicht zustande bringen würde.

Notgedrungen, oder aus Experimentierlust, beginnt man von den Vorgaben abzuweichen; oft der Anfang einer Entwicklung zum Könner. Nun helfen besonders Rezepte, die über Handlungsanweisungen hinaus ein Lernen anregen, mit Informationen z.B. über Zutaten und deren Austauschbarkeit, über mögliche alternative Zubereitungsschritte und über Variationsmöglichkeiten und deren Wirkungen. Direkte Umsetzung wird um hintergründiges Lernen ergänzt. Über das Verständnis, wie Rezepte angelegt sind, gelangen wir zu dem Können, das für das freie Kreieren wesentlich ist.

Kochbücher für Fortgeschrittene geben dem Kundigen Gelegenheit zu vertieftem Verständnis und vielfältigen Ergänzungen. Das solide Grundrepertoire kann um spezielle Kreationen oder Zubereitungsarten erweitert werden. Dabei gewinnen die hinter den Rezepten stehenden Weltanschauungen und deren Umsetzung in konkrete Lebensgestaltung eine zunehmende Bedeutung. Man setzt sich implizit oder explizit mit der Professionalität und der Lebensart des Rezeptautors auseinander. Vielleicht nimmt man dies als Anlass, sich mit anderen Kundigen zusammenzufinden, sich gemeinsam gutes Essen zu bereiten und noch mehr das gemeinsame Lernen zu genießen. Und am Ende leistet man sich spezielle Kurse bei Experten, um sich Inspiration zu holen und eigene Kreationen begutachten zu lassen.

Dieses (Koch-)Buch ist für Anfänger und Fortgeschrittene gleichermaßen geeignet. Erfahrene Lehrer und Lernkulturgestalter stellen ihre bewährten Lerndesigns zur Verfügung, die sich in Schulungen für Coachs und andere professionelle Entwicklungsbegleiter bewiesen haben. Das ausgewählte Spektrum an Übungen deckt die wesentlichen Dimensionen eines Lernprogramms für professionelle Coachs ab. Welche Grundlagen zu einem runden Ganzen zusammengestellt wurden, lässt sich im Aufbau des Buches und den Begründungen der Tools nachvollziehen.

Letztlich sind Rezepte immer nur Beispiele für handwerkliches Können. Bei diesem Buch geht es am Ende um die Kunst der Handwerker und darum, sich gute eigene Rezepte erstellen zu können – genauso wie der lernende Koch im Beispiel.

Nun wünschen wir den Lesern viele Anregungen und gutes Gelingen von Einzelspeisen und Menüs!

Wiesloch, 2014

Oliver König und Bernd Schmid

Aufbau des Buches

Worum geht es?

Der Sammelband „Train the Coach" trainiert das Spektrum der in einer Coachingausbildung vermittelten Fähigkeiten. Dazu gehören Selbstfindung und methodische Figuren wie etwa Fragetechniken oder die Arbeit mit Metaphern. Es wird der Umgang mit „schwierigen" Klienten trainiert und die Fähigkeit, beim Treffen von Entscheidungen oder in der Zielklärung Hilfestellung zu geben. Ausgebildet wird die Kooperations- und Konfliktkompetenz wie auch Kompetenz im Bereich der Gesprächsführung. Schließlich wurden zusätzlich Tools ausgewählt, die der Schärfung des eigenen Profils und der Überprüfung des eigenen Marketings dienen. Diese Zusammenstellung ergänzen Übungen, die Coachs in der Ausbildung darin unterstützen, in ihre neue Rolle hineinzuwachsen und eine stimmige Identität zu entwickeln.

Coachs, die schon mitten im Berufsleben stehen, können die Übungen nutzen, um gezielt und effektiv einzelne Coachingkompetenzen zu trainieren. Viele der Übungen können ebenso im Coaching selbst eingesetzt werden, um mit Klienten die entsprechenden Fähigkeiten zu trainieren.

Fokusbereiche der Tools

Das Buch ist in sechs Fokusbereiche eingeteilt:
- ▶ Vorgehensweisen lernen
- ▶ Prozesse reflektieren und steuern lernen
- ▶ Kollegiale Beratungssettings
- ▶ Narrative Ansätze und hintergründige Themen
- ▶ Profilbildung und Persönlichkeitsentwicklung
- ▶ Lernprozesse in der Ausbildungsgruppe

Diese Gliederung hat den Vorteil, dass die Didaktik der Tools innerhalb eines Kapitels auf einer ähnlichen Vorgehensweise beruht. So können Sie sich von den Überschriften leiten lassen. Um Tools für einen speziellen Einsatz zu finden, können Sie alternativ die Schnellfinder-Matrix auf S. 14 ff. zurate ziehen. Alle Tools sind hier nach Schlagworten sortiert, die auf einen Blick ihren Einsatznutzen aufzeigen.

Die Schwerpunkte der Kapitel dieses Buches seien kurz umschrieben:

1. Vorgehensweisen lernen
Hier werden Übungen vorgestellt, mit denen man sich als Coach positionieren kann. Haltungen der Coachs und Einstellungen der Klienten werden befragt, Betrachtungsweisen und Gestaltungen für Situationen angeboten. Insbesondere werden Grundtechniken aktiviert und fokusgerecht geübt, allem voran das systemische und das fokusspezifische Fragen. Übungen dieser Art sind für alle professionellen Kommunikatoren nützlich.

2. Prozesse reflektieren und steuern lernen
Bei den Tools dieses Abschnitts tritt man einen Schritt zurück und blickt von einer Meta-Ebene auf Coaching, auf Coachinglernen und auf Prozesse in Kundensystemen und in der Weiterbildungsgruppe. Coaching als kundenorientierte Dienstleistung kommt in den Blick. Überlegungen, aus welchen Perspektiven man Menschen und Prozesse überhaupt betrachtet, werden aktiviert.

3. Kollegiale Beratungssettings
Coaching leistet einen Beitrag zum eigenen und kollegialen Lernen. Das meiste Lernen dieser Art findet nicht in Weiterbildungsgruppen und nicht angeleitet durch Lehrer statt. Daher ist es wichtig, dass Übungen Handwerkszeug für kollegiales Lernen einführen und durch beispielhafte Erfahrung die dabei wichtigen Gestaltungsmöglichkeiten und Gesichtspunkte deutlich machen. Dadurch lernen die Coachs Arbeitsformen und Gütekriterien für kollegiales Arbeiten kennen, die sie für eigenes Weiterlernen und auch in ihrer Kundenarbeit nutzen können.

4. Narrative Ansätze und hintergründige Themen
Die Tools in diesem Abschnitt befassen sich mit dem Ansprechen von weitreichenden Themen oder von Sphären, die über das Aktuelle und Offensichtliche hinausreichen. Dies wird durch erzählerische Vorgehensweisen und bildhaftes Arbeiten erheblich erleichtert. Auch entsteht durch solche Übungen eine Vielschichtigkeit in der Kommu-

nikation. Intuitive Achtsamkeit und direkt Beschreibbares finden eine Sprache und halten Dialog. Inspirierende Lebensbetrachtungen werden zugänglich gemacht.

5. Profilbildung und Persönlichkeitsentwicklung

Selbsterkenntnis und Selbstpräsentation in professionellen Zusammenhängen, Persönlichkeitsentwicklung und Profilbildung im Markt sind mit entscheidend, um sich Resonanz und Wirkungsmöglichkeiten zu erschließen. Diese Dimensionen kann man sich in hochwertigen Spiegelungsprozessen in angeleiteter Selbstreflexion und der Reflexion durch andere erschließen. Gemeinsam sichtet man das Portfolio der eigenen Kompetenzen und auch die Passgenauigkeit des Marketings. Sie werden stimmig zur Persönlichkeit und zu professionellen Anforderungen ergänzt.

6. Entwicklungsprozesse in der Ausbildungsgruppe anleiten

Welche Lernkultur in einer Weiterbildungsgruppe entsteht, hat viel mit bewusster Gestaltung von Gruppenkultur und Begegnungen zu tun. Was und wie gelernt wird, hängt vom sich entwickelnden Biotop jeder Ausbildungsgruppe ab. Die Bemühungen des Gärtners sind dabei eine Sache. Ob sich ein Beet gut entwickelt, eine andere. Niemand kennt da alle Einflussfaktoren oder kann sie gar beherrschen. Dennoch kann man mehr oder weniger gute Chancen eröffnen. Besonders empfehlen sich Maßnahmen in der Gruppenbildungs- und Initialphase, damit eine gute Entwicklung gelingt. Durch sie werden unabhängig von einzelnen Persönlichkeiten Rahmen gesetzt, die die Gruppenentwicklung positiv formen und Entgleisungen verhindern können.

Aufbau der Tools

Man kann sich vorstellen, wie unterschiedlich das Verständnis von Tools und ihre Darstellung bei so kompetenten und auch eigenwilligen Autoren sind. Entsprechend haben wir einen Kompromiss finden müssen, zwischen einer vereinheitlichten Darstellung und dem Bewahren der durch das Tool hindurchscheinenden eigenen Weiterbildungsphilosophie der Autoren. Im folgenden Abschnitt beschreiben wir unsere Hintergrundgedanken zur Struktur der Tools.

▶ Bei jedem Tool informiert ein **grau hinterlegter Kasten** zunächst über dessen Einordnung bezüglich der **Vorerfahrungen** und Kenntnisse der Teilnehmer und der erforderlichen **Zeit**. Bei Anfängerübungen ist die Anwendung für die Teilnehmer einfacher und mit weniger Vorkenntnissen zu bewältigen. Diese sind für den Lehrtrainer nicht immer leicht zu inszenieren, sondern erfordern auch Aufmerksamkeit und eine gute Einführung. Die Fortgeschrittenenübungen können bei Teilnehmern eingesetzt werden, die über Grundkenntnisse des jeweiligen Themas und Grundfertigkeiten im Umgang mit selbst gesteuertem Arbeiten haben.

▶ Die **Kurzbeschreibung** gibt Ihnen einen schnellen Überblick auf den Fokus der Übung, der durch die Übung kreierten Situation und der Erfahrungen, die es den Teilnehmern beschert.

▶ Das **Setting** beschreibt geeignete Gruppengrößen, Abläufe und Besonderheiten und gegebenenfalls Varianten.

▶ **Gründe für das Tool** bzw. für den Einsatz einer Übung sind meist schnell gefunden, wenn es um deren Auswahl geht. Hier gilt es, genauer hinzuschauen: Was lernen die Teilnehmer genau? Und welchen Nutzen hat das Tool im Einsatz für die Teilnehmer und den Lehrtrainer? Welche Dramaturgie wird im Ablauf der Weiterbildung unterstützt? Und wann/wieso macht ein Einsatz überhaupt Sinn? Antworten auf diese Fragen finden Sie in diesem Abschnitt.

▶ Die **Ausführliche Beschreibung** bietet Ihnen eine Schritt-für-Schritt-Anleitung an. Darin wird sowohl die Einführung vor den Teilnehmern dargelegt als auch das methodische Vorgehen und das Verhalten des Lehrtrainers und das Vorgehen der Teilnehmer. Alle Anleitungen sind durch Lehrtrainer in vielen Jahren erprobt und verfeinert worden. Dieser Einblick ermöglicht Ihnen die 1:1 -Umsetzung in der eigenen Praxis. Lesen Sie die Methoden und entscheiden Sie selbst, welche am besten zu Ihrem Stil und Vorgehen passt. Oder kommt Ihnen beim Lesen vielleicht eine Idee, wie Sie die Methode noch besser auf Ihren eigenen Kontext anwenden können? Unsere Haltung soll ermutigen: Probieren Sie aus und experimentieren Sie!

▶ Der **Kommentar** bereitet Sie auf mögliche Stolpersteine vor und gibt technische Hinweise. Manche Lehrtrainer beschreiben auch, warum sie diese Übung besonders gerne anwenden und auf welche Überraschungen sie bei der Umsetzung gestoßen sind.

▶ Unter dem Punkt **Quellen** erfahren Sie, wer das Tool entwickelt hat und erhalten Angaben zu weiterführender Literatur.

▶ Zuletzt summieren **Schlagworte** die Schwerpunkte des Tools. Die Schlagworte finden Sie im Stichwortregister auf S. 341 wieder. Vielleicht finden Sie in der Schlagwortsammlung noch weitere Übungen, die zu Ihrem Anliegen passen?

Trainingsdesigns und Handouts

Sie erkennen Trainingsdesigns und Handouts an diesen beiden Icons. Jedes Trainingsdesign und jedes Handout steht Ihnen als Online-Ressource zusätzlich auch zum Download zur Verfügung.

▶ Die **Trainingsdesigns**, die Sie im Buch im Anschluss an jedes Tool finden, informieren Sie kurz und knapp über den Ablauf der Schritte und den genauen Zeitbedarf. Sie geben dem Lehrtrainer einen schnellen didaktischen Überblick und den Teilnehmern Orientierung während der Durchführung.

▶ Zusätzliche **Handouts** wurden erstellt, wenn sie für die Teilnehmer einen Mehrwert darstellen. Folglich gibt es nicht zu jedem Tool ein Handout.

Den Link zu den Download-Ressourcen finden Sie in der inneren Umschlagklappe.

Schnellfinder

Thema	Anfänger	Fortgeschrittene	Seite
	Anwendung systemischer Fragen		23
	Persönlichkeitsentwicklung durch systemische Fragen		33
Fragen/ Fragetechnik trainieren	Zirkuläres Fragen		40
	Interventionstechniken für kritische Situationen entwickeln		44
	Kreativer Dialog		129
	Kunden-Nützlichkeitsbewertung		98
		Modell der strukturierten Problemlösung	59
		Turbo-Coaching	108
Kliententypen/ Umgang mit Klienten	Vom „Nicht-Klienten" zum „echten" Klienten		64
		„Schachmatt-Sätze"	72
		Schwieriger Coachee	84
		Vom äußeren Konflikt zur psychischen Dynamik	118
Entscheidungen treffen		Unentscheidbares entscheiden	78
Coachingprozess/ Prozess reflektieren	Coaching als Prozess		103
	Kreativer Dialog		129
	Reflecting Team		134
	Die Kollegiale Coaching Konferenz		140
	Stopp & Go		114
	Lösungsorientierte Reflexion		93
	Fishbowl, Coachingfall, Open Staff Meeting und Reflecting Team in einem Modul		163
		Turbo-Coaching	108
		Modell der strukturierten Problemlösung	59

Bernd Schmid, Oliver König (Hrsg.): Train the Coach: Methoden

Thema	Anfänger	Fortgeschrittene	Seite
Metaphern/ Geschichten/ Analogien	Geschichten zum Fall		148
	Spiegelungsübung Self Care		271
	Spiegelungsübung Ladenmetapher		275
	Arbeiten mit analogen Techniken		186
		Theatermetapher	192
		Spiegelungsübung Lebens-phasen	280
Perspektiven-wechsel	Perspektivenwechsel für Gespräche		152
	Kunden-Nützlichkeitsbewertung		98
	Reflecting Team		134
Marketing/Markt-kompetenz/Profil	Der Weg zum Klienten		238
	Die Passungsformel im Wertekreuz		262
		Flyer-Arbeit	285
		Beratermarkt	157
		Portfolio-Arbeit	292
Kooperation		Teambuilding	306
Persönlichkeit/ Rollen/Work-Life-Balance	Drei-Welten-Modell der Persönlichkeit		180
	Schlechtester Coach der Welt		20
	Mein Lebens- und Lernweg		311
	Genius		242
	Selbstbildnis		249
	4 Zukünfte		255
	Die Passungsformel im Wertekreuz		262
	Spiegelungsübung Self Care		271
	Spiegelungsübung Ladenmetapher		275

Thema	Anfänger	Fortgeschrittene	Seite
Persönlichkeit/ Rollen/Work-Life-Balance		Spiegelungsübung Lebensphasen	280
		Vom äußeren Konflikt zur psychischen Dynamik	118
		Menschliche Grundbedürfnisse am Arbeitsplatz	222
		Schwieriger Coachee	84
		Vier Dimensionen des Tätigseins	206
		Die Lebensuhr	228
		Portfolio-Arbeit	292
Kritische Beratungssituationen	Stopp & Go		114
		„Schachmatt-Sätze"	72
		Schwieriger Coachee	84
Zielklärung	Vom „Nicht-Klienten" zum „echten" Klienten		64
	Pressenotiz		301
		Vom äußeren Konflikt zur psychischen Dynamik	118
Gespräche (vorbereiten und führen)	Perspektivenwechsel für Gespräche		152
		Die Dialogmethode nach David Bohm	198
Coaching abschließen/Abschlusssituation	Lösungsorientierte Reflexion		93
		Übergänge und Abschlüsse gestalten	314
Konfliktkompetenz	Konfliktressourcen		214
	Interventionstechniken für kritische Situationen entwickeln		44

Bernd Schmid, Oliver König (Hrsg.): Train the Coach: Methoden

Kapitel I

Als Coach Vorgehensweisen im Coaching lernen und üben

Überblick über das Kapitel

Die Tools dieses Kapitels basieren auf einer leicht anwendbaren Grundform: Sehen und nachmachen. Ausgangspunkt ist eine Technik, ein Modell oder eine Vorgehensweise, die vom Trainer vorgestellt wird. Er demonstriert die Übung im Plenum, gibt Beispiele oder erzählt den grundlegenden Ablauf. Anschließend werden die Teilnehmer in ein Übungsdesign eingeführt, in dem sie die Technik anwenden. Sie probieren aus und reflektieren ihr Vorgehen. Ziel für die Teilnehmer ist das Anwendenkönnen von gängigen und bewährten Methoden.

Überblick über die Tools

Mit dem **schlechtesten Coach der Welt** stellt **Dr. Bernd Schmid** eine Übung vor, in der die Teilnehmer ihren Coachingstil spielerisch entgleisen lassen können.

Joachim Hipp und **Katja Wengel** beschreiben die **Anwendung von systemischen Fragen** in Kleingruppen. Alle Teilnehmer üben sich darin, Fragen zu formulieren.

Im Tool **Persönlichkeitsentwicklung durch systemische Fragen** verbindet **Marc Minor** die Arbeit an einem Fall mit dem Üben von systemischen Fragen.

In einer Kleingruppe-Übung von **Dr. Andreas Kannicht** werden alle Teilnehmer ins Üben des **zirkulären Fragens** einbezogen. Sie nehmen alle unterschiedliche Foki ein und interviewen der Reihe nach einen Fallgeber.

Wolfgang Schmidt vereint in seinem Tool **Interventionstechniken für kritische Situationen entwickeln** das Lernen von Konfliktanalyse und die Vorbereitung einer Coachingsequenz.

Bei der Übung **Fußweg zum Ziel** zeigt **Prof. Dr. Jörg Fengler**, wie ein Coaching im Plenum anhand eines Zeitstrahls den Weg von der jetzigen Situation eines Coachee hin zu einer Lösung ablaufen kann.

Walter Slupetzky stellt das **Modell der strukturierten Problemlösung** vor und zeigt die Anwendung in Kleingruppen.

In Dreiergruppen lernen die Teilnehmer im Tool von **Jutta Kreyenberg** unterschiedliche Klienten-Rollen kennen und üben den Prozess **vom „Nicht-Klienten" zum „echten" Klienten**.

Dr. Julika Zwack lässt die Teilnehmer erfahren, wie **„Schachmatt-Sätze"** auf sie wirken und wie sie mit ihnen umgehen können.

Über die somatische Marker-Bilanz von **Dr. Julika Zwack** üben die Teilnehmer, **Unentscheidbares zu entscheiden**. Sie setzen sich mit Fallstricken und Interventionen in der Begleitung von Entscheidungs-prozessen auseinander.

Anhand des Riemann-Thomann-Modells wird der Umgang mit **schwie-rigen Coachees** geübt und reflektiert. **Prof. Dr. Eric Lippmann** ver-eint Beratungssequenzen mit persönlicher Reflexion und dem Blick auf die Charakterzüge von Coachees.

Schlechtester Coach der Welt

– Die Angst vor dem ungezähmten Coach in sich verlieren!
Dr. Bernd Schmid

▶ Kenntnisstand der Teilnehmer: Anfänger
▶ Dauer: je Teilnehmer 30 Minuten + 30 Minuten Auswertung

Kurzbeschreibung

Das Tool hilft dem angehenden Coach, mit der Angst vor „schlechtem Benehmen" spielerisch umzugehen. Es gibt Erlaubnis, ohne Angst vor Fehlern mit ganzer Kraft zu agieren. Dabei zeigen sich oft schlummernde Talente und Eigenarten, die den Coach einzig und stark machen können. Sie können in der Weiterbildung verfeinert werden.

Setting

Man kann diese Übung in Untergruppen ab drei Personen durchführen. A ist Coachee, B Coach und C Feedback-Geber. Weitere Feedback-Geber sind willkommen. Die Anleitung ist sehr einfach. Die Auswertung erfolgt mit Fokusanregungen, aber ohne besondere Formatvorgaben. Hilfreich sind Experimentierbereitschaft und ein freundlicher Umgang miteinander.

Gründe für das Tool

Mit diesem Tool können Teilnehmer spielerisch Eigenarten, Laster und Stärken im wilden Agieren entdecken. Es kann früh in der Weiterbildung eingesetzt werden, um den Teilnehmern die Angst zu nehmen, sich zu zeigen und gegen Coachingnormen zu verstoßen. So werden den künftigen Coachs auch die vielfältigen Charaktere und potenziellen Stile und Eigenarten bewusst. Vom Bemühen, einer (meist fantasierten) Vorgabe schematisch zu entsprechen, kann so umfokussiert werden zum Entdecken eines sich abzeichnenden persönlichen Coachingstils. Das Tool macht das Weiterbildungsklima spielerischer und gibt Erlaubnis, ein Quäntchen Verrücktheit einzubeziehen. Die Übung kann immer wieder eingestreut werden, wenn die Weiterbildung zu trocken wird.

Bernd Schmid, Oliver König (Hrsg.): Train the Coach: Methoden

Der Lehrtrainer erklärt den Sinn der Übung und lädt dazu ein, sich locker auf ein Experiment mit unbestimmtem Verlauf einzulassen. Lediglich der Zeitrahmen und eine freundliche Atmosphäre sollen gewahrt werden.

Ausführliche Beschreibung

Dann wird ein Coachee bestimmt, der ein echtes, aber nicht heikles Anliegen vorbringt. Er weiß, dass der Gesprächspartner den schlechtesten Coach der Welt geben wird.

Das Coaching nun 15 Minuten laufen lassen. Im Anschluss werden eine Viertelstunde lang Kommentare und Feedback von den Beobachtern erteilt, wenn gewünscht, zusätzlich auch vom Coachee. Dabei gibt es keinen besonderen Fokus. Es soll lediglich darauf geachtet werden, dass die humorvolle Distanz bei der Gruppe und bei den Protagonisten gewahrt bleibt. Falls auch der Coachee Würdigung und/oder Feedback braucht, sind dafür ebenfalls einige Minuten einzuplanen. Die Übung dauert je Coach also 30 Minuten, d.h. als Gesamtübung ein Vielfaches, je nach Anzahl der „schlechtesten Coachs".

Am Ende findet eine gemeinsame Auswertung der Erfahrung mit der Übung statt. Die Auswertung dauert abermals ca. 30 Minuten.

Falls sich eher als Komiker Begabte in Szene setzen, sollte die Botschaft gegeben werden, dass lustig und skurril o.k. ist, aber kein neues Gütekriterium für diese Übung. Jede Art von schlechtem Coaching ist willkommen, also auch ein total langweiliges oder eines, das hemmungslos Lösungen produziert etc. Sanft darauf achten, dass Lustigkeit nicht zum Selbstzweck wird. Als Hilfestellung für ein vorsichtiges positives Umfokussieren kann die Frage dienen: „Wie könnte eine positive Variante davon eine besondere Qualität erbringen?"

Kommentar

Diese Übung wurde schon in den 1970er-Jahren in verschiedenen Beraterausbildungen eingesetzt und am ISB-Wiesloch neu aufgelegt. Die genaue Quelle ist nicht bekannt.

Quellen

Humor, Selbsterfahrung, Versagensangst, Hemmungen, Selbstironie, spielerisch Lernen, Emanzipation von Schemata

Schlagworte

Trainingsdesign

▶ Je Teilnehmer 30 Minuten + 30 Minuten Auswertung
▶ Plenum: Aufteilung in Untergruppen und Einnehmen der Rollen des Fallgebers A, Beraters B und Beobachter C und D

1.	15 Min.	**Coaching von A durch B**

Es soll lediglich darauf geachtet werden, dass die humorvolle Distanz bei der Gruppe und bei den Protagonisten gewahrt bleibt.

2.	15 Min.	**Kommentare und Feedback an B durch die Beobachter C und D**

Wenn gewünscht, gibt auch der Coachee A Feedback. Das Feedback hat keinen besonderen Fokus, es soll eine humorvolle Betrachtung der Sequenz sein. Falls A Würdigung und/oder Feedback braucht, sind auch dafür einige Minuten einzuplanen.

3.	30 Min.	**Gemeinsame Auswertung der Erfahrung im Plenum**

Anwendung systemischer Fragen

Joachim Hipp und Katja Wengel

▶ Kenntnisstand der Teilnehmer: Anfänger
▶ Dauer: 30 Minuten

Das Tool hilft dem angehenden Coach, systemische Frageformen einzuüben und das Coaching außerhalb von gewohnheitsmäßigen Fokussierungen zu erweitern.

Kurzbeschreibung

Man kann diese Übung in Untergruppen ab vier Personen durchführen. A ist Coachee, die anderen Teilnehmer agieren als Coachs. Pro Gruppe braucht es einen Moderator.

Setting

Viele Teilnehmer erleben es als schwierig, in ihren Arbeitszusammenhängen systemische Fragen einzusetzen und gebrauchen stattdessen gewohnheitsmäßige Fragen. Fokus des Tools ist daher, die Formulierung von systemischen Fragen und die Übersetzung auf den Coachingkontext an einem Beispiel zu üben und die Wirkung von systemischen Fragen zu studieren. Das Tool kann Teilnehmern auch die Angst vor ungewöhnlichen Fragen nehmen und sie dabei unterstützen, einen spielerischen Umgang und einen persönlichen Stil zu entwickeln. Gleichzeitig hilft die Übung, die Wirkung von systemischen Fragen auf den Coachee zu reflektieren.

Gründe für das Tool

Im ersten Schritt kann der Trainer in die Grundlagen von systemischen Fragen einführen. Dazu bieten sich folgende Themen an: „Systemisches Grundverständnis der Konstruktion von Wirklichkeit", „Gewohnheitsmäßige Lösungsversuche", „Erkunden von Landkarten des Coachees",

Ausführliche Beschreibung

„Interaktionszirkel", „Rolle des Kontexts" oder „Bedeutungsgebung". Dieser Bezugsrahmen ist hilfreich für die Teilnehmer, um sich über die Bedeutung des Themas „Systemische Fragen" klar zu werden. Dann stellt der Lehrtrainer typische Kategorien systemischer Fragen, deren Wirkungslogik und typische Beispiele vor. Die Beispielfragen sind auf dem Handout (S. 29–32 sowie als Online-Ressource) aufgeführt und können für die Gruppenarbeit an die Teilnehmer ausgeteilt werden.

Fragen zum Auftragskontext

Fragen zum Auftrag fokussieren den Kontext, in dem die Coaching-maßnahme stattfindet. Es geht darum, die unterschiedlichen Ziele und Erwartungen der am Coachingsystem Beteiligten herauszuarbeiten und diese in einen sinnvollen Zusammenhang zu bringen.

Fragen zum Problemkontext

Während klassische Fragen oft Hypothesen zu Stabilität und festen Eigenschaften von Menschen und Beziehungen fördern, fokussieren Fragen zum Problemkontext auf die Unterschiede zwischen Situationen, individuellen Einschätzungen und Zeitpunkten. Es geht darum, gewohnte Urteile zu verflüssigen und von Ursache-Wirkungsbeschreibungen weg und hin zu zirkulären Beschreibungen zu gelangen.

Konkretisierungsfragen

Konkretisierungsfragen helfen Klienten und Coachs, von allgemeinen Kategorien zu konkreten beobachtbaren Verhaltensbeschreibungen zu kommen. Für den Coach werden dadurch allgemeine Beschreibungen nachvollziehbar. Der Klient wird angeregt, Beschreibungen zu finden, die auch für ihn konkret steuerungsrelevant, beobachtbar und veränderbar sind.

Fragen zu bisherigen Lösungsversuchen

Durch Fragen zu bisherigen Lösungsversuchen erhalten Coach und Klient Informationen darüber, welche Verhaltens- oder Denkweisen im Kontext des Klienten bisher keinen ausreichend Unterschied in Richtung Lösung gemacht haben. Gleichzeitig würdigt diese Frageform die bisherigen Bemühungen und verhindert, in der Beratung ähnliche Sackgassen einzuschlagen.

Fragen zur Erklärung des Problems

Fragen zur Erklärung des Problems beleuchten die Erklärungsgewohnheiten der Klienten. Der Coach erhält dadurch Informationen, welche Erklärungen eine Ergänzung zu den bisherigen Erklärungen des Klienten bedeuten könnten und gleichzeitig neue Handlungsoptionen bieten. Der Klient beginnt, seine Erklärungsgewohnheiten mit seinen Lösungsversuchen in Zusammenhang zu bringen. Alternative Betrachtungsmöglichkeiten können auf dieser Basis angeboten und auf ihr Lösungspotenzial untersucht werden.

Verschlimmerungsfragen

Verschlimmerungsfragen stellen die Rekursivität von Interaktion in den Mittelpunkt. Denn Problemverhalten stabilisiert sich nur durch die konzertierten Beiträge der Beteiligten. Der Klient ist also immer auch durch seinen Verhaltensbeitrag an der Stabilisierung des Problems beteiligt und hat möglicherweise Einfluss auf das Verhalten der Interaktionspartner. Diese Frage eignet sich besonders in Kontexten, in denen der Kunde bei sich keinen Handlungsspielraum sieht, sondern sich als Opfer des Verhaltens anderer konstruiert (Aufträge des Musters „Klagender" im Modell von Steve de Shazer. Dieses Verhaltensmuster wird im Tool „Vom ‚Nicht-Klienten' zum ‚echten' Klienten" von Jutta Kreyenberg auf S. 70 beschrieben). Die Verschlimmerungsfrage macht den eigenen Spielraum in Richtung Verschlimmerung deutlich und zeigt dadurch eine Möglichkeit, die eigene Situation bzw. die Situation insgesamt auch positiv zu beeinflussen. Ein leichtes Lächeln des Kunden als Reaktion auf die Frage kann darauf hinweisen, dass er ahnt, dass in der Anerkennung des eigenen Beitrags auch Lösungspotenzial verborgen ist.

Skalierungsfragen

Skalierungsfragen ermöglichen, emotional schwer zu beurteilende Gemengelagen auf einen Punkt in einer Skalierung zu reduzieren und dadurch besprechbar zu machen. Insa Sparrer charakterisiert diese Form der Nutzbarmachung als „pragmatisch spezifisch". Menschen können dadurch etwas kommunizieren, ohne dass wir als Coach genau wissen müssen, worum es sich inhaltlich handelt. „Wir können wissen, was besser heißt, ohne sagen zu können, was gut heißt" (Steve de Shazer). Die Verwendung von Skalen hilft zudem, Teilziele zu formulieren und dadurch kleine Verbesserungen zu erkennen.

Fragen zu Möglichkeitskonstruktionen

Fragen zur Möglichkeitskonstruktion erlauben, in einem hypothetischen Raum mit Ideen zu spielen, mögliche Konsequenzen im Kontext vorwegzunehmen und sie in die Lösung einzubauen. Mögliche Lösungshypothesen des Coachs können angeboten und auf Passung geprüft werden.

Fragen zum Lösungskontext

Die lösungsfokussierte Beratungsrichtung betont, dass die übermäßige Fokussierung von Problemen den Zugang zu Ressourcen einschränkt. Dieser Zugang ist aber nötig, um ein Problem zu lösen. Auf diese Weise besteht die Gefahr einer Problemtrance. Kunden bringt die Logik lösungsfokussierter Fragen dazu, darüber nachzudenken, was sie gerne (stattdessen) hätten. Damit werden sie dazu angeregt, positive Zielzustände zu entwickeln, statt in der Beschreibung des Problems zu verharren.

Fragen zu Ausnahmen

Die Frage nach Ausnahmen weist auf Situationen hin, in denen das Problem nicht oder weniger stark aufgetreten ist. Diese Lösungen in der Vergangenheit verweisen auf Ressourcen/Lösungsansätze/Lösungsstrategien, die dem Kunden in ähnlichen Situationen geholfen haben.

Fragen nach Ressourcen

Fragen zu Ressourcen lenken die Aufmerksamkeit des Kunden weg vom Problem und dessen Ursachen, hin zu anderen Lebensbereichen – oder, neurobiologisch gesprochen, anderen neuronalen Netzwerken –, die helfen, sich mit vorhandenen, aber im Moment nicht genutzten/dissoziierten Ressourcen zu verbinden, die für die Lösung des Problems hilfreich sein könnten. In Veränderungsprozessen fokussieren Ressourcenfragen auf Bereiche, die stabil bleiben sollten, weil sie mit wesentlichen Werten verbunden sind.

Didaktisches Vorgehen

Die Gruppe wird in Vierer- bis Sechsergruppen aufgeteilt. Dann wird ein Coachee bestimmt, der ein echtes, aber nicht heikles Anliegen vorbringt. Ein Teilnehmer oder der Lehrtrainer fungieren als Moderator und erhalten die Kategorien systemischer Fragen schriftlich auf DIN-A5 großen Karten (eine Frage je Karte).

Der Coachee schildert kurz seine Ausgangssituation. Der Moderator zeigt eine Moderationskarte mit entsprechender Frageform. Die Coachs sind aufgerufen, daraus eine Frage zu formulieren, die sie dem Coachee stellen wollen. Der Coachee antwortet darauf möglichst kurz. Dann zeigt der Moderator eine nächste Karte mit (anderer) Frageform. Dies wird wiederholt, bis alle Frageformen am Beispiel Anwendung gefunden haben. Der Coachee wird am Ende nach der Wirkung der Fragen befragt: „Was war weiterführend oder interessant, was nicht?"

Als Lehrtrainer ist es auch möglich, Feedback zu den Fragen zu geben und Optimierungen zur Formulierung von Fragen oder auch alternative Fragen zur jeweiligen Frageform anzubieten.

Am Ende findet eine gemeinsame Auswertung der Erfahrung mit der Übung statt. Die Auswertung dauert ca. 30 Minuten.

Wichtig ist, den Fokus der Übung deutlich zu machen. Es geht weniger um das Lösen des Problems des Coachee als darum, mit den Frageformen zu experimentieren und Fragen zu entwickeln, die neu und ungewöhnlich sind.

Kommentar

Diese Übung setzen wir seit 1999 in unseren Weiterbildungen ein. Die Quelle ist unbekannt.

Quellen

Systemische Fragen, Lösungsorientierte Gesprächsführung, Fragetechnik

Schlagworte

Trainingsdesign

▶ 30 Minuten
▶ Plenum: Aufteilung in Untergruppen à vier bis sechs Personen. Je Gruppe wird ein Fallgeber mit einem echten, aber nicht heiklen Anliegen ausgewählt.

1.   20 Min.   **Arbeit in Untergruppen**
        ▶ Der Fallgeber schildert kurz seine Ausgangssituation.
        ▶ Der Moderator zeigt eine Moderationskarte mit einer systemischen Frageform. Die Coachs formulieren eine Frage und stellen sie dem Coachee, der möglichst kurze Antworten gibt.
        ▶ Der Moderator zeigt die nächste Karte mit (anderer) Frageform.
        ▶ Wiederholung, bis alle Frageformen am Beispiel Anwendung gefunden haben.

2.   10 Min.   **Plenum: Gemeinsame Auswertung der Erfahrung**
        ▶ Was war weiterführend und interessant?
        ▶ Was hat weniger weitergeholfen?

Handout

Kategorien systemischer Fragen

 Fragen zum Auftragskontext

- ▶ Wer hatte die Idee zu diesem Kontakt?
- ▶ Was soll heute hier passieren, damit Sie zufrieden nach Hause gehen?
- ▶ Vorausgesetzt, dieses Gespräch erweist sich am Ende als nützlich für Sie, woran werden Sie das merken? Woran Ihr Chef? Ihre Mitarbeiter? Ihre Kollegen?
- ▶ Was wäre das Geringste, mit dem Sie zufrieden wären?
- ▶ Was hat Sie bewogen, mich als Ihren Coach auszuwählen?
- ▶ Was ist der Anlass, jetzt mit dem Coaching zu beginnen?
- ▶ Was ist erfahrungsgemäß in solchen Gesprächen für Sie nützlich oder weniger nützlich?
- ▶ Welche Wünsche oder Erwartungen haben Sie für das Coaching oder an mich? Was ist Ihnen für unsere Gespräche besonders wichtig?
- ▶ Sollte das Coaching nicht den erhofften Erfolg haben, wer würde sich am leichtesten/schwersten damit abfinden?

 Fragen zum Problemkontext

- ▶ Wann, wann nicht, seit wann, in welcher Intensität, wo, wo nicht zeigt sich das Problem?
- ▶ Wie würde ein außenstehender Beobachter die Situation beschreiben?
- ▶ Wer müsste was tun, damit alles so bleibt wie es ist? Was müssten Sie tun, damit alles so bleibt wie es ist?
- ▶ Wenn Herr X sich in dieser problematischen Weise verhält, wie reagieren Sie typischerweise darauf? Welche Konsequenz hat das für Sie?
- ▶ Angenommen, ich würde Ihren Kollegen danach fragen, wie würde er die Schnittstellenprobleme beschreiben?

3.

Konkretisierungsfragen

▶ Woran würden Sie konkret merken, dass das Problem gelöst ist?

▶ Angenommen, ich würde das Verhalten von Herrn X durch eine Videokamera beobachten, was genau würde ich sehen?

▶ Was ist ein konkretes Beispiel für die Ruppigkeiten zwischen Produktion und Vertrieb?

▶ Angenommen, Sie würden vergessen, dass mit Ihrer Kollegin Aufgaben nicht gut geklärt sind, in welcher Situation würde es Ihnen wieder einfallen? Woran würden Sie es konkret bemerken? Wer würde was konkret dazu beitragen?

4.

Fragen zu bisherigen Lösungsversuchen

▶ Was ist bisher gelaufen? Was haben Sie bisher unternommen, um das Problem zu lösen? Wie erklären Sie sich, dass Ihre bisherigen Versuche nicht zum Erfolg geführt haben?

▶ Was hat bei bisherigen Coachingmaßnahmen am meisten, was am wenigsten gebracht?

▶ Was haben Sie bereits versucht und welche Erfahrungen haben Sie damit gemacht?

5.

Fragen zur Erklärung des Problems

▶ Wie erklären Sie sich die Entstehung des Problems?

▶ Wie erklären Sie sich, dass es manchmal auftritt und manchmal nicht?

▶ Wie erklären Sie sich, dass die Mitarbeiter an dieser Stelle nicht in Ihrer Weise mitziehen?

6.

Verschlimmerungsfragen

▶ Angenommen, Sie wollten Ihren Chef dazu bringen, noch mehr Aufgaben an Sie zu delegieren – was Sie natürlich nicht wollen. Aber angenommen Sie wollten, haben Sie irgendeine Idee, wie Sie das schaffen könnten?

▶ Was können Sie tun, um das Problem zu verschlimmern, zu behalten, zu verewigen?

▶ Wie könnten Ihnen die anderen dabei helfen?

7.

Skalierungsfragen

- ▶ *Klassifikationsfragen* (am meisten, am wenigsten, wer ist am skeptischsten?)
- ▶ *Prozentfragen* (Wie viel Prozent glauben an den Erfolg/ Misserfolg der Maßnahme?) Wie erklären Sie sich den Unterschied?
- ▶ *Skalierung von Zuversicht*: Wie zuversichtlich sind Sie, dass Sie Ihr Ziel erreichen werden?
- ▶ *Skalierung von Motivation*: Wie motiviert sind Sie auf einer Skala von 1 bis 10, Ihr Ziel zu erreichen?
- ▶ Auf einer Skala von 1 bis 10: Wo schätzen Sie sich heute ein? Welche Zahl würden Sie gerne erreichen?
- ▶ Woran würden Sie erkennen, dass Sie bei X angekommen sind?
- ▶ Woran noch?
- ▶ Wie war es möglich, von X nach Y zu kommen?
- ▶ Wie schätzen Sie die Wahrscheinlichkeit des Erfolgs Ihrer Idee auf einer Skala von 1 bis 10 ein?

8.

Fragen zu Möglichkeitskonstruktionen

- ▶ Angenommen, Sie würden Ihre Kollegin in diesem Fall nicht einbeziehen, sondern das Vorgehen direkt mit Ihrem Chef klären? Wir würde Ihr Chef reagieren? Wie würde die Kollegin reagieren? Welchen Unterschied würde das für Sie machen?
- ▶ Gesetzt den Fall, Sie und Ihre Kollegin würden mit einer gemeinsam abgestimmten Strategie zu Ihrem Chef gehen ...
- ▶ Was wäre, wenn Sie diese Zuversicht in sich spüren würden und so Ihrem Mitarbeiter begegnen würden? Wie würde er reagieren? Was wäre anders? Was wäre dann gelöst, was wäre noch offen?

9.

Fragen zum Lösungskontext

- ▶ Und wenn (das Problem) passiert, was hätten Sie gerne, was stattdessen passiert? Wie würden Sie sich gerne stattdessen verhalten?
- ▶ Woran würden Sie bei sich erkennen, dass das Problem gelöst ist?
- ▶ Wie würden Sie dann auf das schwierige Verhalten von Frau Y reagieren? Welche Auswirkungen hätte das auf Ihre Beziehung zu Frau Y?

- ▶ Wenn wir uns in einem halben Jahr wieder zu einem Gespräch treffen und vieles hat sich zum Besseren gewendet, was werden Sie mir vermutlich erzählen?
- ▶ Wenn das Problem gelöst wäre, wer wäre froh darüber, wer würde das (auch) bedauern?
- ▶ Angenommen, das Problem wäre gelöst, was war von Ihrer Seite hilfreich, die Lösung zu ermöglichen?
- ▶ In welcher Weise ist es hilfreich, sich so (defizitär) zu beschreiben? Wie könnten Sie sich stattdessen beschreiben?
- ▶ Wenn Sie schon Erfolg gehabt hätten, was wird dann dazu beigetragen haben?
- ▶ Angenommen, Ihre Frage wäre gelöst, welches Thema/welche Frage würde sich dann für Sie neu ergeben?

 Fragen zu Ausnahmen

- ▶ Wie oft, wie lange, wann ist das Problem bisher nicht (weniger stark) aufgetreten?
- ▶ In welchen Bereichen gelingt die Zusammenarbeit zwischen Ihnen gut?
- ▶ Was haben Sie in diesen Zeiten, in denen es besser gelungen ist, anders gemacht?
- ▶ Wie haben Sie es geschafft, das Problem in diesen Zeiten nicht auftreten zu lassen?

 Fragen nach Ressourcen

- ▶ Was möchten Sie in diesem Veränderungsprozess gerne bewahren?
- ▶ Was soll so bleiben, was soll sich möglichst nicht verändern?
- ▶ Was lässt Sie glauben, dass Sie Ihr Ziel erreichen können?
- ▶ Auf was konnten Sie sich bei sich in der Vergangenheit verlassen?
- ▶ Was haben Sie dazu beigetragen, dass es nicht längst viel schlimmer geworden ist?
- ▶ Wer könnte am meisten dazu beitragen, dass die Veränderung, die Sie vorhaben, ein Erfolg wird? Wer könnte unterstützen?
- ▶ Angenommen, Sie wären Ihr eigener Coach, was würden Sie sich raten?
- ▶ Was würde Ihr Partner sagen, was Sie können oder an Ressourcen mitbringen, was Ihnen helfen könnte, die Situation in guter Weise zu meistern?

Persönlichkeitsentwicklung durch systemische Fragen

*– Systemische Fragen spielerisch (zunächst)
im Weiterbildungskontext üben*
Marc Minor

▶ Kenntnisstand der Teilnehmer: Anfänger
▶ Dauer: 75 Minuten

Kurzbeschreibung

Ein Coachee oder Mitarbeiter bringt ein Thema ein, an dem er sich professionell weiterentwickeln mag. Das Tool unterstützt nun angehende Coachs oder Vorgesetzte darin, sich im systemischen Fragen zu üben. Dabei nutzt der Coach/Vorgesetzte vordergründig Frage-Tools und Techniken, die Sicherheit geben. Hintergründig arbeitet er kreativ mit den Antworten des Coachees/Mitarbeiters. Erfahrene Coachs können mit diesem Tool überprüfen, ob sie zu „Lieblingsfragen" neigen.

Setting

Wir empfehlen, diese Übung zu dritt durchzuführen. B übt sich im systemisch-lösungsorientierten Fragen, A ist Coachee, C unterstützt.

Bei dem Einsatz in einer realen Organisation ist der Vorgesetzte der lernende Coach (B), der tatsächliche Mitarbeiter hat die Rolle A des Coachees, der eigentliche Coach hat die Rolle C des Unterstützers. Die Anleitung ist sehr einfach, aber als Coach brauchen Sie „Rahmungskompetenz", um ein Führungs-Duo für dieses ungewöhnliche Setting zu begeistern.

Gründe für das Tool

Das Tool befreit von dem Ergebnisdruck, eine vollständige, hochwertige Beratungsleistung zu bringen. Es geht „nur" darum, sich im systemischen Fragen zu üben – und das sogar „scheibchenweise" unterstützt von einem Kollegen. Vorgesetzte können auf diese Weise ihre „Führen mit Frage"-Kompetenz verbessern.

In einer Weiterbildung kann dieses Tool früh eingesetzt werden, um den Teilnehmern eine spielerische Möglichkeit zu geben, sich im systemischen Fragen und Zuhören zu professionalisieren.

Ausführliche
Beschreibung

Der Coachee benennt ein Anliegen, zu dem er sich beraten bzw. lösungsorientiert befragen lassen möchte. Dazu eignen sich Themen, bei denen es um rollenspezifische Weiterentwicklung oder um Fragen der Persönlichkeitsentwicklung geht.

▶ Anliegen-Beispiele für „Rollenkompetenz-Entwicklung"
- *Vom Personalberater zum strategischen Business-Partner*
- *Vom Trainer zum Coach*
- *Vom Personalverwalter zum Personalentwickler*
- *Vom Experten/Kollegen zum Chef*
- *Vom Berater zum Linien-Manager mit Ergebnisverantwortung*

▶ Anliegen-Beispiele für „Fragen der Persönlichkeitsentwicklung"
- *Weniger perfekt sein zu wollen – gelassener zu werden*
- *Mit den „Mächtigen" auf gleicher Augenhöhe fühlen und handeln*
- *Neben der starken Seite mehr die bedürftige Seite zu zeigen*
- *Mutiger, mit mehr „Kontur" zu konfrontieren*

Ablauf: Dreiergruppe Coachee A, Coach B, Beobachter C

1. Schritt

Der Coachee benennt in max. zwei bis drei Sätzen seinen Entwicklungswunsch.

2. Schritt

B und C überlegen sich schweigend (mit schriftlichen Stichworten) lösungsorientierte Fragen.

3. Schritt

B und C stellen einander ihre Fragen vor. Keine Diskussion und kein Bewerten. A sitzt zwei Meter entfernt. Er wird nicht angesprochen. Häufig ergibt sich bereits hier ein Mehrwert für A.

4. Schritt

B berät A mit Fragen. Der Lehrtrainer empfiehlt, die oben angedachten Fragen als Sicherheit im Hinterkopf zu halten, sie aber nicht als Checkliste abzuarbeiten, sondern mit den Antworten von A zu arbeiten.

5. und 6. Schritt

Beobachter C gibt Berater B Resonanz. Danach: Zäsur und Wiederholung der Schritte 1–4.

Variante Plenumsbeispiel durch Lehrtrainer:

Es bewährt sich, dass Sie als Lehrtrainer dieses Setting im Plenum einmal vorführen. In dem Fall lassen Sie den Klienten sein Anliegen kurz benennen. Dann überlegen sich alle im Raum schweigend systemische Fragen, die sie dem Klienten stellen würden. Danach werden diese entweder mit dem Sitznachbarn ausgetauscht oder ins Plenum getragen. Häufig sind die Teilnehmer über die Vielzahl der möglichen Fragen verblüfft. Nebenerkenntnis: Es gibt nicht DIE systemischen Kardinalsfragen, sondern eine Fülle plausibler Fragen.

Der Klient sitzt zunächst daneben und darf die Fragen aufnehmen, aber nicht beantworten. Dann gehen Sie als Lehrtrainer in das eigentliche Vier-Augen-Lehrgespräch und führen den Klienten ausschließlich mit Fragen zu neuen Antworten.

Kommentar

Voraussetzungen für den Einsatz im Unternehmenskontext

▶ Vorgesetzter und Geführter sind in stabiler, nicht gefährdeter Professionsbeziehung. Kurz vor dem Rausschmiss geht nicht.
▶ Der Geführte hat ein wichtiges Entwicklungsziel (noch nicht erreicht).
▶ Bisherige Oneway-Anweisungen des Chefs haben noch gegriffen.
▶ Der Chef ist offen für ein einstündiges Experiment, bei dem er seine „Führen mit Frage"-Kompetenz an einem Live-Beispiel (statt auf der Seminar-Kunstbühne) erweitern möchte.
▶ Hilfreich ist es, sauber zu klären, dass dieses ungewohnte Dreier-Setting nichts mit der Einführung einer neuen „Basisdemokratie" zu tun hat, sondern, dass es darum geht, dass jeder so wirksam und profitabel wie möglich seine Rolle im Unternehmen ausübt. In einer komplexer werdenden Welt braucht es offenbar auch ein wenig Mut dazu, neue Wege auszuprobieren. Der Vorgesetzte holt sich dafür, als Starthilfe, externe Expertise.

Erfahrungen

▶ Dieses vermeintlich unspektakuläre Setting enthält mehr an kulturbildender Kraft als man vermuten würde:
  • Gemeinsames Schweigen (auch, wenn es nur eine Minute dauert), wird in Organisationen noch völlig unterschätzt.

- Viele Vorgesetzte haben den Gewohnheitsreflex zu antworten. Oft gut und wichtig. Oft wirkungslos. Sie erleben, wie wirksam es sein kann, die Frager-Rolle konsequent wahrzunehmen.
- Sie entwickeln Respekt davor, dass wirksames Fragen machbar ist und mehr ist als „nettes Geplauder".

▶ Je nach Coachhintergrund und Autorisierung können natürlich noch viele verschiedene Blickwinkel zum Gespräch transportiert werden.

▶ Es ist ein wirksames Setting, um Coaching aus dem diskreten Vier-Augen-Gespräch herauszuheben und es als wirksame Perspektive für kulturbildende Beispiele zu nutzen.

Quellen	Für jede Facette dieses Frage-Tools gibt es vermutlich Hunderte von Quellen. Das Erproben und Experimentieren in dieser beschriebenen Didaktik entstand in einem „Vertikalen Coaching", bei dem ein Vorgesetzter wünschte, die Coachrolle vor dem beobachtenden Fachmann auszuprobieren.
Schlagworte	Systemische Fragen, Ressourcenorientierung, spielerisch lernen, Fragetechnik

Trainingsdesign

▶ 75 Minuten
▶ Plenum: Aufteilung in Untergruppen à drei Personen (Coachee A, Coach B, Beobachter C)

1.	1 Min.	Der Coachee benennt in max. zwei bis drei Sätzen seinen Entwicklungswunsch.
2.	1 Min.	B und C überlegen sich schweigend (mit schriftlichen Stichworten) lösungsorientierte Fragen.
3.	3 Min.	B und C stellen einander ihre Fragen vor. Keine Diskussion und kein Bewerten. A sitzt zwei Meter entfernt. Er wird nicht angesprochen. Allein das Anhören der Fragen ist Mehrwert für A.
4.	15 Min.	B berät A – ausschließlich mit systemischen Fragen.
5.	5 Min.	Beobachter C gibt B Resonanz hinsichtlich seiner Beratung.
6.	je 25 Min.	Danach reihum Wechsel, insgesamt erfordert das Tool 3 x 25 Minuten.

Erlebtes Beispiel aus einer Untergruppe: „Weniger Experte – Mehr Führungskraft"

Ein Teilnehmer hat das Anliegen, dass er zwar schon lange Führungskraft ist, aber zu viel Zeit und Energie für die Fachmann- und Expertenrolle aufwenden muss. Hier eine Auflistung der Fragen, die sich Berater und Co-Berater in der Startminute überlegten bzw. der übende Berater im Coachinggespräch stellte:

▶ Welche guten Beispiele gibt es, in denen es Ihnen gelungen ist, die Expertenrolle zu verlassen und die Chefrolle auszuüben?

▶ Wo oder mit wem ist es weniger gelungen? In welchem Kontext?

▶ Angenommen, ich würde Ihre Mitarbeiter befragen, zum Thema „Sie als Chef im Spagat zwischen Führungs- und Fachrolle", was würde ich vermutlich hören?

▶ Angenommen, Sie entwickeln in den nächsten Wochen mehr Kontur in der Führungsrolle, wie werde ich das als Ihr Chef merken?

▶ Wie/woran merken das Ihre geführten Mitarbeiter?

▶ In welchen Alltagssituationen gibt es Foren, Momente der Wahrheit, in denen Sie mehr Führung zeigen könnten? Was heißt dann „mehr"?

▶ Wer würde sich wünschen, dass Sie Ihre Führungsrolle stärker als bisher wahrnehmen?

▶ Wer oder was kann Sie unterstützen, mehr Führung wahrzunehmen?

▶ Was wären erste Stehversuche und Experimente, und mit wem könnten Sie das ausprobieren?

▶ Wie könnten Sie die „Team Jours fixes" (Ihre Regelkommunikation) nutzen, um (authentisch!) zu markieren, dass Sie in der Führungsrolle sind?

▶ Wie können Sie sich in Ihrer Persönlichkeit weiterentwickeln, was wäre dazu noch dienlich?

▶ Welche Vorbilder haben Sie, von denen Sie glauben, dass diese Ihre Führungsrolle mit guter Kontur ausüben – und gleichzeitig ihre Fachsache verstehen? Was können Sie von den Personen lernen?

▶ Wie zeigt sich das im Alltag? Was können Sie übernehmen – was passt auch zu Ihnen?

▶ Was wünschen Sie sich von mir als Ihrem Chef, um Sie zu unterstützen?

▶ Angenommen, wir wären ein Jahr weiter und würden Sie mit einer Videokamera einen Tag lang in der absprachegemäß ausgeübten Führungsrolle beobachten? Was würden wir sehen? Was wäre der Unterschied zu heute?

▶ Wie würden wir den Wandel in Ihrer Haltung, in Ihrem Verhalten, in Ihrer Sprache bemerken?

▶ Welche Sprache ist dienlich und wirksam als Führungskraft?

▶ Mit welchen Mitarbeitern könnten Sie, offiziell und doch vertrau-lich, einen Kontrakt schließen, um mit dem Wandel zwischen Füh-rungs- und Fachrolle zu experimentieren? Und zwar so, dass Ihre Akzeptanz gewahrt bleibt?

▶ Was ist eine gemäße „Bedienungsanleitung an Sie selbst", die Sie Ihren Mitarbeitern für diese Rollenausübung geben können?

▶ Wie könnten Sie, gemäß unserer Firmenkultur, Ihre eigene „Noch-Unsicherheit" den Mitarbeitern kommunizieren, ohne dass Ihre Kompetenz angezweifelt würde?

▶ Wen könnten Sie auf Bereichsleiterebene noch für kollegiale Bera-tung und gemeinsames Sparring zu anspruchsvollen Führungsthe-men nutzen?

Zirkuläres Fragen

Dr. Andreas Kannicht

> ▶ Kenntnisstand der Teilnehmer: Anfänger
> ▶ Dauer: 75 Minuten

Kurzbeschreibung Das Tool vermittelt die Vorgehensweise des zirkulären Fragens, wobei die einzelnen Perspektiven dieser Methode auf unterschiedliche Teilnehmer aufgeteilt sind. Dadurch wird die Komplexität dieser Technik für jeden Einzelnen reduziert und es entsteht eine Vorstellung, wie Teilschritte des zirkulären Fragens aussehen könnten und welche Wirkungen diese Technik beim Klienten erzielen kann.

Setting Die Übung ist für Untergruppen mit sieben Teilnehmern vorgesehen, kann aber auch im Plenum stattfinden, wenn jeweils mehrere Teilnehmer eine der sechs Perspektiven einnehmen.
Zur Vorbereitung sollte der Seminarleiter in das zirkuläre Fragen einleiten und die sechs Perspektiven erläutern. Es bewährt sich, einen „heißen Stuhl" gegenüber dem Klienten frei zu lassen, auf den sich der jeweilige Interviewer setzt.

Gründe für das Tool Die Übung führt in die Technik des zirkulären Fragens ein. Voraussetzung ist, dass Grundkenntnisse des zirkulären Wirklichkeitsverständnisses bereits vermittelt wurden. Von Seminarteilnehmern wird die Umsetzung des zirkulären Fragens oft als Überforderung empfunden. Die Unterscheidung der sechs Perspektiven in zirkulären Fragen gibt dem Interview eine Struktur, an der sie sich bei dem komplexen methodischen Vorgehen orientieren können. Bei dieser schrittweisen Annäherung an das zirkuläre Interview ist die Wahrscheinlichkeit für die einzelnen Teilnehmer hoch, aus der jeweiligen Perspektive gewinnbrin-

gende Fragen zu entwickeln. Somit beschert die Übung häufig Erfolgs-
erlebnisse. Ein beabsichtigter Nebeneffekt: Alle Teilnehmer sind aktiv
und werden an die Beraterrolle herangeführt, ohne überfordert zu sein.

Einleitend muss der Seminarleiter die zirkulären Fragen nach der von
Klein/Schmidt-Keller entwickelten Systematisierung vorstellen:

*Ausführliche
Beschreibung*

Operationalisierung

Hiermit sind alle Fragen gemeint, die eine Eigenschaft oder ein Verhalten eines Menschen konkretisieren. Beispielsweise: „Wenn Sie sich
überfordert fühlen, woran merken Sie es zuerst?"

Kontextualisierung

Diesen Fokus verfolgen Fragen, die ein geschildertes Verhalten bzw.
eine Eigenschaft in Kontexte einfügen, z. B. „Wann und wo zeigen Sie
dieses Verhalten besonders deutlich, wann und wo nicht?"

Interaktionalisierung

Die Fragen nach Interaktion und Kommunikation sind das Herzstück
des zirkulären Fragens. Eine hilfreiche Unterscheidung im Rahmen der
Interaktionalisierung bieten die Begriffe „Beobachtung – Erklärung –
Bewertung": „Wem gegenüber zeigen Sie das Verhalten am meisten?
Wie erklären Sie sich Ihr Verhalten? Wie bewerten Sie Ihr Verhalten?
Wie das Ihres Gegenspielers?" Besonders wirkungsvoll können diese
Fragen im sogenannten „triadischen Modus" gestellt werden, da dieser
den Klienten einlädt, zu sich und den Interaktionspartnern in eine Au-
ßenperspektive zu treten: „Wenn man Ihren Partner fragen würde, wie
er Ihr Verhalten erlebt, was würde er antworten?"

Historisierung

Diese Perspektive erfragt die Entstehung des Problems: „Wann trat das
Symptom erstmalig auf und gab es Zeiten, in denen es auch weniger
belastend war?"

Futurisierung

Dieser Fokus zielt auf die Vorstellungen des Klienten, die er sich bezüglich seiner Zukunft macht: „Angenommen, Sie lösen Ihr Problem
nicht, wie sieht Ihr Leben dann in einem Jahr aus?" Oder: „Angenommen, Sie lösen Ihr Problem, was wäre dann anders?"

Optionalisierung

Diese Fragen zielen auf eine Flexibilisierung der Gedankenwelt des
Klienten: „Angenommen, Sie würde sich entscheiden, den Einladungen

Ihres Partners, sich als schwierige Person zu zeigen, zu widerstehen. Wie würde sich die Beziehung zu ihm verändern?" Oder: „Wie könnten Sie es anstellen, Ihren Chef noch häufiger zu dem abwertenden Verhalten Ihnen gegenüber einzuladen?"

Nach dieser theoretischen Einführung teilt der Seminarleiter die Gruppe in jeweils mindestens sieben Personen umfassende Untergruppen ein und verteilt die Rollen so, dass ein Teilnehmer einen (kooperativen) Klienten spielt, während von den sechs anderen Teilnehmern jeweils einer eine der sechs Perspektiven übernimmt und entsprechende Fragen stellt. Bei kleineren Gruppen übernimmt ein Teilnehmer zwei Perspektiven, bei größeren Gruppen wird eine Perspektive von zwei Teilnehmern übernommen. In der Untergruppe bleibt der Beraterstuhl leer und jeder Interviewer setzt sich auf diesen Stuhl, wenn er eine Frage stellt. Die Aufgabe besteht darin, möglichst vielfältige zirkuläre Fragen zu stellen und nicht darin, das Problem des Klienten zu lösen. Es handelt sich um eine Anwendungsübung für Berater.

Im Plenum wird abschließend ausgewertet, welche Wirkung die Fragen auf den Klienten hatten und ob es den Beratern gelungen ist, Fragen zu finden bzw. bei ihrer gewählten Perspektive zu bleiben.

Kommentar

Der Charme dieser Übung besteht darin, durch die theoretische Einführung den Kursteilnehmern eine Orientierung für das zirkuläre Interview zu geben. Während der Übung sind alle aktiv, meist ohne sich überfordert zu fühlen.

Da die sechs Perspektiven im Kern zwar unterschiedlich sind, sich jedoch auch überschneiden, ist der Hinweis nützlich, dass voraussichtlich die Berater auch im Terrain der anderen fischen werden und diesen Grenzüberschreitungen mit Toleranz begegnet werden sollte.

Quellen

Urheber der Unterscheidung der sechs Perspektiven im zirkulären Fragen sind Barbara Schmidt-Keller und Rudolf Klein. Mit ihnen gemeinsam entwickelte der Autor die beschriebene Variante der Umsetzung in ein Fortbildungs-Tool.

Schlagworte

Zirkuläre Fragen, heißer Stuhl, zirkuläres Wirklichkeitsverständnis, Fragetechnik

Trainingsdesign

► 75 Minuten
► Plenum: Aufteilung in Untergruppen: A, B, C, D, E, F

1.	5 Min.	In die Beratung kommt ein Klient aus dem Arbeitsfeld eines Teilnehmers. Er ist kooperativ gegenüber dem Berater und sucht nach einer Lösung.
2.	10 Min.	B, C, D, E, F befragen den Klienten mit neugierigen Fragen im Sinne einer kurzen Ortsbegehung und einer ersten Orientierung bezüglich des Auftrages.
3.	40 Min.	Verteilung der Rollen: Jeder Berater erhält einen bestimmten Fokus im zirkulären Interview und befragt den Klienten aus dieser Rolle. Wenn er eine Frage stellen möchte, setzt er sich auf den freien Stuhl, der dem Klienten gegenüber aufgestellt wird. Er kann einige oder mehrere Fragen stellen und sich zu jedem späteren Zeitpunkt des Interviews erneut zum Fragen auf den Stuhl setzen.

► B mit Fokus **Operationalisierung**
► C mit Fokus **Kontextualisierung**
► D mit Fokus **Interaktionalisierung**
► E mit Fokus **Historisierung**
► F mit Fokus **Futurisierung**
► G mit Fokus **Optionalisierung**

4.	10 Min.	A gibt Rückmeldung, wie es ihm während des Interviews ging und welche Fragen ihn besonders angesprochen haben.
5.	10 Min.	Kurze Reflexion des Gruppenprozesses.

Interventionstechniken für kritische Situationen entwickeln

– Mit Herz und Verstand!
Wolfgang Schmidt

> ▶ Kenntnisstand der Teilnehmer: Anfänger
> ▶ Dauer: 90 Minuten

Kurzbeschreibung

Das Tool fokussiert die grundlegende Fragekompetenz eines Coachs. Es hilft bei der Unterscheidung zwischen emotionalen und rationalen Fragen und ermöglicht eine bewusste Auseinandersetzung mit den eigenen Fähigkeiten, diese Fragen anzuwenden. Insgesamt lernt der Coach, welchen Unterschied diese Differenzierung bei der inneren Auseinandersetzung mit einem Konflikt macht.

Setting

Das Tool ist für Gruppen von 6 bis max. 18 Personen geeignet. Bei kleinen Gruppen gibt es keine weitere Aufteilung. Der Trainer organisiert den Ablauf und überlässt den Teilnehmern die Auswahl von Rollenspielern. Vorab müssen Unterlagen erstellt werden, die dann im Verlauf der Übung an die Teilnehmer ausgeteilt werden (s. S. 48–50 sowie online).

Gründe für das Tool

Das Tool ist besonders interessant, um die Fragetechnik eines angehenden Coachs differenziert zu entwickeln. Die Teilnehmer bekommen eine „erste Anleitung" für eine Problem-/Konfliktanalyse und erweitern damit ihr Fragerepertoire. Primär wird mit dem Tool eine systemisch-konstruktivistische Grundhaltung entwickelt. Fokussiert werden vor allem Konfliktthemen, das Tool unterstützt die Entwicklung von Fragetechniken im Zusammenhang mit dem Thema „Konfliktcoaching".

Bei Coachingweiterbildungen ist ein Lernbaustein „Systemische Fragemethoden" elementar. Das Tool bietet die Möglichkeit, auf diesem Weg ein Element davon kennenzulernen.

Bernd Schmid, Oliver König (Hrsg.): Train the Coach: Methoden

Das Tool wird im Plenum anmoderiert (Phase 1–2, Dauer ca. 20 Minuten), dann in Kleingruppen bearbeitet (Phase 3–4, Dauer ca. 50 Minuten) und danach wieder im Plenum ausgewertet (Phase 5, Dauer ca. 20 Minuten). Es sind zwei Räume notwendig.

*Ausführliche
Beschreibung*

Phase 1

Der Trainer erläutert an einem Beispiel einen einfachen Konfliktfall. Er verweist dabei auf die Notwendigkeit, im Coaching mit systemischen Fragemethoden zu arbeiten. Dann gibt er eine kurze Einführung in das Thema der im Tool dargestellten unterschiedlichen Fragearten (emotionale Fragen und rationale Fragen) und verteilt die Handouts (siehe S. 48–50).

Phase 2

Der Trainer bildet zwei Gruppen (Gruppe A und Gruppe B). Bevor die Gruppen getrennt werden, befragt er die Gruppe A, ob hier jemand einen leichten Konfliktfall einbringen kann. Er bittet diesen Teilnehmer aus der Gruppe A, den Fall kurz im Plenum zu schildern. Vor der Schilderung bittet er die Teilnehmer aus der Gruppe B, genau zuzuhören und sich gegebenenfalls Notizen zu machen.

Wichtig für den Trainer: Nur er befragt in dieser Phase kurz den Fallschilderer. Außerdem achtet er darauf, dass nur ein Konflikt eingebracht wird, der sich nach der Theorie von Friedrich Glasl max. auf Stufe 3–4 befindet. Danach bittet er die Gruppe B darum, dass jemand einen Konflikt schildert. Hier sollen nun die Teilnehmer der Gruppe A genau aufpassen und sich gegebenenfalls ebenfalls Notizen machen.

Der Arbeitsauftrag an die Gruppen lautet danach: *„Bitte bereiten Sie nun eine Coachingsequenz vor. Dabei soll mit den Fragen gearbeitet werden, die Ihnen im Handout zur Verfügung gestellt werden. Sie haben für die Vorbereitung 20 Minuten Zeit. Danach wird der Fallschilderer aus der Parallelgruppe zu Ihnen kommen und wird von einem ausgewählten Coach aus Ihrer Gruppe befragt. Der Zeitrahmen für dieses Gespräch beträgt 30 Minuten. Die restlichen Gruppenteilnehmer machen sich bitte Notizen für ein differenziertes Feedback, welches wir dann im Plenum mit allen einholen wollen.“*

Phase 3

In zwei getrennten Kleingruppen beschäftigen sich nun die Teilnehmer mit den Fragearten, wählen ein Gruppenmitglied als Coach aus und bereiten gemeinsam die Coachingsequenz vor. Der Trainer wandert zwischen den Gruppen und nimmt als stiller Beobachter wahr, was passiert. Er korrigiert, wenn die Aufgabe falsch verstanden worden ist.

Phase 4

Der Trainer schickt nun die Fallschilderer in die andere Gruppe. Die Coachingsequenz beginnt. Auch hier wandert wieder der Trainer als stiller Beobachter zwischen den Gruppen und achtet auf das Einhalten der Vorgabe. Nach 30 Minuten werden die Teilnehmer gebeten, wieder in das Plenum zurückzukehren.

Phase 5

Die Gruppen treffen sich wieder im Plenum. Nun beginnt der Trainer zunächst, den Fallschilderer aus Gruppe A zu befragen, welche Wirkungen die Fragen bei ihm hervorgerufen haben und welches Feedback er dem Coach geben kann. Dann wird sein Coach befragt. Hier kann es hilfreich sein, zu fragen, welche Fragen eher einfach zu stellen waren, welche eher schwer. Danach kommen die Feedback-Geber aus der Gruppe an die Reihe. In gleicher Weise wird dann der zweite Fall bearbeitet, erst die Fragen an den Fallschilderer, dann an den Coach, dann an die Feedback-Geber. Zum Abschluss kann der Trainer entweder das Thema abschließend zusammenfassen oder eine individuelle Lernerfahrungsrunde durchführen.

Kommentar

Im Coaching wird es häufig um Konfliktthemen gehen. Von daher ist die Kenntnis geeigneter Fragearten und die Differenzierung nach rationalen und emotionalen Fragen eine Möglichkeit, sich dem Thema „Konflikt" zu nähern. Ich erlebe bei den Teilnehmern im Nachgang die Entwicklung hin zu einer intensiveren Befähigung bei dem Einsatz eines „emotionalen" Frageansatzes. Wichtige Grundvoraussetzung ist eine vorhandene Trainerkompetenz auf dem Gebiet des „Sozialen Konflikts" und der „Seelischen Faktoren" (Perzeptionen, Gefühle, Wille, Verhalten und Effekte).

Quellen

▶ Glasl, F.: Konfliktmanagement. Bern: Haupt; Stuttgart: Verl. Freies Geistesleben 2002.

Schlagworte

Fragekompetenz, Fragetechniken, rationale Fragen, emotionale Fragen, Konfliktcoaching

Trainingsdesign

▶ 80 Minuten
▶ Plenum: Aufteilung in zwei Gruppen (A und B) mit jeweils einem
   Fallgeber

1.	Insges. 10 Min.	Die Fallgeber aus A und B werden einzeln vom Lehrtrainer im Plenum zum Fall befragt
2.	20 Min.	Gruppenarbeit in den Untergruppen ▶ Jede Gruppe bereitet eine Coachingsequenz mit dem Fall aus der anderen Gruppe und anhand der zur Verfügung stehenden Fragen zur Konfliktanalyse vor. ▶ In jeder Gruppe wird ein Coach bestimmt.
3.	30 Min.	Die Fallgeber wechseln die Gruppen und werden vom Coach der Gruppe gecoacht.
4.	20 Min.	Der Lehrtrainer fragt die Fallgeber nach der Wirkung der Fragen und holt bei den Beobachtern der Gruppen Feedback zu den Coachs ein.

Handout

Fragen zur rationalen Konfliktanalyse

▶ Im Folgenden finden Sie eine Checkliste, die zur rationalen Konfliktanalyse hilfreich ist.

1. **Das Konfliktthema**
- ▶ Sind die wichtigsten Standpunkte klar definiert?
- ▶ Kennen die Konfliktparteien die jeweiligen Standpunkte?
- ▶ Welche Ziele verfolgen die Konfliktparteien?

2. **Die Akteure und ihre Beziehungen**
- ▶ Wer sind die Konfliktparteien?
- ▶ In welcher Abhängigkeit stehen/standen sie zueinander?
- ▶ Gibt es Verbündete?

3. **Die Konfliktentwicklung**
- ▶ In welcher Stufe (nach Glasl) befindet sich der Konflikt?
- ▶ Wie hat sich der Konflikt im Laufe der Zeit entwickelt?
- ▶ Gab es schon einmal einen Wendepunkt bzw. einen „Point of no Return"?

4. **Aktuelle Situation**
- ▶ Wie ist der aktuelle Stand des Konflikts?
- ▶ Wie leben die Konfliktparteien mit dem Konflikt?
- ▶ Wie tragen die Konfliktparteien aktuell den Konflikt aus?

Handout

Fragen zur emotionalen Konfliktanalyse

▶ Im Folgenden finden Sie eine Checkliste, die für eine emotionale Konfliktanalyse hilfreich ist.

1. **Die Beziehung zwischen den Konfliktparteien**
   - ▶ Was ist das für ein Mensch, mit dem Sie diesen Konflikt haben?
   - ▶ Welche Art der Beziehung herrscht zwischen Ihnen? (Achtung
     – Missachtung; Vertrauen – Misstrauen)
   - ▶ Wie viel liegt Ihnen daran, die Beziehung zu diesem Menschen tatsächlich zu gestalten?
   - ▶ Fühlen Sie sich dem/r anderen KonfliktpartnerIn über- oder
     unterlegen?
   - ▶ Was ist für Sie die größte Enttäuschung durch den/die andere?

2. **Konflikte in meinem Leben**
   - ▶ Welchen Sinn oder Nutzen erfüllt ein Konflikt für Sie?
   - ▶ Wann in Ihrem Leben wurde Vertrauen, Achtung, Offenheit
     missbraucht?
   - ▶ Was von diesen Erfahrungen aus der Vergangenheit übertragen Sie in die Gegenwart? Mit welchen Folgen?
   - ▶ Worin zeigt sich das? (Körpersprache, Äußerungen …)

3. **Die andere Konfliktpartei**
   - ▶ Was sind positive Eigenschaften des/r anderen? (Drei Dinge,
     die Sie gut an ihm/ihr finden.)
   - ▶ Welche negativen Dinge, Vorbehalte haben Sie gegenüber
     dem/r anderen, die andere Menschen so vielleicht nicht haben?
   - ▶ Welche wirklich kritischen Punkte gibt es?
   - ▶ Wann haben Sie mit dem/der anderen über diese Dinge gesprochen und in welcher Form?

4.

Lösungsfragen

▶ Was müsste sich bei Ihnen ändern, damit Sie dem/der anderen mit Humor begegnen könnten?

▶ Was könnten Sie tun, um eine potenzielle Tragödie in eine Komödie zu verwandeln?

▶ Welche Folgen hätte es, wenn die Beziehung zu der Konfliktpartei in Ordnung wäre?

Der Fußweg zum Ziel

– Wie Konfusion sich in einen Plan verwandeln lässt
Prof. Dr. Jörg Fengler

▶ Kenntnisstand der Teilnehmer: Fortgeschrittene
▶ Dauer: ca. 30 Minuten

Das Tool schafft rasch Klarheit darüber, welche Maßnahmen angesichts einer neuen komplexen Aufgabe in welcher Reihenfolge ergriffen werden müssen. Der Coachee geht entlang einer vorgegebenen Linie von einer Seite des Raums bis zur anderen. Dabei reflektiert er in der Selbstkommunikation Reihenfolge, Hindernisse, Zeitbedarf und weitere Parameter der Durchführung. Er macht die Erfahrung, dass das Ziel während dieser Reflexion im Fortschreiten an Prägnanz gewinnt, sich die Einzelschritte zu einer schlüssigen Abfolge zusammenfügen und er am Ende recht genau weiß, wie er vorzugehen hat.

Kurzbeschreibung

Das Tool kann im dyadischen wie auch im Gruppen- und im Team Setting durchgeführt werden. Die Instruktionen gibt der Coach. Im Team Setting gilt es zu bedenken, dass Interessen anderer anwesender Coachees von der Planentwicklung betroffen sein mögen; dies könnte der Selbstklärung abträglich sein. In Gruppen ist eine maximale Zahl von zehn bis zwölf Teilnehmern günstiger als eine größere Zusammenkunft. An Materialien werden nur ein Klebeband, Filzstifte und Karteikarten sowie ein etwas großzügig bemessener Raum mit beweglichen Stühlen benötigt. Dann kann der an der Planstrukturierung arbeitende Coachee sich freier bewegen.

Setting

Es kommt im Coaching manchmal zu Stagnationen, weil der Coachee nicht mehr weiterweiß und alle Explorationsversuche des Coachs mit

Gründe für das Tool

dem Argument zurückweist: „Wenn ich das wüsste, würde ich ja nicht als Coachee zu Ihnen kommen." In solchen Fällen ist ein Methoden-, Medien- und Kanalwechsel in Betracht zu ziehen. Der Coachee kommt dabei im wörtlichen Sinne aus der Selbstblockade heraus wieder *in Bewegung*. Coachee und Coach lösen sich aus einer Sackgasse in der Zusammenarbeit und können mit der zielbezogenen Arbeit fortfahren.

Die Selbstblockade begegnet jedem Coach in der Praxis und hat daher auch in einer Ausbildung Gegenstand der Reflexion zu sein. Dieses Tool bietet sich an, um es bei der Ausbildung von Coachs exemplarisch als passende Methode vorzustellen. Den Teilnehmern, die dieses Tool kennenlernen, wird sichtbar, dass Coachees kompetenter sind, wenn sie mit unterschiedlichen Methoden angesprochen werden, als wenn die Kommunikation nur auf der Ebene der Sprache stattfindet. Es lehrt die Teilnehmer, bei Stagnationen in Coachingprozessen Überblick und Zuversicht zu behalten und darauf zu vertrauen, dass Coachees auch nach Phasen der Hilflosigkeit kompetent weiter mitarbeiten, wenn sie minimale Hilfestellungen erfahren, an die sie andocken können.

In Team- und Gruppenprozessen übernimmt das Tool zusätzlich die Funktion, die vielfältigen Ressourcen der Gruppe in den Stellungnahmen sichtbar zu machen, auch zu Themen, bei denen sie keine Fachexpertise im engeren Sinne haben. Weiterhin regt es zum exemplarischen Lernen an, in dessen Verlauf jeder Coachee für alle anderen modellhaft Erfahrungen macht und Einsichten gewinnt. Darüber gibt er im abschließenden Sharing eine persönlich gehaltene Mitteilung ab.

Thematisch kann das Tool bei allen Themen eingesetzt werden, bei denen der Coachee einen Strukturierungsbedarf seiner Aufgaben sieht und bei der bisherigen Planung ins Stocken geraten ist.

Ausführliche Beschreibung

Eine Teilnehmerin an der Ausbildung schildert folgende Situation. Eine Frau, die sich bei ihr einem Coaching unterzieht, ist von ihrem Vorgesetzten vor einer größeren Gruppe von Kollegen scharf getadelt und lächerlich gemacht worden. Sie zögert lange, ob sie überhaupt etwas unternehmen oder die Sache verärgert auf sich beruhen lassen soll. Den möglichen Verzicht auf eine eigene Initiative begründet sie u.a. damit, dass sie keine Ahnung habe, wie sie vorgehen könne.

Ich weise die Teilnehmerin darauf hin, dass es verschiedene Methoden gibt, eine so unklare Situation zu strukturieren, und biete ihr an, einmal in ihre Rolle als Coach hineinzuschlüpfen. Ich betone, dass sie, selbst wenn sie sich nach unserer Klärung imstande fühlen würde, in gleicher Weise mit ihrer Klientin zu verfahren, nicht verpflichtet sei, auch entsprechend zu handeln. Ich bitte sie explizit, sich die Frage der Umsetzung nach dem Selbstklärungsprozess in der Ausbildungsgruppe erneut zu stellen und dann unter Abwägung aller Aspekte, die sie als Coach dieser Frau berücksichtigen will, eine Entscheidung über die diesbezügliche Methodenwahl zu treffen.

Das Vorgehen im Einzelnen

1. Ich rolle ein Klebeband am Boden ab, in der Längsrichtung des Arbeitsraums, von einem Ende bis zum anderen. An den Anfang setzte ich ein gut lesbares Schild mit der Aufschrift „Jetzige Ausgangssituation". Das Ende der Linie markiere ich entsprechend ihrer Anweisung mit dem Text „Die Sache gut aus der Welt schaffen".

2. Ich bitte sie, sich an den Anfang der Linie zu stellen, in die Rolle ihrer Klientin hineinzuschlüpfen, und im gut hörbaren Selbstgespräch den ersten Schritt zu beschreiben, den sie auf dem Weg zum Ziel ergreifen kann.

3. Ein Teilnehmer aus der Ausbildungsgruppe protokolliert jeweils ihre Kernaussage in gut lesbarer Handschrift.

4. Jedes Mal, wenn die Teilnehmerin einen solchen Schritt ausformuliert hat, lade ich sie ein, einen Schritt nach vorn zu tun. Dort legt der Protokollant dann sein jeweiliges Protokollblatt ab.

5. Danach bitte ich die Teilnehmerin, in der Selbstkommunikation den nächsten möglichen Schritt darzustellen, und dann wieder den nächsten und wieder den nächsten.

6. Der Protokollant verfährt jeweils wieder wie beim ersten Schritt. Auf diese Weise entsteht eine Niederschrift aller Ideen, die sie ausgesprochen hat und die alle anderen Ausbildungsteilnehmer gehört und mitvollzogen haben.

7. Ich bitte die weiteren Teilnehmer, auf eigenen Blättern jeweils eine Idee gut lesbar zu notieren, wenn sie denken, dass sie einen weiteren Schritt empfehlen möchten oder bei einem schon genannten Schritt eine Korrektur oder Ergänzung für sinnvoll halten. Sie sollen dies aber schweigend tun, bis die Themenstellerin sich selbst bis zur Ziellinie vorgearbeitet hat.

8. Ich selbst gehe neben ihr her und übernehme ausschließlich eine Echo-Funktion. Ich kommentiere also ihre Äußerungen bestätigend

und ermutigend und stelle ihr damit gleichsam einen schützenden Resonanzraum für ihre Ideenabfolge zur Verfügung.

9. Als sie so nach circa 20 Minuten am Ziel angekommen ist, bitte ich sie, ihre Gefühls- und Gedankenlage am Anfang der Route und jetzt am Ende einmal miteinander zu vergleichen und uns mitzuteilen.

10. Dann bitte ich sie, zum Anfang zurückzukehren und alle Etappen noch einmal auf deren Zweckmäßigkeit, Schlüssigkeit, Machbarkeit, Nebenwirkungen und Gefahrlosigkeit zu überprüfen. Dabei hat sie auch die Gelegenheit, noch Korrekturen, Ergänzungen und Änderungen in der Reihenfolge vorzunehmen, die ihr bei dieser erneuten Überprüfung auffallen.

11. Danach haben die anderen Teilnehmer die Möglichkeit, ihre eigenen Ergänzungen und Korrekturvorschläge einzufügen. Ich bitte sie, ihre entsprechenden Arbeitsblätter an der passenden Stelle *neben* die der Themenstellerin zu legen, nicht aber in deren Reihenfolge *hinein*. Denn es sind ja nur Vorschläge und Angebote: Die Themenstellerin behält alle Freiheit darüber, wie sie mit diesen Ergänzungen umgehen möchte.

12. Sie selbst nimmt dann zu den Ergänzungen der Ausbildungskollegen Stellung und fügt sie gegebenenfalls in die eigene Reihung ein. Danach trägt sie ihren gesamten Plan im Plenum noch einmal vor und stellt dar, wie sie jetzt ihre Perspektive zur Bereinigung der Situation einschätzt.

In diesem Coachingbeispiel nennt die Themenstellerin selbst folgende Schritte, die sei ergreifen würde, wenn sie in einer ähnlichen Situation wäre wie ihre Klientin. Sie sieht dabei, dass die Lösungsschritte ihrer Klientin sich von ihren eigenen gravierend unterscheiden werden. Wir können aber damit rechnen, dass allein die Tatsache, dass sie sich in die missliche Lage ihrer Klientin empathisch hineinbegibt, ihrer Präsenz im nächsten Gespräch mit der Klientin zugute kommen wird.

1. Gespräch mit meinem Partner.
2. Gespräch mit zwei Freundinnen, die nicht in der gleichen Firma arbeiten.
3. Kritische Selbstüberprüfung zu der Frage, welche Aspekte der Vorgesetzten-Kritik sie zumindest partiell als berechtigt betrachten kann und welche nicht.
4. Gespräch über das Ergebnis der Selbstüberprüfung mit einer vertrauenswürdigen Kollegin aus der Firma.

5. Gliedern des geplanten Gesprächs und Erstellen eines Sprechzettels.

6. Einübung dieses Gesprächs mit ihrem Partner. Er soll dabei körpersprachlich Gereiztheit zum Ausdruck zu bringen, ihr ins Wort fallen und grob werden – für den Fall, dass der Vorgesetzte sich im Gespräch so verhalten würde. Sie will dabei üben, den Überblick zu behalten und ihren Gesprächsfaden zu wahren.

7. Ich gebe der Teilnehmerin einen kleinen Vitalisierungs-Tipp für ihre Klientin: Wer unmittelbar vor dem kritischen Gespräch einen 15-minütigen schwungvollen Spaziergang macht, ohne dabei außer Atem zu geraten, der tritt in dem darauffolgenden Gespräch mit mehr Kraft, Mut und Selbstsicherheit auf. Außerdem beschreibe ich eine Aktivierungsübung, die zu einer vitalisierenden Adrenalin-Ausschüttung unmittelbar vor dem Gespräch führen kann.

8. Sie erwähnt die Notwendigkeit, den Vorgesetzten um ein Gespräch unter vier Augen mit der Dauer von 15 Minuten zu bitten.

9. Sie hält die Formulierung eines perspektivischen Verhaltensvorschlags am Ende des Gesprächs für sinnvoll.

10. Sie nimmt sich vor, ein kurzes Resümee des Gesprächs zu formulieren und die Zeitgrenzen einzuhalten.

Die anderen Teilnehmer im Raum ergänzen diese Schritte durch unterschiedliche Impulse:
1. Eine vorübergehende Übernahme der Vorgesetztenrolle, um dessen Persönlichkeit und dessen Interessenlage besser zu verstehen.
2. Ein Feedback an den Vorgesetzten in dem Dreischritt „Verhaltensbeschreibung", „Persönliche Gefühlsresonanz" und „Verhaltensvorschlag".
3. Die Entwicklung eines Worst-Case-Szenarios.
4. Das gründliche Ausloten der Risiken, die sie dabei eingeht.

Es wird vereinbart, dass die Themenstellerin sich nach dem Workshop an ihre Ausbildungskollegen wenden und sie um Rat bitten kann, wenn sie weitere Fragen hat. Sie kündigt an, dass sie beim nächsten Workshop über Verlauf und Erfolg ihres Coachingprozesses mit der Mitarbeiterin aus dem Betrieb berichten wird. Auch daran wird die Ausbildungsgruppe ihre bereits erworbene Coachingkompetenz erkennen, und es werden sich geqebenenfalls neue Fraqen daraus ergeben.

Das abschließende Sharing lädt dazu ein, dass jeder der Teilnehmer per Identifikation darüber berichtet, welche konfusen Anfangssituationen er bereits als Coach erlebt hat. Dazu beschreibt er, wie er früher damit umgegangen ist, was er inzwischen auf diesem Gebiet gelernt hat und was nun die heutige Demonstration im Ausbildungskontext für ihn auf diesem Gebiet verändert hat.

Kommentar   Ich habe dieses Tool bei verschiedenen unklaren Zielen und Aufgaben von Coachingpartnern im dyadischen Gespräch wie auch im Gruppen- und Team Coaching angeboten und durchgeführt. In fast allen Fällen führte sie zu einer deutlichen Vitalisierung und Strukturierung der Betreffenden. Auch die abschließenden Sharing-Äußerungen der Mit-Coachees waren meistens durch eine starke persönliche Berührtheit, Wiedererkennenserlebnisse, Äußerungen der Bestätigung sowie durch eigene Lernprozesse und Vorsätze geprägt. Die Zuversicht, der Situation jetzt gewachsen zu sein, war in den meisten Fällen hoch.

Der anleitende Coach sollte gute Fähigkeiten zur Exploration haben und die Instruktionen in einfacher, klarer, und einladender Form geben, damit der Coachee sie ohne verzögernde Verständnisrückfragen aufgreifen kann. Zugleich soll die Atmosphäre beim Einsatz des Tools gewähren, dass der Coachee sich frei fühlt, Variationen der Ausgangsinstruktionen zu wählen.

Bei der Anwendung des Tools sind jederzeit Überraschungen möglich. So wählen manche Coachingpartner Ziele, die ich selbst als eher unscharf erlebe, kommen aber trotzdem gut damit voran. Einige Themensteller variieren die Schrittgröße je nach vermuteter Schwierigkeit, die es dabei zu überwinden gilt. Die Durchführungsdauer liegt bei zwischen zehn Minuten und einer ganzen Stunde, im letzteren Fall gilt es, den Spannungsbogen der Mit-Coachees aufrechtzuerhalten. Einige Coachees reden sich heftig in Rage und vergessen die Instruktion; in solchen Fällen versuche ich, sie behutsam zur Aufgabenstellung zurückzuführen. Hin und wieder verliert jemand den Überblick über den geplanten Ablauf; dann versuche ich, in die bereits erreichte Struktur noch eine weitere Struktur von Figur und Grund hineinzubringen, indem ich nach den fünf wichtigsten Schritten frage.

Im Wesentlichen wird das Tool mit Neugier angenommen. Die sofort erlebte Handlungsfähigkeit durch das unzensierte und gleichwohl reflektierte Sprechen und die Bewegung im Raum scheint eine Belebung und Inspiration darzustellen. Die Evidenz, dass dieses Instrument eine Hilfe bei der Selbstklärung sein kann, stellt sich meistens von selbst ein.

Mir selbst gefällt das Tool, weil es über den Methodenwechsel Neugier weckt, die Möglichkeit zum Handeln eröffnet (statt nur zu sitzen und zu sprechen, was ja wirklich eine reduzierte Form des Handelns ist) und weil dies mit einer Minimal-Intervention erreicht wird. Die Gruppe als Ganzes wird von Anfang an in das Geschehen eingebunden. Die Teilnehmer müssen der Darstellung der Kollegin zuhören, damit sie ergänzende Ideen beitragen können. Ihr *Commitment* wird dadurch erhöht, dass sie ihre Ideen schriftlich formulieren und sie der Kollegin vor aller Augen im wörtlichen Sinn mit auf den Weg geben. Sie identifizieren sich, beteiligen sich an der Suche nach Lösungen und werden damit zu wichtigen Feedback-Gebern. Sie erhalten Raum für die Äußerung ihrer Vorstellungen und lernen, für ihr eigenes Arbeitsleben in entsprechenden Situationen geeignete Handlungsoptionen zu entwickeln. Wenn auf diese Weise eine differenzierte und situationsadäquate Lösung gefunden wird, so stellt dies sowohl einen Erfolg für die kollegial beratene Teilnehmerin dar als auch für die Ausbildungsgruppe als ganze, deren Kohäsion über den gemeinsamen Erfolg zunimmt.

Quellen

Ich habe diese Methode spontan entwickelt. Eine frühere Quelle ist mir nicht bekannt. Jedoch kann ich auf zwei Veröffentlichungen hinweisen:

▶ Fengler, J.: Analoge Entscheidungsfindung. In: A. Leao und M. Hofmann (Hrsg.): Fit for Change II. 40 praxisbewährte Tools und Methoden im Change für Trainer, Moderatoren, Coaches und Change. Bonn: managerSeminare 2009, S. 194–202.

▶ Shazer, S. de: Der Dreh. Überraschende Wendungen und Lösungen in der Kurzzeittherapie. Heidelberg: Carl Auer 2004.

Schlagworte

Atmosphäre, dyadisches Setting, Exploration, Gruppenprozess, Hilflosigkeit, Hilfestellung, Interessenlage, Lächerlichkeit, Mitarbeiter, Mut machen, Raum, Reflexion, Risiko, Selbstblockade, Selbstklärungsprozess, Stagnation, Szenario, Tadel, Verhalten, Vitalisieren, Vorgesetztenrolle, Ziel

Trainingsdesign

▶ 30 Minuten

| 1. | 20 Min. | **Coaching eines Teilnehmers durch den Lehrtrainer** |

▶ Anhand eines Zeitstrahls im Raum werden von der jetzigen Ausgangssituation bis zum Ziel des Coachees alle notwendigen Schritte bestimmt. Dabei wird der Zeitstrahl durch den Coachee begangen.

▶ Kernaussagen werden durch einen Protokollanten festgehalten.

▶ Die Beobachter halten eigene Ergänzungen fest.

▶ Der gesamte Zeitstrahl wird durchschritten und zum Schluss auf Schlüssigkeit geprüft.

| 2. | 5 Min. | **Zusammenschau** |

▶ Die Beobachter ergänzen den Zeitstrahl mit ihren Ideen und Perspektiven.

▶ Die Coachee fügt alle Schritte zu einem stimmigen Ganzen und geht den Zeitstrahl von Anfang bis zum Ende durch.

| 3. | 5 Min. | **Reflexion im Plenum** |

Modell der strukturierten Problemlösung

– Oder: Umwege erhöhen die Qualität
Walter Slupetzky

- ▶ Kenntnisstand der Teilnehmer: Fortgeschrittene
- ▶ Dauer: 45 Minuten

Das Modell der strukturierten Problemlösung ist eine Übung für erfahrene Berater, die darin trainiert sind, Probleme rasch zu lösen. Durch das Tempo bei der Lösungsfindung geht oft die Qualität im Ergebnis verloren. In einer strukturierten Abfolge kann die Trainingsgruppe ein vertieftes Verständnis zu den Dimensionen „Verstehen", „Erklären" und „persönliche Stellungnahme" entwickeln.

Kurzbeschreibung

Die Trainingsgruppe besteht aus vier Personen:
- ▶ Eine Person bringt ein Problem bzw. eine Fragestellung ein.
- ▶ Eine Person führt die Beratung nach einem festgelegten didaktischen Ablauf durch.
- ▶ Eine Person moderiert den Ablauf und achtet auf den richtigen Zeitpunkt, wann ein Schritt abgeschlossen ist und der nächste beginnen kann.
- ▶ Eine Person beobachtet und konzentriert sich dabei besonders auf die Qualität der Ergebnisse in den einzelnen Ablaufphasen.

Setting

Diese Übung ist gut geeignet für jene Phasen der Ausbildung, in denen den Teilnehmern ihre vorgefertigten Lösungsmodelle und -konzepte bewusst gemacht werden sollen. Es wird veranschaulicht, dass diese oft dem vorgebrachten Anliegen nicht angemessen sind und zu Kurzschlüssen führen, weil zu rasch eine Lösung präsentiert wird, anstatt den Lösungsprozess qualitätsvoll zu gestalten:

Gründe für das Tool

- ▶ Es wird ein Modell für eine systematische Gestaltung des Problemlösungsprozesses vermittelt.
- ▶ Dabei wird das Verstehen von Problemstellungen vertieft, Erklärungsmodelle davon abgeleitet und explizit auf die Eigenverantwortung der Proponenten geachtet.
- ▶ Es wird klar, dass „Verstehen" im Beratungsprozess mehr ist, als ein „Nachvollziehenkönnen" der Sichtweise des Gegenübers. Die Bedeutung von „Verstehen" als ein gemeinsam konstruiertes und geteiltes Wirklichkeitsbild über die behandelte Situation wird bewusst.

Ausführliche Beschreibung

Der Prozess der strukturierten Problemlösung erfolgt in sechs Schritten, wobei jeder der Schritte eine spezielle Fragestellung beinhaltet und mit einem Ergebnis abgeschlossen wird. Erst, wenn das Ergebnis vorliegt, ist es sinnvoll, den nächsten Schritt anzufangen. Zu Beginn werden die Trainingsgruppen in diese Schrittfolge und die Rollenverteilung (siehe Setting) eingeführt. Danach führen die Gruppen die Übung nach folgendem Ablauf durch (Sie finden ihn als Handout online):

Schritt	Fragen	Ergebnis
1. Problembeschreibung, Erläuterung der Hintergründe	**Informationsfragen** Erfassen des Anliegens: ▶ Worum geht es? ▶ Was hat es für Auswirkungen? ▶ Was löst es in Ihnen aus? ▶ Welche Fragestellung wollen Sie mit mir lösen?	Formulierung einer klaren Fragestellung durch den Fallgeber
2. Entwickeln einer passenden Lösungsperspektive	**Verstehensfragen** Erkennen einer Übereinstimmung – Evidenzgefühl: ▶ Was soll mit der Lösung der Frage erreicht werden? ▶ Worauf kommt es an? ▶ Worin liegt die Bedeutung? ▶ Ich habe folgendes Bild von der Situation: ... – Stimmt das so für Sie? ▶ Wenn wir in dieser Weise vorgehen, ist das für Sie hilfreich?	Geteiltes Bild über die Situation und die Herangehensweise
3. Erklärung des Problems aus der gewählten Lösungsperspektive	**Erklärungsfragen** Aufklärung der Zusammenhänge – Modelle, Logik, Ratio: ▶ Welche Ursachen hat es? ▶ Wie ist es entstanden? ▶ Wie ist es zu erklären? ▶ Welche Zusammenhänge sind wichtig?	Gemeinsame Vorstellung über Ursachen und Zusammenhänge

4. Stellungnahme des Fallgebers zum entwickelten Lösungsbild	**Stellung nehmende Fragen** Persönliche Stellungnahme – Verantwortung zum Handeln: ▶ Was halten Sie von dem hier entstandenen Bild über die Situation? ▶ Können Sie „Ja" dazu sagen? ▶ Wissen Sie jetzt, was Sie tun werden?	Gewissheit, dass die Lösung für den Fallgeber passt
5. Festlegung von Lösungsschritten und Vorgangsweise (Was/Wer/Wann)	**Handlungsleitende Fragen** Finden eines Lösungsweges – Klarheit über das Tun: ▶ Was sind Ihre nächsten Schritte? ▶ Wen wollen Sie wie einbinden? ▶ Wie wollen Sie sich verhalten? ▶ Welche Mittel wollen Sie einsetzen?	Umsetzungsplan
6. Abschlussresümee	**Abschlussfragen** Überprüfung von Handlungsrelevanz und Zufriedenheit des Fallgebers – Sicherheit über die weiteren Aktivitäten bestärken: ▶ Passt die Lösung für Sie? ▶ Was ist jetzt anders als zu Beginn der Besprechung? ▶ Was sind für Sie die wichtigsten Ergebnisse?	Bestärkung, Motivation für den Fallgeber

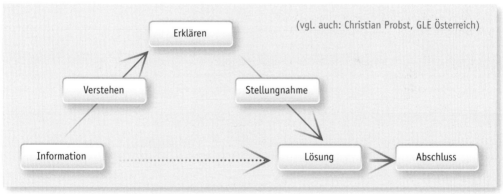

Der Prozess der strukturierten Problemlösung

Nach Abschluss der Übung erfolgt eine Reflexion in der Trainingsgruppe. Der Beobachter gibt Rückmeldung und die anderen Teilnehmer geben einander Feedback. Dabei wird insbesondere darauf geachtet, ob:

▶ das Verstehen (im Sinne eines gemeinsamen Wirklichkeitsbildes) gelungen ist,
▶ eine konsistente und angemessene Erklärung entwickelt wurde,
▶ die Stellungnahme des Fallgebers mit einer inneren Überzeugung und handlungsaktivierend erfolgte (also mehr als: „Ja, es passt so!").

Kommentar · Die Erfahrungen mit diesem Modell zeigen regelmäßig, wie sich die Vorstellung von „Verstehen" ändert, wenn sich die Teilnehmer im 2. Schritt des Ablaufes die entsprechende Zeit dafür nehmen. Es wird dann auch die Erfahrung gemacht, dass die Lösung bereits da ist, wenn das geteilte Bild über die Situation qualitätsvoll entwickelt wurde.

Ein weiteres „Aha-Erlebnis" ist es, eine Stellungnahme von dem Fallgeber einzufordern (4. Schritt), auch wenn augenscheinlich alles klar ist. Oft kommt es hier noch zu entscheidenden Vertiefungen und Wendungen, die erst gewährleisten, dass der Wille zur Verfolgung der Lösung auch wirklich in Handlungen mündet. Insgesamt hilft dieses Modell, ein vertieftes Verständnis von Prozessberatung zu erwerben.

Quellen · Quintessenz Organisationsberatung GmbH (www.quintessenz.or.at), Methodischer Hintergrund: Modell der „Personalen Existenzanalyse" der Gesellschaft für Logotherapie und Existenzanalyse Österreich.

Schlagworte · Prozessberatung, Verstehen, Stellung nehmen, Konstruktion Wirklichkeitsbild, Anschlussfähigkeit, Beratungsqualität

Trainingsdesign

- ▶ ca. 40 Minuten
- ▶ Plenum: Aufteilung in Untergruppen à vier Personen und Einnehmen der Rollen des Fallgebers A, des Beraters B, Moderators C und Beobachters D

1. | 30 Min. | **Coaching von A durch B anhand der strukturierten Problemlösung**
- ▶ Problembeschreibung
- ▶ Entwicklung einer Lösungsperspektive
- ▶ Erklärung des Problems aus der gewählten Lösungsperspektive
- ▶ Stellungnahme des Fallgebers zum Lösungsbild
- ▶ Festlegung von Lösungsschritten und Vorgehensweise
- ▶ Abschlussresümee

Der Moderator achtet auf die Einhaltung der Zeiteinteilung von ca. 5 Minuten pro Prozessschritt.

2. | 10 Min. | **Rückmeldung für B von Beobachter D**

Reflexion in der Gruppe, darüber ob:
- ▶ das Verstehen (im Sinn eines gemeinsamen Wirklichkeitsbildes) gelungen ist,
- ▶ eine konsistente und angemessene Erklärung entwickelt wurde,
- ▶ die Stellungnahme des Fallgebers mit einer inneren Überzeugung und handlungsaktivierend erfolgte.

Vom „Nicht-Klienten" zum „echten" Klienten

– Mit schwierigen, verdeckten Vertragsanliegen zurechtkommen
Jutta Kreyenberg

▶ Kenntnisstand der Teilnehmer: Anfänger
▶ Dauer: 60–90 Minuten

Kurzbeschreibung
Das Tool hilft angehenden und praktizierenden Coachs, Schwierigkeiten in der Vertragsgestaltung mit potenziellen Klienten zu erkennen, einzuordnen und sowohl Grenzen als auch Interventionsmöglichkeiten zu entwickeln. Dabei werden sowohl Kriterien für „echte" Klienten erarbeitet, die bereit und arbeitsfähig für ein Coaching sind als auch, welche „Nicht-Klienten-Strategien" (Typologie) in der Praxis beobachtbar sind. „Nicht-Klienten-Strategien" (Kaweh 2005) beschreiben verdeckte Beziehungsangebote des Klienten, die das Coaching möglicherweise erschweren. Die humorvolle Einordnung in sieben Kategorien ermöglicht ein schnelles Erkennen und Ansatzpunkte für Interventionsstrategien.

Setting
Die Übung wird in Dreiergruppen durchgeführt: Coach – Klient – Beobachter. Ist die Gruppe nicht durch drei teilbar, so gibt es eine oder mehrere Gruppen mit zwei Beobachtern.

Bei unerfahrenen Coachs ist ein vorheriger Input zu den „Nicht-Klienten-Strategien" sinnvoll. Wenn erste Coachingerfahrungen vorliegen, können diese wie in unten aufgeführter Anleitung selbstständig erarbeitet werden.

Gründe für das Tool
Das Tool hat zwei Einsatzmöglichkeiten:
▶ Für Anfänger, die am Ende der ersten Phase der Weiterbildung stehen, nachdem die Bedeutung von offenen und verdeckten Verträgen sowie Methoden bezüglich Contracting und Bezie-

Bernd Schmid, Oliver König (Hrsg.): Train the Coach: Methoden

hungsgestaltung erarbeitet wurden. Hier hilft die humorvolle Kategorisierung, anfängliche Hemmnisse zu erkennen und Bewältigungsstrategien zu entwickeln.

▶ Für praktizierende Coachs oder fortgeschrittene Einsteiger, die über problematische Situationen im Coaching reflektieren. Sie können in der Übung Vorgehensweisen für Klienten-Phänomenologien erarbeiten, mit denen sie üblicherweise Schwierigkeiten haben. Hier ist es hilfreich, wenn auf die Anwendung schon gelernter Interventionsstrategien und Konzepte fokussiert wird (wie Parallelprozess, vier Diagnosewege der Transaktionsanalyse, antithetische Prozessgestaltung) .

Der Nutzen für die Teilnehmer besteht in folgenden Faktoren:
▶ Ausrichtung und Sensibilisierung für die verdeckte Ebene in der Vertragsgestaltung im Coaching
▶ Erarbeitung und Verinnerlichung einer Mindmap für Fallen in der Vertragsgestaltung sowie deren Überwindung
▶ Ausrichtung auf ein vertragsorientiertes Vorgehen
▶ Stärkung der diagnostischen Kompetenz bezüglich spezifischer Klientenbedürfnisse
▶ Stärkung der kommunikativen Klärungskompetenz
▶ Erarbeitung von Interventionsstrategien für schwierige Vertragskonstellationen

Die „Nicht-Klienten-Strategien" entwickelte Babak Kaweh auf Grundlage von Steve de Shazers drei KlLiententypen (Besucher, Kunde, Klagender). Dabei handelt es sich um verdeckte psychologische Rollen, die ein am Coaching Interessierter einnimmt, wenn er eigentlich nicht für ein Coaching bereit ist, weil er es nicht kennt, das Auftragsgefüge nicht stimmt, er Angst hat oder eigentlich etwas anderes bräuchte, wie z.B. Therapie.

Ausführliche
Beschreibung

Die Übung umfasst folgende Schritte:

1. Einführung in das Tool durch den Lehrtrainer

Die Lehrtrainerin erläutert die Ziele und Schritte der Übung. Bei Anfängern gibt sie vorher einen Input über „echte" Klienten und „Nicht-Klienten-Strategien". Hierbei ist es wichtig, diese Kategorien spielerisch einzuführen, nicht als Etikettierung, sondern als Ordnungshilfe, Beispiele zu sammeln und die Bedeutung eines differenzierten Vorgehens in Kontakt darzustellen. Bei diesem Vorgehen fällt der dritte Schritt weg. Bei fortgeschrittenen Teilnehmern kann dieser erste Schritt übersprungen werden.

2. Gruppenbildung

Das Plenum wird in drei Gruppen gleich verteilt: Klienten, Coachs und Beobachter. Die Klienten sollten irgendein nicht allzu großes Anliegen haben und sich vorstellen, in der Anbahnungs- bzw. Vorbereitungsphase eines Coachings zu sein.

3. Vorbereitung

Instruktion für die Coachs: Erarbeitet Kriterien, woran Ihr erkennen könnt, ob ein Klient ein „echter" Klient ist (Checkliste 1: „Kriterien für echte Klienten", s. S. 70 sowie unter den Online-Ressourcen).

Instruktion für Beobachter und Klienten:
▶ Welche Formen von „schwierigen" Klienten sind Euch zu Beginn eines Coachings schon begegnet?
▶ Vergleicht diese Erfahrungen mit denen in der Checkliste 2 („Nicht-Klienten-Strategien", S. 70 sowie online) und diskutiert diese.

4. Durchführung

Es finden sich Dreiergruppen zusammen: Coach-Klient-Beobachter.
Der Klient wählt eine Nicht-Klienten-Strategie und die dazugehörigen Interaktionsmuster aus, die sowohl zu seinem Coachingthema als auch zu ihm als Mensch passt. Er verrät weder dem Beobachter noch dem Coach die gewählte Strategie. **Der Coach** berät den Klienten mit dem Ziel, einen passenden Coachingkontrakt herzustellen. **Der Beobachter** findet heraus, welche Strategie der Klient gewählt hat und wie der Coach dieser Strategie begegnet.

5. Reflexion

▶ Welche „Nicht-Klienten-Strategien" waren erkennbar?
▶ Was war die intuitive und was die sichtbare Resonanz des Coachs auf die dargestellte Strategie?
▶ Inwieweit hat der Coach die dahinter liegenden Bedürfnisse des Klienten erfasst und aufgegriffen?
▶ War es möglich, dem Klienten zu einer echten Arbeitsfähigkeit zu verhelfen?
▶ Wie, in welcher Form ist das gelungen?
▶ Welche Interventionen sind für welche Strategien hilfreich (siehe Checkliste 3: „Interventionsrichtungen", s. S. 71 sowie online)?

6. Erfahrungsaustausch im Plenum

▶ Was ist der Erkenntnisgewinn dieser Übung?
▶ Wie kann ich diese Erkenntnisse in meiner Coachingpraxis anwenden?

Gegebenenfalls kann der Lehrtrainer die Erfahrungen aufgreifen, um Hinweise auf andere Modelle zu geben, wie z.B. zu Paralllelprozess, Unterschied zwischen Wünschen und Bedürfnissen, verdeckte Ebene ...

Eine Variante ist es, das Übungscoaching zu unterbrechen

▶ und der Beobachter berät den Coach bezüglich möglicher Vorgehensweisen, dann setzt der Coach das Coaching fort.

▶ und Beobachter und Coach tauschen kommentarlos ihre Rollen.

Der besondere Reiz dieses Tools liegt darin, dass Strategien spielerisch als psychologische Rollen ausprobiert werden können. Die daraus entstehenden Dynamiken sind eine aufschlussreiche Selbsterfahrung. Als Lehrtrainer ist es wichtig, darauf aufmerksam zu machen, dass diese Rollen nicht übertrieben gespielt werden sollten, da sonst das Coaching künstlich wird oder die Rollen zu leicht erkennbar sind. Das Tool wird oft mit Begeisterung aufgenommen, da es ein gute Strukturierungshilfe liefert.

Kommentar

Die „Nicht-Klienten-Strategien" finden sich bei Kaweh, B.: Das Coaching-Handbuch, Kirchzarten: VAK Verlags GmbH 2011, 3. Auflage. Er bezieht sich hier auf Steve de Shazers Kliententypen in: Der Dreh, 12. Aufl., Heidelberg: Carl-Auer Verlag 2012.

Quellen

Vertragsarbeit, verdecktes Anliegen, latentes Anliegen, Bedürfnisse, Rollenspiel, echte Klienten, Interventionsstrategien für schwierige Klienten, den Anfang bewältigen, Auftragsdynamiken, Humor, spielerische Selbsterfahrung

Schlagworte

Trainingsdesign

▶ 60–90 Minuten
▶ Plenum: Einführung in das Tool durch den Lehrtrainer und Aufteilung in drei gleiche Gruppen: Klienten, Coachs und Beobachter (5–30 Min.)

1. 15 Min. **Vorbereitung in den drei Kleingruppen**
▶ Coachs erarbeiten Kriterien, woran sie einen echten Klienten erkennen können, anhand der Checkliste 1 (Kriterien für echte Klienten).
▶ Beobachter und Klienten vergleichen ihre „schwierigen" Klienten aus Coachings mit der Checkliste 2 (Nicht-Klienten-Strategien) und diskutiert diese.

2. 20 Min. **Beratung in Gruppen à drei Personen**
(je ein Coach, Klient und Beobachter) mit folgenden Rollenvorgaben:
▶ Der Klient wählt still eine Nicht-Klienten-Strategie und die dazugehörigen Interaktionsmuster, die zu seinem Coachingthema passen.
▶ Der Coach berät den Klienten mit dem Ziel, einen passenden Coachingkontrakt herzustellen.
▶ Der Beobachter findet heraus, welche Strategie der Klient gewählt hat und wie der Coach dieser Strategie begegnet.

3. 20 Min. **Reflexion zur Lernerfahrung**
▶ Welche „Nicht-Klienten-Strategien" waren erkennbar?
▶ Was war die intuitive und was die sichtbare Resonanz des Coachs auf die dargestellte Strategie?
▶ Inwieweit hat der Coach die dahinter liegenden Bedürfnisse des Klienten erfasst und aufgegriffen?
▶ War es möglich, dem Klienten zu einer echten Arbeitsfähigkeit zu verhelfen?

▶ Wie, in welcher Form ist das gelungen?

▶ Welche Interventionen sind für welche Strategien hilfreich? (Siehe Checkliste 2: Interventionsrichtungen)

 4.   10 Min.   **Erfahrungsaustausch im Plenum**

▶ Was ist der Erkenntnisgewinn dieser Übung?

▶ Wie kann ich diese Erkenntnisse in meiner Coachingpraxis anwenden?

Handout

Checkliste 1: Kriterien für „echte" Klienten:

▶ Kommt der Klient aus eigenem Antrieb/freiwillig zum Coach?

▶ Hat der Klient ein Anliegen oder ein Problem?

▶ Zeigt der Klient emotionale Beteiligung und Interesse/Leidensdruck?

▶ Ist der Klient bereit, aktiv an einer Lösung mitzuarbeiten?

▶ Akzeptiert der Klient, dass das Coaching zeitlich begrenzt ist und der Erfolg am Ende überprüft wird?

Checkliste 2: „Nicht-Klienten-Strategien" (nach Kaweh 2008)

Nicht-Klienten-Rollen	Verhaltensweise Klient
Klagender	▶ sucht Menschen, bei denen er ungestört jammern kann ▶ professionelles Opfer ▶ hat viele Anliegen ▶ zahlt, um zu jammern, nicht um zu ändern
Besucher	▶ neugierig auf das Produkt „Coaching" ▶ gegebenenfalls „geschickt", versteckter Verfolger ▶ kein Thema, keine Initiative ▶ gegebenenfalls will er seine Lösung/Expertise legitimieren
Hypochonder	▶ trägt schwerwiegende Probleme vor, Pessimist ▶ glaubt fest an „vorgetäuschte" Probleme ▶ Problemagitation, Opfer
Fordernder	▶ erwartet vom Coach die Lösung – schließlich zahlt er ja dafür! ▶ Verfolger, aggressiv
Resignierender	▶ kommt kaum von sich aus ▶ hält seine Probleme nicht für lösbar
Suchender	▶ hat sich hohe (spirituelle) Ziele gesetzt (Heil, Freiheit, die Lösung ...) ▶ lösungswillig, aber unrealistisch ▶ Coach: „Professor Wunderbar"
Stratege	▶ lässt sich aus strategischen Gründen ohne echten Bedarf coachen (Coaching ist „in" oder Ergebnis von Audits ...) ▶ nicht wirklich zum Einlassen bereit

Checkliste 3: Interventionsrichtungen

Nicht-Klienten-Rollen	Interventionsrichtungen Coach
Klagender	▶ aktives Verständnis zeigen ▶ Ansatzpunkte für Ziele aufgreifen ▶ aus Problemen Ziele formulieren ▶ Ideal-Anliegen: negative Lebenseinstellung ändern
Besucher	▶ Wertschätzung für Expertise zeigen ▶ nach bisherigen Lösungen fragen ▶ Erarbeitung eines Ziels ▶ gegebenenfalls Coaching ablehnen
Hypochonder	▶ hinter dem Problemaktionismus liegendes Anliegen herausfinden ▶ Fragen: Was geschieht, wenn dieses Problem gelöst ist? Woran merken Sie das? Was tun Sie dann Neues?
Fordernder	▶ deutliche Grenzen ziehen, überzogene Forderungen früh genug ablehnen ▶ gegebenenfalls Coaching ablehnen
Resignierender	▶ Unterscheidung: Problem – unangenehme Situation ▶ lösbare Probleme/Ziele finden
Suchender	▶ herunterbrechen auf realisierbare Teilziele ▶ konkretisieren ▶ entmystifizieren
Stratege	▶ über Möglichkeiten von Coaching aufklären ▶ gegebenenfalls Coaching ablehnen, Konsequenzen durchsprechen

„Schachmatt-Sätze"

– Musterunterbrechungen und Möglichkeitsräume in kritischen Situationen
Dr. Julika Zwack

> ▶ Kenntnisstand der Teilnehmer: Fortgeschrittene
> ▶ Dauer: 65–105 Minuten

Kurzbeschreibung

Die Übung schärft das Bewusstsein dafür, welche prototypischen Antworten oder Reaktionen von Klienten mich als Coach „schachmatt" setzen, d.h., mich z.B. dazu verleiten, von der Muster- auf die Inhaltsebene zu wechseln, zu viel Verantwortung zu übernehmen oder härter zu arbeiten als der Klient, die Weltsicht des Klienten „zu kaufen" etc. Es werden typische „Einladungen ins Schachmatt" von Coachingklienten formuliert, die eigene spontane Erstreaktion hierauf reflektiert und alternative Reaktionsmöglichkeiten erkundet.

Setting

Die Übung wird in Kleingruppen von drei bis vier Personen durchgeführt. Alternativ ist auch eine Durchführung im Plenum möglich, bei der die Gesamtgruppe als Beobachter/Ideengeber genutzt werden kann.

Gründe für das Tool

Techniken der Gesprächsführung, wie z.B. systemische Fragen, erscheinen beim Zuhören oft plausibel und einfach. In der Umsetzung stellen sich jedoch regelhaft Schwierigkeiten ein. Diese haben wesentlich damit zu tun, dass bestimmte Klientenreaktionen beim Coach Druck, Stress oder Ratlosigkeit erzeugen. Ein Rückfall in meist wenig nützliche Vorgehensweisen, z.B. Überzeugungsarbeit, Rechtfertigung, immer neue Vorschläge, ist dann häufige Folge. Die Übung dient dazu, diese Situationen zu antizipieren und als „Einladungen" des Klienten zu konzipieren, denen der Coach folgen kann, aber nicht folgen muss.

▶ Die Übung fördert die Reflexion der Teilnehmer im Hinblick auf die eigene kommunikative „Achillesferse" und verbessert die diesbezügliche Selbstwahrnehmung.

▶ Die Übernahme der Klientenrolle führt in der Regel zu einer Entdramatisierung zuvor gefürchteter Klientenreaktionen.

▶ Der kommunikative Möglichkeitsraum des Coachs erweitert sich.

▶ Im Gruppenprozess ermöglicht die Übung Teilnehmern, sich über angstbesetzte Gesprächssituationen auszutauschen, was zu einer produktiven Lernatmosphäre beiträgt.

Die Übung beginnt mit einer Sammlung potenzieller „Schachmatt"-Situationen. Diese kann entweder im Plenum oder in Kleingruppen erfolgen; meist gewähren Kleingruppen einen Schutzraum, in dem offener über eigene kritische Situationen gesprochen werden kann.

Ausführliche Beschreibung

1. Sammlung der Schachmatt-Sätze

Instruktion: *„Für jeden gibt es Gesprächssituationen, in denen er/sie sich unter Druck gesetzt, in Frage gestellt, gelähmt oder ratlos fühlt. Für mich selbst sind z.B. Sätze wie ... [hier bietet der Trainer im Sinne einer Selbstoffenbahrung typische „Schachmatt-Sätze" an] oft sehr herausfordernd. Alle guten Vorsätze, z.B. im Hinblick auf ... gehen dann unter und wenn ich nicht aufpasse, reagiere ich ... [Beispielreaktion]. In der folgenden Übung geht es darum, sich über die eigenen ‚Schachmatt-Sätze' klarer zu werden. Was sind Interaktionsangebote von Klienten, die Sie in Druck und Stress versetzen? Bitte versuchen Sie, in einem Brainstorming möglichst viele dieser Verhaltensweisen und Aussagen von Klienten zusammenzutragen – ohne diese zu bewerten."*

Sammeln und Zusammentragen: Die Aussagen werden in Kleingruppen gesammelt und anschließend im Plenum zusammengetragen. Dabei kann eine Cluster-Bildung erfolgen. Typische Überschriften lauten bspw.

▶ *Abwertung des Coachs*
▶ *Lösungsdruck des Klienten*
▶ *Provokation des Coachs*
▶ *Demotivation des Klienten*
▶ *Ohnmacht des Klienten*

2. Simulation in Kleingruppen

Einteilung in Vierergruppen, darunter je ein Coach, ein Klient und zwei Beobachter. Die Gruppe wählt nach Interesse ein Schachmatt-Thema mit entsprechenden Beispielsätzen.

Rollenspiel 1: Coach und Klient spielen ein Coachinggespräch an und der Klient reagiert auf die gewählte Weise. Der Coach reagiert intuitiv. Nach 15 Minuten wird das Gespräch durch die Beobachter unterbrochen.

3. Musteranalyse

Reflexion in Einzelarbeit mit anschließendem Austausch:

▶ Wozu lädt der Klient ein?

▶ Welche Gefühle ruft sein Verhalten wach? Welche Reaktionen des Coachs waren beobachtbar?

▶ Welches Interaktionsmuster entspinnt sich? Welche Fallen könnten darin liegen?

▶ Womit könnte man den Klienten vermutlich überraschen? Welche alternativen Interaktionsangebote könnten ausprobiert werden? (Wichtig: Es geht hierbei nicht um richtig/falsch, sondern um eine Erweiterung des kommunikativen Möglichkeitsraums!)

4. Simulation alternativer Reaktionsmöglichkeiten

Rollenspiel 2: Der Coach wählt aus der Sammlung einige alternative Interaktionsangebote aus und setzt diese im Rollenspiel um.

5. Transfer

Die Gruppe reflektiert gemeinsam ihre Lernerfahrung. Mögliche Leitfragen:

▶ Welche Reaktionen des Coachs lösten beim Klienten produktive Irritation aus?

▶ Welche Interaktionsangebote waren für den Coach leicht umzusetzen, welche ungewohnt?

▶ Was merke ich mir für ähnliche Situationen in realen Coachings?

Kommentar Die unmittelbare Wirkung dieser Übung liegt in der entlastenden Erfahrung, mit Überforderung und Ratlosigkeit in komplexen Gesprächssituationen nicht allein zu sein. In den Rollenspielen werden gefürchtete Situationen oft humorvoll umgesetzt, in der Rolle des Klienten wird erfahrbar, welche inneren Motive in das Verhalten des Klienten hineinspielen. Ab und an setzen sich Kleingruppen unter Perfektionsdruck und verfolgen das Ziel, die „eine richtige Reaktion" herauszuarbeiten. Dies wird erkennbar an Debatten über das richtige Vorgehen und anschließender Frustration darüber, es nicht geschafft zu haben, „den Klienten zu knacken". Solches Antreiberverhalten seitens der Teilnehmer kann vom Trainer antizipiert werden und als Observierungsaufgabe für die Beobachter mitlaufen.

Die Übung basiert auf klassischen systemischen Ideen zur Musterunter-   *Quellen*
brechung, wie sie bspw. bei Schlippe & Schweitzer (2012) beschrieben
werden (v. Schlippe, A.; Schweitzer, J.: Lehrbuch der systemischen
Therapie und Beratung. Göttingen: Vandenhoeck 2012).

Kritische Beratungssituation, Musterunterbrechung, Interaktionsana-   *Schlagworte*
lyse

Trainingsdesign

- ▶ 65–105 Minuten
- ▶ Plenum: Aufteilung in Untergruppen à vier Personen, darunter je ein Coach, ein Klient und zwei Beobachter

1. 20 Min. + 20 Min.
Die Gruppe wählt nach Interesse ein Schachmatt-Thema mit entsprechenden Beispielsätzen. Schach-matt-Sätze in Kleingruppen zu sammeln, dauert etwa 20 Minuten. Das Zusammentragen aller gefundenen Schachmatt-Sätze im Plenum erfordert je nach Grup-pengröße noch einmal ca. 20 Minuten.

2. 15 Min. **Rollenspiel I**
Coach und Klient spielen ein Coachinggespräch an und der Klient agiert auf die gewählte Weise. Der Coach reagiert intuitiv.

3. 5 Min. **Reflexion in Einzelarbeit**
- ▶ Wozu lädt der Klient ein?
- ▶ Welche Gefühle ruft sein Verhalten wach? Welche Reaktionen des Coachs waren zu beobachten?
- ▶ Welches Interaktionsmuster entspinnt sich? Welche Fallen könnten darin liegen?
- ▶ Womit könnte man den Klienten vermutlich über-raschen? Welche alternativen Interaktionsangebote könnten ausprobiert werden?
   (Wichtig: Es geht hierbei nicht um richtig/falsch, sondern um eine Erweiterung des kommunikativen Möglichkeitsraums!)

10 Min. **Austausch**
über die Einzelreflexionen in der Untergruppe.

4.	15 Min.	**Rollenspiel II**
		Fortsetzung des Coachinggesprächs:
		Der Berater wählt aus der Sammlung einige alternative Interaktionsangebote aus und setzt diese im Rollenspiel um.

5.	20 Min.	**Abschluss und Transfer im Plenum**

- ▶ Welche Reaktionen des Coachs lösten beim Klienten produktive Irritation aus?
- ▶ Welche Interaktionsangebote waren für den Coach leicht umzusetzen, welche ungewohnt?
- ▶ Was merke ich mir für vergleichbare Situationen in realen Coachingkontexten?

Unentscheidbares entscheiden

– Fallstricke und Interventionen in der Begleitung von
Entscheidungsprozessen
Dr. Julika Zwack

▶ Kenntnisstand der Teilnehmer: Fortgeschrittene
▶ Dauer: 90 Minuten inkl. Auswertung im Plenum

Kurzbeschreibung

Ein wiederkehrender Coachinganlass ist die Unterstützung von Entscheidungsprozessen. Häufige Fragen lauten z.B. „gehen oder bleiben", „investieren oder loslassen", „abwarten oder Fakten schaffen". Anhand einer eigenen Entscheidungsfrage lernen die Ausbildungskandidaten, welche Fallstricke die Begleitung von Entscheidungen bereithält sowie nützliche Fragestellungen und Interventionen.

Setting

Die Übung wird in Einzelarbeit begonnen, im Anschluss in Kleingruppen von drei bis vier Personen fortgeführt.

Gründe für das Tool

Das Tool bietet:
▶ Mehr Sicherheit im Umgang mit Entscheidungsfragen im Coaching,
▶ Selbsterfahrung bei Entscheidungen assoziierter Interaktionsangebote,
▶ die Analyse einer eigenen Entscheidungsfrage.

Die Begleitung von Entscheidungsprozessen ist häufig komplex und von hohem Druck seitens des Coachees geprägt („Ich muss *jetzt* entscheiden, sonst …"; „So kann es nicht mehr weitergehen …"). Ohne die Verankerung durch theoretische Grundlagen verleiten Entscheidungsfragen Coachs deshalb in besonderem Maße dazu, im „Mehr desselben" stecken zu bleiben. Besonders verführerisch sind bspw. intensive Pro-Kontra-Überlegungen, die häufig in der Erfahrung münden, sich gemeinsam mit dem Coachee unter wachsendem Druck im Kreis

 Bernd Schmid, Oliver König (Hrsg.): Train the Coach: Methoden

zu drehen. Die Übung dient dazu, ein konzeptionelles Verständnis der Grunddynamik von Entscheidungen zu entwickeln und darauf aufbauend hilfreiche Interventionsangebote zu machen.

Der Übung geht ein **Impulsreferat** zum Thema **Entscheidungen aus systemischer Perspektive** voraus, das folgende Aspekte thematisiert:

Ausführliche Beschreibung

▶ „Nur die Fragen, die im Prinzip unentscheidbar sind, können wir entscheiden" (Heinz von Förster): Nur dort, wo wir nicht an Regelsysteme oder andere Vorgaben gebunden sind, können wir wirklich entscheiden. Der Entscheider hat die Freiheit, die Kriterien seiner Entscheidung selbst zu definieren. Echte Entscheidungsfragen sind damit nicht *objektiv be*antwortbar, sondern nur *subjektiv ver*antwortbar.

▶ Wo prinzipielle Unentscheidbarkeit herrscht, ist Eindeutigkeit („So und nur so ist es richtig") Utopie.

▶ Zu unentscheidbaren Entscheidungen gehören Wertekonflikte. Für beide Seiten der Entscheidung gibt es sehr gute und berechtigte Gründe. Die Kriterien einer guten Entscheidung ergeben sich aus dem Bekenntnis, bestimmten Werten in dieser Situation den Vorrang einzuräumen.

▶ Subjektive Entscheidungsunfähigkeit entsteht oft da, wo nach einer Lösung ohne Preis gesucht wird. Diese ist aufgrund der Struktur von Entscheidungen nicht möglich.

▶ Wer die Möglichkeit einer Fehlentscheidung ausschließen will, kann sich nicht entscheiden.

▶ Stimmige Entscheidungen sind an ein Zusammenspiel von bewusstem Denken („Verstand") und vorbewussten Wahrnehmungsprozessen in Form von Körpersignalen („somatischen Markern") gebunden. Die Teilnehmer werden mit der somatischen Marker-Bilanz nach Storch (2010) vertraut gemacht.

1. Analyse einer Entscheidungsfrage in Einzelarbeit

Aufbauend auf dem Impulsreferat beantworten die Teilnehmer anhand einer eigenen Entscheidungsfrage zunächst folgende Fragen (die Sie als vorbereitetes Handout unter den Online-Ressourcen finden):

▶ Woran würdest Du eine gute Entscheidung erkennen – äußerlich und innerlich? ($\rightarrow$ sind dies realistische Kriterien? Falls nein, was wären realistische Maßstäbe einer guten Entscheidung – angesichts ihrer Unentscheidbarkeit)?

▶ Wie viel Prozent in Dir müssten der Meinung sein, dass Alternative A/B die richtige Entscheidung ist? Auf welche inneren Mehrheitsverhältnisse wartest Du? Wie wahrscheinlich ist es, dass sich diese einstellen?

▶ Welche Werte sind im Spiel? Wofür stehen die beiden Entscheidungsalternativen?

▶ Welche Preise bist Du auf keinen Fall bereit zu zahlen? Zu welchen Zugeständnissen bist Du bereit? Versuche sie möglichst konkret zu formulieren.

▶ Wie müsstest Du mit Dir selbst oder negativen Rückmeldungen durch andere im Falle einer Fehlentscheidung umgehen, sodass Du Dich heute entscheiden könntest? Was müsstest du dir versprechen?

▶ Wenn Du an Alternative A denkst, welche Gefühle, inneren Bilder, Körpersensationen stellen sich ein? Welche bei Alternative B?

▶ Erstelle eine Somatische-Marker-Bilanz: Hierzu wird auf jeweils vier Skalen von 1–100 intuitiv eingeschätzt, wie ausgeprägt die positiven und negativen Grundgefühle bezogen auf Entscheidungsalternative A bzw. B sind.

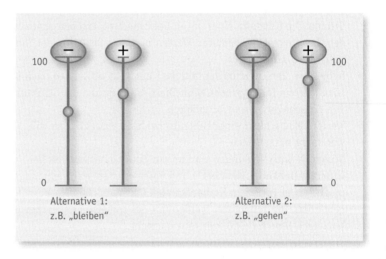

Hieran schließen sich weitere Fragen an:

a) Wie weit müsste das negative Gefühl sinken, damit Du Dich für Alternative A/B entscheiden könntest? Was müsste passieren?

b) Wie weit müsste das positive Gefühl ansteigen, damit Du Dich für Alternative A/B entscheiden könntest? Was müsste passieren?

▶ Formuliere probeweise eine Entscheidung wertebasiert und nimm die begleitenden somatischen Marker wahr: „Ich entscheide mich X zu tun, weil ich möchte, dass [Wert Y] in jedem Fall berücksichtigt wird."

▶ Angenommen, Du entscheidest Dich, Dich (noch) nicht zu entscheiden: Was hältst Du Dir dadurch offen, was ermöglichst Du Dir?
Was wäre der Preis? Was wäre ein guter Zeitraum, die Entscheidung
weiter reifen zu lassen? Woran würdest Du erkennen, dass der Zeitpunkt für eine Entscheidung gekommen ist?

▶ Angenommen, Du triffst eine Entscheidung und die erwartbaren
Zweifel an ihrer Richtigkeit stellen sich ein: Wie willst Du mit Zweifel, Unsicherheit, Hader etc. umgehen?

2. Zwischenbilanz erster Ordnung

▶ Welche Fragen waren hilfreich, haben neue Perspektiven aufgewor-
fen?

▶ Was ist mein vorläufiges Fazit aus all diesen Überlegungen? Wo stehe ich jetzt in Bezug auf meine Entscheidung?

3. Zwischenbilanz zweiter Ordnung

Wenn ich mit meiner Entscheidungsfrage im Coaching wäre ...

▶ Wie, durch welche Aussagen, Verhaltensweisen etc. würde ich den
Coach vermutlich dazu einladen, der Zwangslogik meiner Entscheidungsfrage zu erliegen und doch nach der *einen richtigen* statt einer stimmig-verantworteten Entscheidung zu suchen? Zum Beispiel:
„Ich muss mich aber bald entscheiden, sonst ..."; „Wenn ich mich
falsch entscheide, gibt es kein Zurück ..."

▶ Wie, durch welche Aussagen, Verhaltensweisen etc. würde ich den
Entscheidungsprozess erschweren oder sogar verunmöglichen?

▶ Wenn ich mein eigener Coach wäre, welche Aussagen meinerseits
würden mich unter Druck setzen oder mich dazu verleiten, die Entscheidung für den Coachee zu treffen?

4. Austausch in Kleingruppen à drei bis vier Personen

Jeder skizziert kurz (!) seine Entscheidungsfrage und das Ergebnis
der Selbstreflexion erster und zweiter Ordnung. Anschließend werden
in der Kleingruppe für die im dritten Schritt identifizierten Verhaltensweisen mögliche Beratungsstrategien des Coachs entwickelt. Die
Leitfrage ist hierbei: *Wenn mir ein Coachee das Interaktionsangebot X
macht (z.B. darauf besteht, „bis morgen unbedingt eine Entscheidung
treffen zu müssen", nicht davon abweicht, eine „perfekte" Entscheidung
treffen zu wollen und ständig in „ja aber" rutscht): Wie könnte ich darauf reagieren?*

5. Auswertung im Plenum

Im Plenum werden die Antworten auf die letzte Frage geteilt, wichtige
Lernerfahrungen ausgetauscht und gegebenenfalls offene Fragen („*Wie
reagiere ich, wenn ...*") diskutiert.

Kommentar   Die Übung ermöglicht durch die Einnahme unterschiedlicher Perspektiven ein Lernen auf mehreren Ebenen.

In der Rolle des Coachees:
- ▶ Welche Fragen machen einen Unterschied?
- ▶ Wie kann ich Entscheidungsprozesse erschweren, blockieren?
- ▶ Wie übertrage ich (bewusst oder unbewusst) eigenen Druck auf den Coach?

Aus der Perspektive des Coachs:
- ▶ Was sind typische Einladungen in Sackgassen?
- ▶ Welche unterschiedsbildenden Interaktionsangebote kann ich dem Coachee machen?

Erfahrungsgemäß wird es leichter, dem Sog von Entscheidungsdruck und Zwangslogiken der Coachees zu widerstehen, wenn deren Dynamik am eigenen Leib erfahren wurde.

Ab und an verfallen Kleingruppen in eine inhaltliche Diskussion der Entscheidungsfragen – dies sollte zumindest bewusst gemacht werden. Ziel der Auswertung zweiter Ordnung ist nicht die inhaltliche Reflexion, sondern ein Bewusstsein dafür, auf welche Weise Klienten stimmige Entscheidungen ungewollt erschweren bzw. welche Reaktionen des Coachs diese befördern.

Quellen
- ▶ Zwack, J.; Eck, A.: Ambivalenz hat viele Gesichter – Begegnungen mit der Zwiespältigkeit. In: Zwack, J.; Nicolai L. (Hrsg.). Systemische Streifzüge. Herausforderungen in Therapie und Beratung. Göttingen: Vandenhoeck & Ruprecht 2014 (in Druck).
- ▶ Simon, F. B.: Einführung in die systemische Organisationstheorie. Heidelberg: Carl-Auer Verlag 2007.
- ▶ Storch, M.: Machen Sie doch, was Sie wollen! Bern: Verlag Hans Huber 2010.
- ▶ Storch, M.: Das Geheimnis kluger Entscheidungen. München: Piper 2011.

Schlagworte   Entscheidungen, Coaching von Entscheidungsprozessen, Ambivalenz, somatische Marker

Trainingsdesign

▶ 90 Minuten
▶ Plenum: Aufteilung in Untergruppen à drei bis vier Personen

1.	25 Min.	Analyse einer Entscheidungsfrage in Einzelarbeit.
2.	5 Min.	Zwischenbilanz erster Ordnung in Einzelarbeit.
3.	10 Min.	Zwischenbilanz zweiter Ordnung in Einzelarbeit.
4.	30 Min.	Austausch in Kleingruppen à drei bis vier Personen. Jeder skizziert kurz (!) seine Entscheidungsfrage und das Ergebnis der Selbstreflexion erster und zweiter Ordnung.

Erarbeitung von möglichen Beratungsstrategien unter der Leitfrage:
▶ Wenn mir ein Coachee das Interaktionsangebot X macht, z.B. darauf besteht, „bis morgen unbedingt eine Entscheidung treffen zu müssen", nicht davon abweicht, eine „perfekte" Entscheidung treffen zu wollen und ständig in „ja aber" rutscht – wie könnte ich darauf reagieren?

5.	20 Min.	Auswertung im Plenum.

▶ Das Handout mit den Fragen dieses Tools erhalten Sie unter den Online-Ressourcen.

Schwieriger Coachee

– Welcher Kunde hilft mir, mich selber weiterzuentwickeln?
Prof. Dr. Eric Lippmann

> ▶ Kenntnisstand der Teilnehmer: Fortgeschrittene
> ▶ Dauer: 150 Min., Pause in der Mitte empfohlen

Kurzbeschreibung

Dieses Tool vermittelt, wie mit herausfordernden Kunden spielerisch umgegangen werden kann. Ausgehend von Fritz Riemanns Persönlichkeits-Typologie stellen sich die Teilnehmenden im Raum auf, entsprechend ihrer Eigeneinschätzung bezüglich der vier Typen. Je nachdem wie gut sich die Teilnehmenden untereinander kennen, kann sich dazu auch die Gruppe austauschen (Feedback beispielsweise zu: Wen hätte ich woanders platziert?). Danach teilt sich die Gruppe in Kleingruppen auf: Beobachter, Berater und Kunden. Die Berater schreiben auf einen Zettel, welchen Persönlichkeitstyp sie gerne beraten möchten. Die Kunden wählen sich dann ihren Berater über die Zettel. Anschließend erfolgt ein Beratungsgespräch, in dem der Kunde durchaus etwas übertrieben das Muster eines der vier Typen nach Riemann spielt. Wenn er selber diesem Typ entspricht, kann er auch ein eigenes Anliegen einbringen. Am Schluss der Übung erfolgt ein gegenseitiges Feedback.

Setting

Nach der Positionierung der Teilnehmer im Plenum nach den vier Typen erfolgen die Übungen in Vierergruppen. In den Vierergruppen gibt es jeweils zwei Beobachter.

Gründe für das Tool

Bei diesem Tool setzt sich der Coach mit seiner eigenen Persönlichkeit auseinander. Dies geschieht zum einen in der Auseinandersetzung in der Gesamtgruppe durch Selbst- und Fremdeinschätzung. Zum andern erhalten die Teilnehmer die Gelegenheit, ein Coachinggespräch mit einem Kunden zu führen, der als Herausforderung betrachtet wird. Dabei

Bernd Schmid, Oliver König (Hrsg.): Train the Coach: Methoden

lernt auch derjenige, der in der Rolle des Kunden ist, was für den entsprechenden Typen hilfreiche Interventionen sein können.

Dieses Tool fördert folgende Kompetenzen:
▶ Auseinandersetzung mit den vier Typologien nach Riemann, insbesondere im Rahmen des Coachings
▶ Selbst- und Fremdbild erfahren in der Lerngruppe, das kann auch zu einem besseren gegenseitigen Verständnis innerhalb der Gruppe dienen
▶ In der Auseinandersetzung mit dem herausfordernden Kunden lernt der Berater, was ihn besonders „nervt" am Gegenüber und welches hilfreiche Interventionen sein können, um das Gegenüber wirkungsvoll zu beraten
▶ Der Kunde lernt, welche Interventionen für einen bestimmten Persönlichkeitstyp besonders geeignet oder ungeeignet sein können

Einführung der vier Persönlichkeits-Typen nach Riemann durch den Lehrtrainer, wobei ich eher eine weniger pathologisierende Bezeichnung der vier Typen empfehle als im Buch von Riemann:

Ausführliche Beschreibung

A-Typ: Ich-Bezogen
▶ **Stärken:** konsequent, selbstsicher, distanzfähig, analytisch, entscheidungsfreudig, unbeirrbar, kritisch
▶ **Schwächen:** intolerant, kontaktschwach, gleichgültig gegenüber anderen, misstrauisch, störrisch, trifft einsame Entschlüsse

B-Typ: Du-Bezogen
▶ **Stärken:** einfühlsam, kontaktfähig, empfindsam, tolerant, verstehend, hilfsbereit, beratend
▶ **Schwächen:** nachgiebig, aufdringlich, empfindlich, entscheidungsschwach, anbiedernd, sich überfordernd

C-Typ: Ordnungsliebend
▶ **Stärken:** pünktlich, systematisch, ausdauernd, fleißig, genau, korrekt, vorsichtig, ordentlich, zuverlässig
▶ **Schwächen:** pedantisch, starr, verbissen, streberhaft, unflexibel, doktrinär, kleinlich, veränderungsresistent

D-Typ: Freiheitsliebend
▶ **Stärken:** spontan, gewandt, flexibel, risikofreudig, innovationsfreudig, großzügig, mitreißend, unterhaltend
▶ **Schwächen:** chaotisch, oberflächlich, sprunghaft, leichtsinnig, unstet, unrealistisch, launisch, flatterhaft

Es kann auch in einem Lehrgespräch herausgearbeitet werden, wie sich diese Typen in der Körpersprache darstellen lassen und in welchen Berufsgruppen, Branchen, Hierarchiestufen die jeweiligen Typen besonders häufig anzutreffen sind.

Es wird anschließend mit einem Klebeband ein Kreuz auf den Boden geklebt und an dessen Enden werden die vier Typen im Raum markiert. Daraufhin positioniert sich jeder Teilnehmer innerhalb dieser Koordinaten, je nach Selbsteinschätzung anhand der vier Typen. Es erfolgt ein Austausch, während jeder an seiner Position steht. In erster Linie geht es um gegenseitiges Feedback, bei dem besonders Personen angesprochen werden, die man als Fremdbild anders innerhalb des Feldes platziert hätte.

Aufteilung in Kleingruppen

Die Hälfte der Teilnehmenden begibt sich in die Rolle als Kunde und geht entweder kurz aus dem Raum oder schaut weg, um die andere Hälfte nicht zu sehen. Die andere Hälfte der Teilnehmenden fungiert als Coachs. Sie schreiben jeweils auf eine Moderationskarte, welchen Persönlichkeitstyp sie gerne beraten möchten, im Sinne „Dieser würde eine Herausforderung darstellen". Auf die Rückseite schreibt er seinen Namen. Dann werden die Moderationskarten ausgelegt und die Kunden wählen sich eine Moderationskarte (Persönlichkeitstyp) und damit den Berater. Je zwei Paare bilden anschließend eine Kleingruppe.

Selbstständige Arbeit der Kleingruppen anhand des Handouts

Das Handout zum Austeilen erhalten Sie in den Online-Ressourcen. In der Kleingruppe bringt der Teilnehmer in der Rolle des Kunden (A) ein Anliegen ein. Wenn er den Persönlichkeitstyp auch real repräsentiert, dann kann das ein eigenes Anliegen sein. Wenn er den Persönlichkeitstyp spielt, dann geschieht das Ganze in einem Rollenspiel. In beiden Fällen darf der Kunde Merkmale des entsprechenden Typs durchaus etwas überzeichnet zur Geltung bringen. Sein Berater (B) versucht, möglichst hilfreiche Interventionen anzuwenden und achtet besonders auf die Art und Weise, wie es ihm gelingt, einen guten Kontakt zum Kunden herzustellen. Die zwei weiteren Teilnehmer der Kleingruppe (C und D) beobachten die Sequenz.

Nach etwa 20 Minuten wird die Übung beendet und es erfolgt eine Auswertung. Empfehlenswert in der Reihenfolge, dass B (Berater) zunächst schildert, wie er sich und die Situation erlebt hat und wo er denkt, besonders hilfreiche Interventionen gemacht zu haben und wo nicht. Dann gibt A aus der Kundenrolle ein Feedback und am Schluss die Beobachter C und D.

In einem zweiten Durchgang sind C und D in der Rolle des Kunden bzw. Beraters und A/B in der Beobachterrolle.

Abschluss im Plenum

Es folgt eine kurze Reflexion der Übung. Dabei können Erfahrungen ausgetauscht werden, wie die jeweiligen Typen in einer Beratung optimal unterstützt werden können. Die kurze Auswertung kann für Berater hilfreich sein, wenn das Gegenüber für ihn ein „schwieriger" Kunde ist.

Diese Übung ist auch für andere Persönlichkeitstypologien adaptierbar.　　*Kommentar*

▶ Klaus Antons, Gisela Ullmann im Rahmen der Weiterbildung in Organisationsentwicklung, Teamberatung, Supervision und Coaching, Schweizerische Arbeitsgemeinschaft für Angewandte Psychologie, SAAP, Januar 1996. Weiterentwickelt am IAP Zürich (www.iap.zhaw.ch) Autor: Prof. Dr. Eric Lippmann　　*Quellen*

▶ Riemann, F.: Grundformen der Angst. München, Basel: Ernst Reinhardt Verlag 1961.

Schwieriger Kunde, Selbsterfahrung, Grundformen der Angst, Riemann-Typologie, Übertragung und Gegenübertragung, Persönlichkeit des Beraters　　*Schlagworte*

Trainingsdesign

- ▶ 90 Minuten
- ▶ Plenum: Vorstellung des Riemann-Thomann-Modells und Einordnung in das Riemann-Thomann-Kreuz

| 1. | 10 Min. | **Gruppenbildung** |

Eine Hälfte der Gruppe verlässt kurz den Raum. Sie wird später die Rolle der Kunden einnehmen. Jeder der Zurückgebliebenen schreibt auf je eine Moderationskarte:

- ▶ *Welcher Typ stellt für mich einen besonders „schwierigen Kunden" dar?* (auf die Rückseite die Initialen)

Jeder der ersten Gruppe wählt sich eine der präsentierten Moderationskarten, je nachdem, welchen Kundentyp er gerne spielen möchte. Je zwei Paare bilden eine Viergruppe und führen die Beratungsgespräche durch.

| 2. | 20 Min. | **1. Runde** |

- ▶ Kunde (A) bringt ein Anliegen ein und hat die Wahl, einen völlig fiktiven Kunden zu spielen oder ein eigenes Anliegen einzubringen.
- ▶ Berater (B) versucht, möglichst hilfreiche Interventionen zu machen, die diesem Typ entsprechen.
- ▶ C und D beobachten.

| 3. | 10 Min. | **Auswertung des Gesprächs** |

in der Reihenfolge: B (Selbsteinschätzung), A, C, D.

- ▶ Was war hilfreich?
- ▶ Was weniger?

4.   30 Min.   **2. Runde**
analog mit C und D als Berater bzw. Kunde, A und B
als Beobachter und mit anschließender Auswertung
des Gesprächs.

5.   20 Min.   **Auswertung im Plenum**

▶ Was sind hilfreiche Interventionen je nach Typ?

▶ Was kann unterstützend für den Berater sein,
wenn der Kunde als „schwierig" empfunden wird?

Kapitel II

Als Coach Prozesse reflektieren und steuern lernen

Überblick über das Kapitel

Die Tools sind so ausgelegt, dass Coaching- und Beratungsprozesse geübt und reflektiert werden können. In der Reflexion können unterschiedliche Foki von Bedeutung sein: die Beziehung zwischen Coach und Coachee. Die Selbststeuerung des Coachs. Oder die Struktur des Coachingprozesses von Auftragsklärung bis zum Abschluss.

Überblick über die Tools

In der **lösungsorientierten Reflexion** beschreibt **Dr. Peter Szabó** eine Vorgehensweise, wie nach erfahrungsorientierten Übungen eine Reflexion strukturiert werden kann.

Die **Kunden-Nützlichkeitsbewertung** von **Katalin Hankovszky Christiansen** führt den Teilnehmern direkt vor Augen, wie passend und brauchbar ihre formulierte Frage für den Kunden war.

Wolfgang Schmidt beschreibt in seiner Methode **Coaching als Prozess – (M)ein erster Entwurf!**, wie Teilnehmer ihren eigenen Coachingprozess beschreiben und gliedern können.

Im **Turbo-Coaching** von **Gerhard Neumann** sind die Teilnehmer herausgefordert, sich in kurzer Zeit auf unterschiedliche Coachees einzustellen. Anschließend schärfen die Teilnehmer ihre beraterischen Profile.

Das durchgeführte Coaching eines Teilnehmers oder des Lehrtrainers wird im Plenum analysiert. Per **Stopp & Go** wird an Meilensteinen des Falls ein mögliches Vorgehen mit allen Teilnehmern reflektiert und aufgelöst. Die Methode stammt von **Prof. Dr. Eric Lippmann**.

Im Tool **vom äußeren Konflikt zur psychischen Dynamik** erarbeitet **Klaus Eidenschink** mit seinen Teilnehmern den Zusammenhang eines äußeren Konflikts mit inneren Themen. Davon ausgehend werden Vorgehensweisen für die Kontraktphase mit Kunden erarbeitet.

Bernd Schmid, Oliver König (Hrsg.): Train the Coach: Methoden

Lösungsorientierte Reflexion

*– Jenseits von Feedback: eine kongruente Form, Coaching auch
in der Auswertung zu praktizieren*
Dr. Peter Szabó

▶ Kenntnisstand: Anfänger bis Profis
▶ Dauer: 10 Minuten

Das Tool bietet dem Coach nach einem Übungsgespräch die Gelegenheit, das eigene Verhalten zu reflektieren und aus der Erfahrung zu lernen. Statt „nur" Feedback zu erhalten, kommt der Coach in den Genuss eines Mini-Coachings.

Kurzbeschreibung

Der Weiterbildner kann die Anwendung des Tools selber demonstrieren und/oder die Durchführung nach Instruktion an die Teilnehmenden delegieren. Wenn das Tool zum ersten Mal in der Weiterbildung eingeführt wird, hat es sich bewährt, dass der Weiterbildner all jene, die in den Übungsgruppen gerade gecoacht haben, zusammennimmt und mittels dieses Tools befragt. Die Teilnehmenden können danach das Tool routinemäßig am Schluss von jedem Übungscoaching gegenseitig selber einsetzen. Die Übung eignet sich für jede Gruppengröße.

Setting

Üblicherweise werden nach Coachingübungen die jeweiligen Coachs unter dem Stichwort *Feedback* mit Beobachtungen, Ideen und Bewertungen „beglückt". Untersuchungen zeigen, dass solche gut gemeinten Ratschläge der Beobachter nur in geringem Maß tatsächlich zum Weiterlernen genutzt werden. Gerade, wenn es um das Thema Coaching geht, ist es viel kongruenter, mit gezielten Fragen den eigenen Lern- und Reflexionsprozess der Coachs zu befördern.

Gründe für das Tool

Die Teilnehmenden lernen, ihr eigenes Verhalten auf einfache und wirksame Weise zu reflektieren, ihre eigenen Fähigkeiten zu bestärken, zu merken, was nützlich ist und mehr von dem zu tun, was sich bewährt hat. Im Lern- und Gruppenprozess führt das Tool zu bestärktem Coachverhalten innerhalb der Weiterbildungsgruppe, wenn in Auswertungsdiskussionen „Fragen statt Sagen" vorgelebt wird.

Ausführliche
Beschreibung

Variante 1: Demonstration vor dem Plenum

Der Weiterbildner bittet diejenigen, die gerade gecoacht haben, mit ihm in einem kleinen Innenkreis zu sitzen (Fishbowl), weil er ihnen ein paar Fragen zu ihrem eigenen Lernen stellen möchte.

Einleitende Bemerkung zum Tool

„Coaching ist für Kunden oft eine wunderbare Gelegenheit, laut nachzudenken. Diese Chance bekommt Ihr jetzt auch. Ziel ist, dass Ihr möglichst viel aus der eben durchgeführten Coachingübung für euer eigenes Lernen mitnehmt. Ich werde Euch vier Auswertungsfragen stellen, die sich als nützlich erwiesen haben, um das eigene Coachingverhalten zu reflektieren. Es muss nicht jeder jede Frage beantworten, schaut einfach mal wo Ihr gerne etwas dazu sagen möchtet."

Die folgenden vier Reflexionsfragen an den Coach sind vorbereitet
▶ auf Flipchart,
▶ oder in Form einer projizierten Präsentation,
▶ oder als Merkblatt für die Teilnehmenden (gegebenenfalls kann für schriftliche Antworten Platz ausgespart werden).

Tab. A: Lösungsorientierte Reflexion

1. Womit bist Du am meisten zufrieden?
2. Was, würde Dein Kunde sagen, war Dein nützlichster Beitrag?
3. Was wirst Du aufgrund dieser Lernerfahrung unbedingt weiterhin tun?
4. Was würdest Du jetzt im Nachhinein anders machen?

Der Weiterbildner stellt eine Frage aus Tabelle A nach der anderen an die Coachs im Fishbowl. Er lässt die Antworten jener Coachs, die etwas sagen mögen, einfach stehen oder bestärkt, was ihn an der Antwort besonders beeindruckt hat oder stellt eine passende Vertiefungsfrage (Tabelle B).

Tab. B: Mögliche Vertiefungsfragen

zu Frage 1:	Womit noch bist Du zufrieden? Wie hast Du das hingekriegt?
zu Frage 2:	Was hast Du daraus gelernt?
zu Frage 3:	Was wirst Du möglicherweise sogar noch ausbauen?
zu Frage 4:	Ganz konkret, wie packst Du es ein nächstes Mal anders an?

Als Auswertung zum Schluss können die Teilnehmenden im Fishbowl gefragt werden, wie nützlich die Reflexion auf einer Skala von 1–10 für sie war.

Die Teilnehmenden im Außenkreis können anschließend im Flüstergespräch mit ihrem Nachbarn zwei Minuten lang kurz zusammentragen, was sie aus der Reflexion der Coachs für ihr eigenes Lernen mitnehmen. Je nach Anzahl der Coachs im Fishbowl kann diese Variante 10–20 Minuten beanspruchen.

Variante 2: Debriefing durch die Teilnehmenden untereinander

Ist das Tool als geführte Reflexion erst einmal eingeführt (Variante 1), werden die Teilnehmenden aufgefordert, unmittelbar nach Beendigung jeder Coachingübung jemanden innerhalb der eigenen Übungsgruppe zu bestimmen, der dem Coach die Fragen zur lösungsorientierten Reflexion stellt (Tabelle A). Möglicherweise wird auch noch vertiefend nachgefragt (Tabelle B). Notiert werden allenfalls die Antworten des Coachs, diese werden ihm dann als Lernprotokoll übergeben. In der Regel genügen hierfür fünf bis zehn Minuten.

Wenn die Übungsgruppen ins Plenum zurückkommen, kann der Weiterbildner allenfalls noch kurz nachfragen, wer Coach war und ob sich die fünf Minuten lösungsorientierter Reflexion für sie als nützlich erwiesen haben. Wenn das Tool als nützlich bewertet wird, kann es zum standardmäßigen Bestandteil aller Übungsauswertungen werden.

Kommentar

Das Tool entstammt der Wirklichkeitskonstruktion im lösungsorientierten Paradigma (nach Steve de Shazer und Insoo Kim Berg). In diesem Paradigma wird als nützlich erachtet, sorgfältig zu eruieren, was bereits funktioniert. Wenn etwas nicht funktioniert, soll der Kunde

Gelegenheit haben, eine möglichst detaillierte Vorstellung davon zu entwickeln, wie er es bei einer nächsten Gelegenheit anders machen würde. Dieses Paradigma eignet sich nicht nur als Arbeitshypothese für Coachinggespräche mit Kunden (lösungsorientiertes Kurzzeitcoaching), sondern wird hier im Kontext von Weiterbildung kongruent und konsequent auch für die Auswertung von Coachingübungen verwendet. Nach dem klassischen Paradigma der Problemlösung würde man in der Auswertungsphase die aufgetauchten Probleme, Hindernisse und Defizite des Coachs ins Feedback einbeziehen. Stattdessen wird hier allein auf funktionierende Lösungsansätze, kleinste Fortschritte, sichtbare Kompetenzen und zukünftig verbesserte Versionen fokussiert. Und statt aus der Fremdperspektive zusätzliche Gesichtspunkte einzubringen, wird hier darauf vertraut, dass der Coach kompetent genug ist, aus der Selbstreflexion hinreichend Ansätze für den nächste Lernschritte zu gewinnen.

Unsere 17-jährige Erfahrung mit dieser Form der Auswertung in Coachweiterbildungen bestätigt, dass sie Kompetenzerweiterung beschleunigt und Coachs darin bestärkt, auf ihre ureigene Art individuell passende Fortschritte zu erzielen. Überraschend zeigt sich in der Praxis, dass die vorweggenommene Selbstreflexion der Betroffenen das anschließende klassische Feedback durch Beobachter redundant und überflüssig macht.

Quellen	Die Fragen (Tab. A und B) wurden in ähnlicher Form von Michael Hjerth, Schweden, unter dem Titel Micro-Evaluation, auf der SOL (Solutions in Organisations Link-up) Konferenz in Köln 2008 zum ersten Mal vorgestellt.

Schlagworte	Lösungsorientiert, Reflexion, Lernreflexion, Übungsgespräche

Trainingsdesign

▶ Demonstration vor dem Plenum (Variante 1)

 1.   10–20   Der Weiterbildner stellt die Fragen aus der Tabelle A
         Min.   an die Coachs im Fishbowl. Gegebenenfalls vertieft er
                   mit Fragen aus Tabelle B.

                   Die Coachs im Fishbowl bewerten die Nützlichkeit der
                   Fragen auf einer Skala von 1–10.

                   Die Teilnehmer im Außenkreis tauschen sich 2 Minu-
                   ten flüsternd aus.

▶ Tabelle A und Tabelle B erhalten Sie in den Online-Ressourcen als vorbereitetes Handout.

Kunden-Nützlichkeitsbewertung

– Wenn Kunden auch Experten für den Prozess sind und
Coachs daraus lernen können
Katalin Hankovszky Christiansen

> ▶ Kenntnisstand der Teilnehmer: Anfänger bis Profi
> ▶ Dauer: 30–60 Minuten

Kurzbeschreibung
Bei diesem Tool entwickeln übende Coachs eine Frage aus der Antwort des Kunden. Sie können diese mit den Fragen anderer Teilnehmer vergleichen und hören schließlich die Wahl des Kunden. Reflexionen darüber werden möglich, wie nützliche Fragen entstehen. Auf diese Weise wird der verantwortungsvolle Umgang von Coachs mit Informationen beleuchtet, die vom Kunden kommen: Es wird deutlich, dass Coachs die Wahl haben, auf was sie mit ihrer Intervention reagieren.

Setting
Die Trainerin moderiert und strukturiert diese Übungssequenz. Bei wiederholtem Einsatz können Untergruppen das Tool selbstorganisiert einsetzen. Das Tool eignet sich für Gruppen ab ca. 7–18 Personen. Ein Teilnehmer erhält die Gelegenheit, an einem eigenen echten Anliegen als Kunde zu arbeiten. Die restlichen Teilnehmer entwickeln in Zweier- oder Dreiergruppen Coachingfragen an den Kunden. Die gefundenen Fragen werden reihum genannt und durch den Kunden auf ihre momentan eingeschätzte Nützlichkeit skaliert. Dann wird eine Frage von ihm gewählt und beantwortet. Als Variante kann der Kunde auch seine „Lust, eine Antwort auf diese Frage zu geben" skalieren.

Gründe für das Tool
Nach klassischen Übungscoachings im Laufe einer Weiterbildung entsteht häufig der Wunsch, noch mehr zu üben; dies ist mit diesem etwas lebhaften Setting sehr gut möglich. Nach Arbeit in Kleingruppen kann als Abwechslung wieder im Plenum gelernt werden. Die Teilnehmer experimentieren im geschützten Rahmen mit dem Entwickeln von

Bernd Schmid, Oliver König (Hrsg.): Train the Coach: Methoden

Fragen. Draußen in der Praxis erlebt der Coach nur die Abfolge: Anliegen → Frage → Antwort → Frage → Antwort. Hier kann durch die Wahl, die der Kunde aus mehreren möglichen Fragen trifft, auch festgestellt werden: Nicht immer wird die als am nützlichsten eingestufte Frage tatsächlich auch gewählt ... Auch die Langsamkeit dient dem reflektierten Lernen: Nach einer Antwort vom Kunden steht Zeit zur Verfügung, um zu überlegen, was vom Gesagten in der Formulierung der nächsten Intervention bewahrt, weiterverwendet, vertieft werden soll.

Die Coachs in den Paaren bzw. Dreiergruppen stimmen ihre Ideen aufeinander ab, sie müssen sich schnell einig werden können. Trotz intensiver Partner- oder Kleingruppenarbeit bleibt die Kursgruppe zusammen: eine gemeinsame Erfahrung entsteht.

In der Ernsthaftigkeit der Übungssettings bringt diese Form etwas Leichtigkeit, die Verantwortung wird demonstrativ mit dem Kunden und einander geteilt, die Zeit vergeht wie im Fluge. Der Fallgeber kann zudem bestimmte Aspekte seines realen Anliegens vertiefen.

Wann?

Nehmen wir an, die Trainerin hat die Teilnehmenden gefragt, wie die restliche Zeit der Weiterbildung genutzt werden sollte. Einige Teilnehmende haben Übungsmöglichkeiten verlangt, andere wollten nicht mehr in der Kleingruppe arbeiten, sondern lieber zusammen im Plenum bleiben und wieder andere wollten sich die gelernten Coachingfragen näher anschauen, um zu sehen, wie diese an das Anliegen des Kunden angepasst werden können. Diese vielfältigen Wünsche veranlassen die Trainerin, zu diesem Tool zu greifen.

Ausführliche Beschreibung

Vorbereitung

Sie erklärt, dass nun ein Teilnehmer die Gelegenheit haben wird, an einem eigenen Anliegen als Kunde zu arbeiten, jedoch ohne das Versprechen, dass dieser besondere Coachingprozess zu Ende geführt wird: Er wird nach 30–35 Minuten abgebrochen. Nachdem sich jemand gemeldet hat, bittet ihn die Trainerin, eine Regel zu befolgen. In dieser Coachingübung wird er nun jeweils mehrere Fragen hintereinander hören. Nach jeder Frage soll er zunächst noch nicht antworten, sondern eine kleine Auskunft über die geschätzte Nützlichkeit der Frage für sein Weiterkommen im Anliegen geben. Zehn wäre denkbar am nützlichsten, eins das Gegenteil. Erst nachdem er alle Fragen angehört und bewertet hat, soll er eine auswählen und sie beantworten. Die Trainerin erinnert alle an die Vertraulichkeitsregel.

Die übrigen Teilnehmenden bilden Paare oder Dreiergruppen, sodass drei bis fünf Arbeitsgruppen entstehen. Die Gruppen formen einen Halbkreis um den Kunden.

Ablauf

Der Kunde schildert in einer bis drei Minuten sein Anliegen. Anschließend stecken die Kleingruppen-Mitglieder ihre Köpfe zusammen und einigen sich, wie sie mit dem Kunden weiterarbeiten würden und wie die zu stellende Frage konkret lauten würde. Dafür haben sie eine bis drei Minuten Zeit. In erfahrenen Coachgruppen bewährt sich die knappe eine Minute. In Gruppen, in denen sich die Mitglieder weniger gut kennen, lohnt es sich, ihnen zwei bis drei Minuten für diese Meinungsbildung zu geben. Die Trainerin zeigt an, wenn die Vorbereitungszeit vorbei ist und entscheidet, welche Kleingruppe zuerst ihre Frage stellt.

Ein Coach aus der Kleingruppe stellt die erarbeitete Frage direkt dem Kunden, so, als ob es ein 1:1-Gespräch wäre. Der Kunde hört sie sich an, gibt allerdings noch keine Antwort, sondern schätzt spontan die Nützlichkeit dieser Frage für sein Anliegen auf einer Zehnerskala ein und nennt den Skalenwert. Jetzt kommt die nächste Kleingruppe, ein Coach stellt die Frage, der Kunde nennt den Wert auf der Nützlichkeitsskala usw., bis alle Kleingruppen ihre Frage gestellt und ihre Nützlichkeitsbewertung gehört haben.

Dann wählt der Kunde eine der Fragen aus. Bei Bedarf hört er sie sich wieder an und gibt danach seine Antwort. Die Kleingruppen beraten sich nun wieder, was sie als Nächstes sagen, tun, fragen würden. Die Trainerin mahnt bei Bedarf die Einhaltung der Struktur an und sorgt dafür, dass die Kleingruppen abwechselnd die Fragerunden starten.

Die Übung endet, wenn der Kunde sein Anliegen gelöst hat oder die dafür vorgesehenen 30 Minuten vorbei sind. Die Trainerin bedankt sich beim Kunden für die Lerngelegenheit und erinnert nochmals alle an die Anfang/Ende-Regel: Coaching ist ein professionelles Setting, das einen klaren Anfang und Schluss hat. Nach dem Schluss geben wir das Anliegen vollständig in die Hände des Kunden zurück. Wir reden mit ihm über alles Mögliche in den Pausen und im weiteren Leben, aber nicht mehr über sein Anliegen und über unsere Gedanken dazu.

Reflexion

Nach einer kurzen Pause ist die Trainerin neugierig, was gelernt wurde, was auffiel oder ob es noch Fragen auf der Meta-Ebene an den Kunden gibt. Auch eine individuelle Reflexionszeit mit Lerntagebuch ist an dieser Stelle nützlich.

Dieses Tool ermöglicht es, die Energie, die Konzentration und den Lernwillen im Training zu bündeln. Eine spektakuläre Lernerfahrung ist sicher: die zeitliche Begrenzung und die versammelte Intelligenz der Teilnehmenden tragen dazu bei. Zudem bekommt der Kunde die Möglichkeit, unter mehreren Fragen zu wählen und kann sein Expertentum bezüglich seines Themas UND des Coachingprozesses besonders gut walten lassen. Während er geduldig auf die nächste Fragerunde wartet, verbringt fast jeder Kunde die Pause mit stiller Arbeit am eigenen Anliegen. So passiert es häufig, dass die knapp bemessenen 30 Minuten bereits eine Lösung für die Fragestellung bringen. Trotzdem kündige ich diese Phase immer als Lernexperiment an, ohne das Versprechen, dass die Lösung für den Kunden dabei entstehen würde oder dass etwas Bestimmtes gelernt werden könne.

Kommentar

Die nacheinander genannten Fragen und die unmittelbare Nützlichkeitsskalierung durch den Kunden eröffnen einen breiten Interpretationsspielraum (und Lernraum): welches Frageverhalten auf der Coachseite Anklang bei Kunden finden könnte. Dieses Setting verlangt eine gute Kooperation in der Lerngruppe sowie etwas Demut als Coach: Eigene tolle Frageideen müssen gelegentlich fallen gelassen werden, damit der Kunde von dem Punkt aus weitergehen kann, an den ihn die Antwort auf die vorherige ausgewählte Frage gebracht hat.

Und was die Übung für mich als Trainerin höchst unterhaltsam und spannend wie ein Krimi macht: Es wird auch gründlich untersucht, wie Helfende in ihrer folgenden Frage mit dem umgehen, was der Kunde soeben gesagt hat. Vorgedachte Fragen weglassen, wiedergeben oder umformulieren, sind die Möglichkeiten, nebst hinzufügen von eigenen Ideen, welche je nach Arbeitsweise des Interviewers typischerweise mehr oder weniger Verwendung finden. Da hier mehrere Varianten hintereinander zu hören sind, lenkt diese Übung die Aufmerksamkeit darauf: Was hören wir von dem, was uns Kunden sagen wollen?

Die Methode ist in der Seminarpraxis des Weiterbildungsforums „Solutionsurfers" entstanden. Ob die Anwendung in Uganda, im Coachtraining durch Peter Szabó die erste oder einfach eine erinnerungswürdige war, kann wohl niemand mehr sagen ...

Quellen

Nützlichkeit, Kundenperspektive, Variantenreichtum, Fragen entwickeln in der Zeitlupe

Schlagworte

Trainingsdesign

▶ 30 Minuten
▶ Plenum: Aufteilung in drei bis fünf Kleingruppen plus ein Coachee-Kunde

1.	1–3 Min.	Der Kunde schildert für alle Kleingruppen kurz sein Anliegen.

2.	1–3 Min.	Die Kleingruppen einigen sich jeweils auf eine Frage, mit der sie mit dem Kunden weiterarbeiten würden.

3. 5 Min. Ein Mitglied der Kleingruppe stellt dem Coachee die Frage der Kleingruppe. Der Coachee bewertet die Frage auf einer Skala von 0–10 nach der Nützlichkeit für sein Anliegen. Jetzt kommt die nächste Kleingruppe, stellt ihre Frage und der Kunde gibt seine Bewertung ab. Das geschieht reihum, bis alle Kleingruppen dran waren.

Der Coachee wählt eine Frage aus und gibt seine Antwort.

4. 8–19 Min. Wiederholung 2. und 3.
Ende, wenn das Anliegen gelöst wurde oder 30 Minuten vorbei sind.

Bernd Schmid, Oliver König (Hrsg.): Train the Coach: Methoden

Coaching als Prozess – (M)ein 1. Entwurf!

Wolfgang Schmidt

> ▶ Kenntnisstand der Teilnehmer: Anfänger
> ▶ Dauer: 60 Minuten

Kurzbeschreibung

Mit diesem Tool kann der allgemeine Prozess eines Einzelcoachings „auf einen Blick" betrachtet werden. Im Zentrum steht die visualisierte Darstellung eines möglichen Coachingprozesses. Dabei werden u.a. die zeitliche Dauer zwischen einzelnen Coachingsitzungen, die primären Phasen (Auftragsklärung und Kontraktgestaltung, die Coachinggespräche, Abschluss) sowie individuelle Variablen (z.B. Ort oder Form) dargestellt. Der sich weiterbildende Coach kann sich auf diese Weise auch mit qualitativen Coachingstandards auseinandersetzen. Dies hilft bei der Erarbeitung eines eigenen Coachingangebots.

Setting

Das Tool eignet sich für alle Gruppengrößen. Es müssen mindestens zwei Pinnwände vorhanden sein, gibt es mehr Pinnwände, dann kann die Anzahl der Kleingruppen vergrößert werden. Die Übung kann in einem großen Seminarraum durchgeführt werden. Der Trainer gibt eine Einführung in die Aufgabe, danach erfolgt die Kleingruppenarbeit. Im Anschluss werden die Ergebnisse präsentiert und der Trainer gibt Feedback.

Gründe für das Tool

Das Tool kann lernende Coachs vor allem darin unterstützen, sich Gedanken über ihr eigenes, marktfähiges Coachingangebot zu machen. Gemäß den Zielen von Coaching, der Weiterentwicklung von individuellen oder kollektiven Lern- und Leistungsprozessen, hilft das Instrument, sich diesen Prozessgedanken zu verinnerlichen. Die Teilnehmer reflektieren das Zusammenspiel und die Notwendigkeit einzelner

Prozessbausteine zu bestimmten Zeiten. Die Prozessbausteine: Kontrakt, Situationsanalyse, Begleitung und Abschluss werden in ihrer Bedeutung „sichtbar". Damit kann der angehende Coach auch in den jeweiligen Prozessbausteinen noch einmal die notwendigen Elemente reflektieren.

Beispiel: Bei dem Prozessbaustein „Kontrakt" wird noch einmal das Thema der Anfrage selbst und die Durchführung des Erstgesprächs besprochen und damit verinnerlicht. Dabei geraten Elemente wie z.B. Passung, Kennenlernen, Konkretisierung des Themas und Zielvereinbarung wieder in den Fokus und werden wiederholt. Die Teilnehmer in der Gruppe können sich darüber austauschen und ihre individuellen Vorstellungen und gegebenenfalls erste Erfahrungen einbringen.

Ausführliche Beschreibung

Der Trainer hat im Vorfeld der Übung auf einer mit Papier bespannten Pinnwand eine Matrix gezeichnet. Als Überschrift steht auf dem Papier: „Coaching als Prozess – die wesentlichen Bausteine". Auf der x-Achse steht rechts „Zeit", auf der y-Achse steht oben „Coachingerfolg". Eine Beispielsmatrix finden Sie auf S. 107.

Bei Start der Übung wird diese Darstellung mit folgenden Worten präsentiert:*„Sie sehen hier eine Matrix. Bitte tragen Sie die wesentlichen Prozessbausteine ein und fügen Sie gegebenenfalls die für Sie notwendigen Teileelemente dazu. Beispiel: Bei einem Prozessbaustein „Kontrakt" könnte das Teilelement „Kennenlernen" hinzukommen. Auf der x-Achse tragen Sie den zeitlichen Abstand in Wochen bis zu einem definierten Ende ein. Auf der y-Achse mögliche Erfolgsfaktoren. Sie haben dafür nun 30 Minuten Zeit. Nach dieser Zeit soll ein Teilnehmer ihrer Gruppe das Ergebnis vorstellen."*

Der Trainer bildet nun mindestens zwei und maximal vier Kleingruppen (d.h., zwei bis vier Pinnwände sind vorbereitet, idealerweise steht in jeder Ecke des Raumes eine Pinnwand). Der Trainer lässt die Teilnehmer nun das Thema bearbeiten und hilft gegebenenfalls bei Rückfragen.

Nach 30 Minuten bittet der Trainer die Teilnehmer, nun jeweils eine Person pro Gruppe das Ergebnis präsentieren zu lassen. Zwischenfragen sollten unbedingt zugelassen werden. Am Ende aller Präsentationen bekommen die Teilnehmer nun die Hausaufgabe, ihren eigenen individuellen Coachingansatz anhand dieser Matrix für sich zu entwickeln.

Mit dem Tool kann der Trainer einerseits die im Training bislang vermittelten Inhalte noch einmal im Gesamtkontext zusammenfassen
lassen (Lernkontrolle) und andererseits die Teilnehmer einladen, nun
ihren eigenen Ansatz zu entwickeln (individuellen Lernweg gestalten).

Kommentar

Das Tool ist gut in der Halbzeit einer Ausbildung einzusetzen. Zu
diesem Zeitpunkt kennen die Teilnehmer die Prinzipien der Auftragsklärung und Kontraktgestaltung, haben Erfahrungen mit ersten Instrumenten gemacht und wissen, wie notwendig die Zieldefinition für ein
gelingendes Coaching ist.

Das Tool wurde für unserer eigenen Coachingweiterbildungen beim management forum wiesbaden entwickelt.

Quellen

Coachingprozess, Coachingstandards, Coachprofil, Prozessanalyse

Schlagworte

Trainingsdesign

▶ Plenum: Vorstellen der Matrix und Bildung von Kleingruppen

| 1. | 30 Min. | Arbeit in Kleingruppen: Aufzeichnen von Prozessbausteinen und ihrem Zeitbedarf. |
| 2. | ca. 10 Min. je Gruppe | Vorstellung im Plenum. |

Handout

▶ Dies ist ein Beispiel. Eine Handout-Vorlage zum Ausfüllen finden Sie unter den Online-Ressourcen.

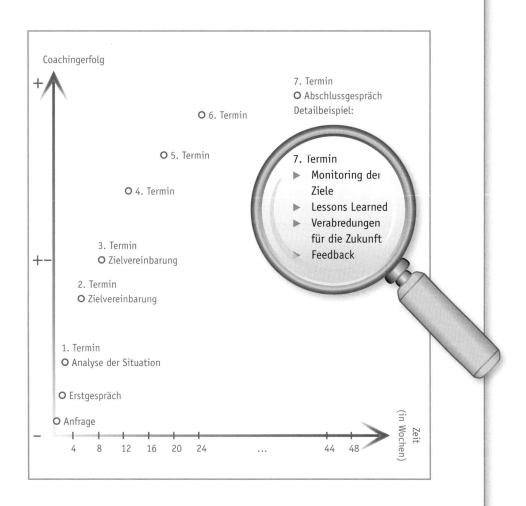

Turbo-Coaching

– Beratung im Karussell
Gerhard Neumann

▶ Kenntnisstand der Teilnehmer: Fortgeschrittene
▶ Dauer: 90 Minuten

Kurzbeschreibung

Das Tool dient dazu, angehende Coachs in relativ kurzer Zeit in mehrere Coachinggespräche zu bringen, um anschließend die Rückmeldungen der „Kunden" für die Reflexion der durchgeführten Coachinggespräche und die dabei angewandten Interaktionsmuster zu nutzen. In Sequenzen von ca. sieben Minuten führen die Teilnehmer mehrere Kurzcoachings mit anderen Teilnehmern durch. Dabei tragen die „Kunden" in jeder Sequenz das gleiche eigene Anliegen aus ihrem Berufsalltag vor. Die zweite Intention dieses Tools besteht im Training systemischer Fragetechniken .

Setting

Zwei Stuhlkreise stehen sich als Innen- und Außenkreis so gegenüber, dass sich je zwei Teilnehmer anschauen. Der Innenkreis coacht den Außenkreis, d. h., innen sitzen die Coachs, außen deren Kunden. Nach Ende jeder Kurzcoaching-Sequenz rücken die Kunden im Uhrzeigersinn einen Stuhl weiter. Nacheinander finden sechs Coachinggespräche von je sieben Minuten Dauer statt. Über ein Rückmeldesystem erhalten die Coachs Informationen über sich in komprimierten Beratungssituationen.

Gründe für das Tool

Mit diesem Tool werden mehrere Ziele verfolgt. Zum einen üben die Teilnehmer systemische Fragen in wiederkehrenden Beratungssituationen mit unterschiedlichen Kunden und ihren jeweiligen Anliegen. Insbesondere in Ausbildungsphasen, in denen es um das Training der Fragetechnik und die Haltung des Fragens und des Nichtwissens geht, hat sich dieses Tool sehr bewährt. Hier wird ermöglicht, sowohl dem

Kunden als auch dem Berater durch den Einsatz systemischer Fragen neue oder bisher nicht bewusste Informationen zum Beratungsanliegen zu generieren und zur Verfügung zu stellen.

Ein weiteres Ziel besteht im Einüben, sich schnell und flexibel auf ein anderes Gegenüber mit einem anderen Problem, einer anderen Frage einstellen zu können. Die Praxis erfordert genau diese Flexibilität von einem Coach. Dazu ist es erforderlich, dass der angehende Coach lernt, den eigenen Bezugsrahmen auszublenden, aufmerksam und konzentriert zuzuhören, empathisch das Anliegen des Kunden zu verstehen und eine gelingende Kooperation herzustellen. Die schnellen Wechsel der Anliegen, das Sich-Einlassen auf das Problem des neuen Kunden, die Verlagerung vom Problem- zum Lösungsdenken, das Einnehmen einer fragenden Haltung und der Position des Nichtwissenden werden mit dem Turbo-Coaching wie im Zeitraffer wirkungsvoll trainiert.

Die getaktete Abfolge der Gespräche sowie der Wechsel ohne Pause aktivieren die tradierten Muster, bevorzugten Fragen, Sichtweisen, Blickwinkel und Realitätskonstruktionen der Coachs. Die Wirkung, die ein Coach mit seiner beraterischen Haltung und seinem Tun erzeugt, kann mit diesem Tool anhand der Feedbacks der „Kunden" gut herausgearbeitet werden. Das eigene Beratungs- und Kommunikationsrepertoire wird reflektiert und bevorzugte Hypothesen, Lösungsstrategien und Handlungskonzepte werden – zumindest in Ansätzen – deutlich.

Die Teilnehmer sitzen sich in einem Innen- und Außenkreis gegenüber. Im Innenkreis sitzen die Coachs. Die Rollenverteilung kann dem Zufallsprinzip überlassen werden. Es besteht aber auch die Möglichkeit, die Rollenanordnung vorher bekannt zu geben. Dann kann jeder Teilnehmer selbst wählen. Die Kunden im Außenkreis erhalten die Aufgabe, dem Coach in der ersten Sequenz ein möglichst reales Beratungsanliegen vorzustellen, das sie in den weiteren Beratungsgesprächen mit anderen Coachs beibehalten. Sieben Minuten hat der Coach nun Zeit, anhand systemischer Fragen

Ausführliche Beschreibung

a) das Ziel des Kunden für dieses kurze Gespräch in aller Kürze herauszuarbeiten und

b) ihn durch systemische Fragen bereits zu ersten Perspektivenwechseln und Lösungsideen anzuregen.

Der Ausbilder kann punktuell in die Gespräche eingreifen und einzelne Teilnehmer in der Anwendung systemischer Fragetechniken unterstützen, indem er situativ unterbricht und alternative Interventionen vorschlägt. Dadurch erhöht sich der Trainingseffekt.

Nach sieben Minuten werden die laufenden Beratungsgespräche konsequent unterbrochen. Hilfreich ist dabei erfahrungsgemäß, dieses strikte Zeitmanagement vor Beginn des ersten Gespräches bereits anzukündigen. Die Kunden des Außenkreises haben sodann eine (!) Minute Zeit, um auf einer Moderationskarte kurz zu notieren:

▶ was von dem, das der Coach gemacht/gefragt hat, hilfreich war.
▶ an welchen Stellen neue Ideen entstanden sind?
▶ was der Coach unbedingt beibehalten, vielleicht verstärken sollte und was er ändern könnte, um noch wirksamer zu werden.

Diese Karten werden dem Coach anschließend ausgehändigt. Er deponiert sie vorübergehend – bis zu einer späteren Auswertung – auf dem Boden neben seinem Stuhl.

Der Außenkreis rückt um einen Platz weiter, das gleiche Prozedere – allerdings jetzt mit einem neuen Kunden (mit ihren festgelegten Anliegen). Nach sieben Minuten kommt wieder das Stopp-Signal und es gibt eine Minute Zeit, um Rückmeldungen des Kunden festzuhalten und dem Coach auszuhändigen. Auch dieses Mal wird die Karte wieder ungelesen und unkommentiert neben den Stuhl gelegt.

Das Ganze wiederholt sich so oft, bis insgesamt sechs Coachinggespräche stattgefunden haben. Jeder Coach hat damit sechs verschiedene Kunden mit sechs verschiedenen Anliegen beraten, jeder Kunde hatte zu seinem Anliegen sechs verschiedene Coachs erlebt.

Auswertung/Reflexion

Die Coachs erhalten nun zuerst Gelegenheit, ihre Karten mit den Rückmeldungen zu lesen und gegebenenfalls bei den Autoren Fragen zum Verständnis des Geschriebenen zu stellen. Dann werden sie aufgefordert, in Einzelarbeit innerhalb von 15 Minuten für sich herauszuarbeiten, welche Informationen zu ihrem beraterischen Profil sie durch die Rückmeldungen ihrer Kunden erhalten haben.

▶ Wie und womit haben sie den Kunden offensichtlich unterstützt?
▶ Welche Fragen hatten welche Wirkungen bzw. waren besonders hilfreich? Welche weniger?
▶ Was wird durch die Rückmeldungen deutlich über ihr möglicherweise bevorzugtes Beratungsvorgehen? Gibt es einen erkennbaren Ablauf, ein erkennbares Muster?
▶ Was hätte dem Kunden an welchen Stellen noch besser geholfen und ihn unterstützt?
▶ Wie passt das zum eigenen Erleben des Coachs?
▶ Wo und an welchen Stellen könnte der Coach etwas verändern, um noch wirksamer zu werden?

Wir bevorzugen bei solchen Aufgaben- und Fragestellungen immer die Orientierung an dem, was nützlich und hilfreich war und gut gelungen ist – weniger an dem, was falsch lief.

Um die Lernergebnisse der Einzelauswertungen durch die Erfahrungen der anderen Teilnehmer anzureichern und abzugleichen, erhalten die Kunden wie die Coachs Gelegenheit, ihre Erfahrungen in der jeweiligen Untergruppe anhand folgender Fragestellungen zu reflektieren und zu fokussieren:

a) Welche Erfahrungen habe ich als Coach mit diesen verschiedenen Anliegen gemacht und welche meiner bevorzugten Strategien, Vorgehensweisen, Fragen usw. sind mir durch die Kundenrückmeldungen klar geworden?

b) Welche Erfahrungen habe ich als Kunde mit dem gleichen Anliegen mit sechs verschiedenen Coachs gemacht und was schließe ich als angehender Coach aus dieser Erfahrung aus Kundensicht?

In der abschließenden Auswertung im Plenum werden alle Erfahrungen zusammengetragen. Die Ausbilder können diese Meta-Kommunikation für die Anbindung an die Theorie, die Rollenklärung und die Interventionsvermittlung nutzen.

Kommentar

Bei der Arbeit mit dem Turbo-Coaching geht es erfahrungsgemäß sehr laut und sehr lebendig zu. Ein kleiner Abstand zum Nachbarn kann für das gegenseitige Hören hilfreich sein. Ein Aufteilen der Paare auf verschiedene Räume empfehlen wir nicht, weil dabei die Zeitstruktur und damit die Dynamik verloren geht. Gerade das Erleben, Teil eines lebendigen Prozesses im Ausbildungsgeschehen zu sein, trägt zur Attraktivität dieses Tools bei. Bei ungeraden Teilnehmerzahlen behelfen wir uns mit einem zusätzlichen Stuhl im Außenkreis. Das heißt, dass Einzelne unter Umständen einmal als Kunde aussetzen oder beim Nachbarn mithören.

Quellen

Eigenes Tool, entwickelt in unseren Coachingweiterbildungen bei BTS.

Schlagworte

Coachinggespräche, Muster, systemische Fragen, Beratungssequenzen, Kurzcoaching, Turbo-Coaching, Lösungsorientierung, Lösungsstrategien, Konstruktionen

Trainingsdesign

▶ ca. 90 Minuten
▶ Plenum: Aufteilung in zwei Untergruppen, eine Gruppe sitzt im Innenkreis, die Personen der anderen Gruppe im Außenkreis. Im Innenkreis sitzen die Coachs (A), im Außenkreis die Coachees (B).

1.	7 Min.	Es beginnt das Anberaten des Anliegens durch A unter den Gesichtspunkten:

  ▶ Ziel des Kunden für dieses kurze Gespräch in aller
    Kürze herauszuarbeiten.
  ▶ Durch systemische Fragen bereits zu ersten Pers-
    pektivwechseln und Lösungsideen anzuregen.

2.	1 Min.	Die Kunden (B) im Außenkreis notieren ihre Antwor-ten auf folgende Fragen auf Moderationskarten und überreichen sie A.

  ▶ Welche Fragen/Aktionen des Coach waren hilf-
    reich?
  ▶ An welchen Stellen sind neue Ideen entstanden?
  ▶ Was sollte der Coach unbedingt beibehalten, viel-
    leicht verstärken?
  ▶ Was könnte er ändern, um noch wirksamer zu wer-
    den?

3.	je 8 Min.	Der Außenkreis rückt um einen Platz weiter, das glei-che Prozedere (1. und 2.) – allerdings jetzt mit einem neuen Kunden (mit ihren festgelegten Anliegen).
4.	15 Min.	Die Coachs lesen ihre Rückmeldungen und können den Autoren Fragen zum Verständnis des Geschriebenen stellen.

Bernd Schmid, Oliver König (Hrsg.): Train the Coach: Methoden

Dann erfolgt Einzelarbeit zu ihrem beraterischen Profil:

- ▶ Wie und womit habe ich den Kunden offensichtlich unterstützt ?
- ▶ Welche Fragen hatten welche Wirkungen bzw. waren besonders hilfreich? Welche weniger?
- ▶ Was wird durch die Rückmeldungen deutlich über mein bevorzugtes Beratungsvorgehen? Gibt es einen erkennbaren Ablauf, ein erkennbares Muster?
- ▶ Was hätte dem Kunden an welchen Stellen noch besser geholfen und unterstützt?
- ▶ Wie passt das zu meinem eigenen Erleben?
- ▶ Wo und an welchen Stellen könnte ich etwas verändern, um noch wirksamer zu werden?

| 5. | 20 Min. | Reflexion in den Kleingruppen Außen- und Innenkreis: |

- ▶ Coachs: Welche Erfahrungen habe ich als Coach mit diesen verschiedenen Anliegen gemacht und welche meiner bevorzugten Strategien, Vorgehensweisen und Fragen sind mir durch die Kundenrückmeldungen klar geworden?
- ▶ Kunden: Welche Erfahrungen habe ich als Kunde mit dem gleichen Anliegen bei sechs verschiedenen Coachs gemacht und was schließe ich als angehender Coach aus dieser Erfahrung aus Kundensicht?

| 6. | 10 Min. | Gemeinsame Reflexion im Plenum. |

Stopp & Go

– Lernen aus Beratungsverläufen und „Meilensteinen"
Prof. Dr. Eric Lippmann

> ▶ Kenntnisstand der Teilnehmer: Anfänger und Fortgeschrittene
> ▶ Dauer: 90 Minuten, beliebig variierbar

Kurzbeschreibung

Im Nachhinein ist man meistens klüger. Um einen Fall, der bereits abgeschlossen oder sehr weit fortgeschritten ist, kritisch zu reflektieren, ist dieses Tool besonders gut geeignet. Dies kann ein Fall des Lehrtrainers sein, den er zu didaktischen Zwecken oder zur eigenen Reflexion einbringt. Es eignen sich aber auch Fälle der Teilnehmer, die sie entweder im Seminar oder in der Lehrsupervision einbringen. Besonders eignen sich dazu Beratungsfälle, bei denen es mehrere kritische Stellen gab (sogenannte „Meilensteine"), an denen der Berater entscheiden musste, wie er da weiter verfahren soll. Der Fallbringer schildert den Fall von Beginn an und macht an den jeweiligen kritischen Stellen jeweils einen Stopp. Bei diesen Stopps geht die Frage in die Runde, was nun ein sinnvolles Vorgehen für den Berater gewesen wäre. Solche Stopps können beliebig gemacht werden und sind variierbar, je nach Komplexität des Falls und je nach Zeitrahmen dieser Lerneinheit.

Setting

Stopp & Go kann entweder im Plenum anhand eines Falles durchgeführt werden, es eignet sich aber auch sehr gut, um parallel in Gruppen an verschiedenen, ähnlich gelagerten Fällen zu arbeiten.

Gründe für das Tool

Mit dem Tool lässt sich sehr gut ein Verlauf einer Beratung verfolgen. Es verdeutlicht die Tatsache, dass es in einem Mandat nicht „One Best Way" gibt, sondern dass je nach Komplexität eines Anliegens verschiedene Vorgehensweisen möglich sind. Besonders Beratungsverläufe, bei denen es zu heiklen, sensiblen oder gar schwierigen Situationen

Bernd Schmid, Oliver König (Hrsg.): Train the Coach: Methoden

gekommen ist, können im Nachhinein nochmals aus der Distanz reflektiert werden, um daraus „Lessons Learned" abzuleiten.

Wer einen eigenen Fall einbringt, in dessen Verlauf es mehrere „Stolpersteine" gegeben hat, kann daraus durch die Reflexion lernen, wo er allenfalls hätte anders intervenieren können. Auch ein noch nicht abgeschlossenes Fallbeispiel kann ein Fallgeber bis zum aktuellen Stand aufrollen und kritisch reflektieren lassen, um Anregungen für das weitere Vorgehen zu erhalten.

Ein Lehrtrainer kann außerdem eigene anspruchsvolle Fälle in der Gruppe als Anschauungsbeispiel einbringen – um aufzuzeigen, dass es in einem Beratungsverlauf zu heiklen „Meilensteinen" kommen kann, und wie man sich da als Berater verhalten kann.

Einführung der Methode

Ausführliche Beschreibung

Der Lehrtrainer informiert über folgende „Spielregeln": Es ist wichtig, dass der Fallbringer das Beispiel chronologisch erzählt und sehr darauf bedacht ist, nur so viel Informationen einzubringen, wie er selber auch in dem jeweiligen Stand des Verlaufs zur Verfügung hatte (denn im Nachhinein ist man jeweils klüger). Der Fallbringer entscheidet selber, wo er einen ersten Stopp macht. Dafür eignen sich besonders „Weggabelungen", an denen der Berater einen Entscheid treffen musste, wie er weiter vorgehen sollte. Bei einem Stopp diskutieren die Teilnehmenden (am besten in Kleingruppen), was sie bei dem Stand des Wissens gemacht hätten und bringen dies dann ins Plenum ein. Anschließend sagt der Fallbringer, wie er interveniert hat und fährt mit der Schilderung fort bis zum nächsten Stopp usw. Falls der Fall noch andauert, so kann der letzte Stopp im „Hier und Jetzt" gemacht werden, sodass das weitere Vorgehen diskutiert werden kann.

Variationen

Bei einem einzelnen Fallbeispiel macht es Sinn, dass der Fall im Plenum geschildert wird. Eine Unterbrechung gibt den Teilnehmenden die Möglichkeit, Verständnisfragen zu stellen. Anschließend empfiehlt es sich, sich bei den Stopps am besten in Kleingruppen aufzuteilen, um das Vorgehen zu diskutieren. Die Ergebnisse aus den „Murmelgruppen" werden dann im Plenum aufgenommen und vom Fallbringer allenfalls kommentiert, ob das aus seiner Sicht gepasst hätte. Dann werden die Fallschilderungen bis zum nächsten Stopp fortgesetzt. Wenn es mehrere Fallbeispiele von Teilnehmenden gibt, können je nach Größe der Gesamtgruppe auch Fälle parallel in Subgruppen nach dem gleichen

Vorgehen bearbeitet werden. Dann braucht es allerdings pro Gruppe einen Moderator, und die Fallbringer sollten das Beispiel idealerweise vorbereiten.

Kommentar   Es ist in jedem Fall empfehlenswert, das Fallbeispiel vorzubereiten.

Quellen   ▶ Lippmann, E.: Intervision. Kollegiales Coaching professionell gestalten. Heidelberg: Springer 2013, 3. Auflage.

Schlagworte   Fallbeispiel mit mehreren „Meilensteinen", Beratungsprojekt-Review, Umgang mit heiklen Entscheidungssituationen in der Beratung, Stopp & Go, „Lessons Learned"

Trainingsdesign

▶ 90 Minuten

1.   5 Min.   Plenum: Einführung in die Methode „Stopp & Go".

2.   Fallschilderung des Fallbringers (Teilnehmer oder Lehrtrainer) chronologisch, phasenweise.
Der Fallbringer darf nur Informationen geben, die er in dem jeweiligen Stadium zur Verfügung hatte. Kein Vorgreifen auf spätere Phasen.

3.   Nach der „Lösungsrunde" erzählt der Fallbringer seine eigene Entscheidung und fährt mit der Schilderung fort bis zum nächsten Stopp bzw. Meilenstein.

4.   Nach der letzten Zäsur (wenn der Fall noch nicht abgeschlossen ist) kann wie im Grundschema der Fallbearbeitung weitergearbeitet werden:
- ▶ Verständnisfragen
- ▶ Hypothesen diskutieren
- ▶ Lösungsideen generieren
- ▶ Der Fallbringer entscheidet, welche Lösungen für ihn passend sind und welches nun seine nächsten Schritte sein werden.

Vom äußeren Konflikt zur psychischen Dynamik

– Die Analyse von Beziehungsverklammerungen
Klaus Eidenschink

> ▶ Kenntnisstand der Teilnehmer: Fortgeschrittene
> ▶ Dauer: 180 Minuten

Kurzbeschreibung

Das hier vorgestellte Schema schult Coachs darin, zu erkennen, welche inneren Konflikte hinter vordergründig äußeren Konflikten stecken. Der Fokus liegt dabei darauf, im Coaching problematische unbewusste Motive und implizite problematische Anliegen zu identifizieren bzw. zu lernen, dazu Hypothesen zu bilden. Dies schützt davor, innerhalb der psychodynamischen Grundstruktur vom Coachee zu arbeiten, sich mit den Vermeidungsseiten in ihm unbemerkt zu verbinden und damit skriptverstärkend zu beraten.

Setting

▶ Das Tool eignet sich für Gruppengrößen von drei bis zwölf Personen.
▶ Jeder bearbeitet mithilfe des Schemas einen oder mehrere eigene Konfliktfälle.
▶ Anschließend werden in (Teil-)Gruppengrößen von drei bis fünf Personen gemeinsam die Ausarbeitungen analysiert, besprochen, Varianten entwickelt und Konsequenzen erarbeitet.

Gründe für das Tool

▶ Für angehende Coachs ist es unabdingbar, ein Verständnis zu haben, wie sich in geschilderten Konflikten und in deren Lösungsideen dahinterliegende Kernprobleme ausdrücken können. Das Tool hilft den Teilnehmern, nicht am Symptom, sondern an der Kerndynamik zu arbeiten bzw. diese überhaupt erst in den Blick zu bekommen. Es unterstützt also darin, einen richtigen Fokus herauszuarbeiten statt an einem falschen Fokus richtig zu coachen. Aus unfruchtbaren äußeren Konflikten werden sinnvoll zu bearbeitende innere Konflikte.

▶ Es steigert die Achtsamkeit dafür, wie sich hinter scheinbar kleinen Konflikten unausgesprochene und unbewusste Probleme verbergen können. Einer verbreiteten „Alltagsnaivität" im Hinblick auf schnelle Lösungen wird so entgegengewirkt.

▶ Es schärft die Sensibilität dafür, wo man dazu neigt, sich in Beratungssymbiosen zu verwickeln und skriptverstärkend zu arbeiten.

▶ Ein Coach kann sich selbst auf die Spur zu kommen, wo er gefährdet ist, selbst unfruchtbar Konflikte auszuagieren.

▶ Ein weiteres Ziel des Tools ist, die Hypothesenbildung zu üben, wie innere Abwehrstrategien ausschauen können.

▶ Zudem fördert es sowohl eine Erweiterung der Selbstkenntnis als auch mehr Offenheit und Vertrauen in der Gruppe.

▶ Das Tool führt zu einem vertieften Kennenlernen von sich selbst und anderen und fördert den Mut, sich mit fragilen Selbstanteilen zu zeigen.

▶ Für die Gruppe ermöglicht es die Erfahrung, dass unterschiedliche Hypothesen wahr sein können. Dadurch bekommen die Teilnehmer einerseits Entlastung von der Illusion des „One-Best-Way" und andererseits Ermutigung zum persönlichen Stil.

1. Der Lehrcoach leitet das Tool in 20 Minuten in etwa wie folgt ein

Ausführliche Beschreibung

Coachees thematisieren sehr häufig Konflikte oder zumindest schwierige Situationen mit Chefs, Kollegen oder Mitarbeitern. Oft wird dann unreflektiert und falsch versucht, am sozialen Konflikt zu arbeiten oder die Coachees „konfliktfähiger" zu machen. Diese Beratungsstrategie ist sehr verbreitet und wird in der Regel als richtig angesehen. Psychologisch gesehen liegt aber meist das eigentliche Problem darin, dass der äußere Konflikt dazu dient, die Wahrnehmung eines inneren Konflikts zu vermeiden. Ob dieser Fall vorliegt, muss im Coaching immer überprüft werden, bevor an der äußeren Situation gearbeitet werden kann.

Das Tool, mit dem Ihr nun gleich üben könnt, unterstützt Euch, zu der seelischen Dynamik, die sich hinter äußeren Konflikten befindet, erste Hypothesen zu bilden. Es schützt zudem davor, naiv und vorschnell Ziele des Coachees als Arbeitsauftrag zu übernehmen, und damit einen oft schädlichen – weil skripterhaltenden – Fokus im Coaching zu wählen.

Aus psychodynamischer Sicht kann man meist davon ausgehen, dass das unerwünschte Verhalten in der Umwelt einen Reiz darstellt, der die innere „Gefahr" heraufbeschwört, tieferliegende Wunden und unverarbeitete Gefühle ins Bewusstsein kommen zu lassen. Fast fast alle Menschen neigen in solchen Situationen dazu, lieber die unerwünschten Verhaltensweisen im Gegenüber bekämpfen und „wegmachen" zu wollen. Wenn dies nicht gelingt, versucht man über Coaching besser im Manipulieren oder im Aushalten und Kämpfen zu werden. Wenn der Coach dies mitmacht, dann kann Coaching selbst zum Bestandteil der dysfunktionalen inneren Dynamik werden und dem Coachee wie den Beziehungspartnern ernsthaft schaden.

Wie lässt sich nun eine innere Konfliktdynamik herausarbeiten und beschreiben? Dazu dient die nun folgende Logik aus fünf aufeinanderfolgenden Sätzen.

Satz 1: Ausgangspunkt der Analyse ist, sich darüber klar zu werden, was genau das Verhalten des anderen ist, welches mich reizt! Womit können andere Leute mir „Gefühle machen"? Was tun andere so, dass ich darauf wie automatisch reagiere? So, als ob die anderen einen „Knopf drücken" würden.

Satz 2: Was ist die nicht hilfreiche Reaktion auf den Reiz?
Auf den äußeren Reiz reagiert man in der Regel mit inneren Prozessen, die mit Rückzug, Vorwürfen, Selbstbeschuldigungen, Gereiztsein, Wut und Ärger etc. einhergehen. Diese gilt es möglichst prägnant und präzise zu benennen. Wichtig ist, dass die vermeintliche Kausalität zwischen dem Reiz und der Reaktion deutlich wird: *„Weil Du ..., muss ich ...!"* Dies ist der Kern dessen, was mit dem Begriff „Beziehungsverklammerung" gemeint ist.

Satz 3: Versuch einer Fremdmanipulation
Diese Mischung aus dem Ausgangsgefühl „Reiz" und dem Antwortgefühl „Reaktion" fühlt sich sehr unangenehm an. Deshalb versucht man davon wegzukommen. Der naheliegende Weg dazu ist, dass man versucht, das Gegenüber zu einem anderen Verhalten zu bewegen: Die Beziehungsbotschaft ist dann: *„Ich möchte, dass Du ...!"* Viele Coachinganliegen setzen hier an. Die Klienten wollen mithilfe von Coaching besser darin werden, den anderen zu manipulieren. Üblicherweise wird das geschickter und unauffälliger formuliert: *„Ich möchte besser Grenzen setzen!"; „Ich möchte, dass mir das nicht so viel ausmacht!"; „Ich möchte unabhängiger werden!"* Etc.

Satz 4: Ziel ist eine Stabilisierung im alten Muster
Ziel der Manipulation ist aber nicht wirklich eine Veränderung. Sondern man will aus dem Tal der Tränen wieder auf den Berg der Glückseligkeit kommen. Man möchte so sein, wie man gern sein möchte. Die

Zielsetzung ist – psychologisch gesprochen – einem Selbstideal wieder näher zu gelangen und in eine Beziehungsposition kommen, in der man sich am langen Hebel wähnt.

Satz 5: Was könnte der Sinn des Ganzen sein? Welcher Schmerz wird bei all dem übersehen? Diese Stabilisierungsziele dienen letztlich einer einzigen psychischen Funktion: Unverarbeitete und nicht wahrgenommene innere Verletzungen und die damit verbundenen chronisch frustrierten Bedürfnisse sollen vermieden werden. Hinter dem Ausgangsreiz steckt ein „Aua", ein verdrängter, grundlegender, existenzieller Schmerz. Beispiele wären Isolation, fehlendes Selbstvertrauen, Minderwertigkeit, Haltlosigkeit, innere Leere und Empathielosigkeit, Angstzustände u.v.a.m. Solange man keine Bewusstheit über diesen Schmerz hat, bleibt der Reizzustand bei Satz 1 ein dauerhaftes Symptom, welches sich auch mit Coaching nicht wegberaten lässt. Diese „Aua" zu benennen, ist meist schon rein kognitiv nicht so leicht möglich. Daher lenkt die Frage: *„Sonst würde deutlich werden, dass …?"*, die Aufmerksamkeit auf bislang bestenfalls subtil beachtete Seelenteile. Hier darf, kann und muss man auch spekulieren und darauf achten, auf welchen Gedanken man eine innere Resonanz verspürt. Das Erleben der jeweiligen Affekte und der an sie geknüpften vernachlässigten Bedürfnisse ist dann ein möglicher Fokus für weitere Coachingstunden.

Zum Veranschaulichen geht der Lehrcoach nun mit der Gruppe die Beispiele auf dem folgenden Handout durch. Hier können dann bestehende Nachfragen beantwortet werden oder vertiefende Erläuterung stattfinden. (Das Handout finden Sie auf S.125 sowie online).

2. Jeder aus der Gruppe wählt Beispiele

Mit ein bis drei Beispielen aus dem eigenen Leben füllt jeder für sich alle fünf Spalten in einem ersten Entwurf aus. Die letzte Spalte kann gegebenenfalls offen bleiben, um sie dann gemeinsam in der Gruppe zu bearbeiten.

3. Es bilden sich Dreiergruppen

In den Dreiergruppen werden die „Rohentwürfe" vorgestellt und gegebenenfalls ergänzt oder erweitert.

4. Rückkehr zur großen Runde

Im Plenum stellt nun einer nach dem anderen seinen Satz vor. Anschließend ist eine gemeinsame Diskussion zu folgenden Fragen:
a. Ist der vorgetragene Satz schlüssig und eingängig? Wenn ja, wieso? Wenn nein, wieso nicht?
b. Welche anderen Möglichkeiten oder Varianten sind denkbar?

c. Was könnten Ansatzpunkte sein, um im Coaching mit den Gefühlen in der letzten Spalte umzugehen? Welcher Beratungsfokus bietet sich an? Welches Kontaktangebot des Coachs wäre hilfreich und nötig?

d. Welche Fehler sind naheliegend?

5. Der Lehrcoach supervidiert die Gruppendiskussion

▶ Er korrigiert offensichtliche Fehlannahmen und -hypothesen.

▶ Er bringt eigene Vorschläge ein.

▶ Er ermutigt zu unterschiedlichen Varianten.

▶ Er erläutert „typische" Fälle und markiert häufig vorkommende psychodynamische Schemata.

6. Abschluss

Am Ende der Runde äußert jeder Teilnehmer, was ihm bewusst geworden ist und wo er für sich weiteren Lernbedarf sieht.

Kommentar

▶ Das Tool eignet sich, wenn die Ausbildungteilnehmer ein Grundverständnis von Auftragsklärung und ein Grundverständnis von unbewussten Psychodynamiken erworben haben.

▶ Es kann nur von Lehrcoachs eingesetzt werden, die selbst ausreichende psychodynamische Kenntnisse haben und die in der Diagnostik unbewusster Prozesse bewandert sind.

▶ Den Teilnehmern ermöglicht es oft sehr schnell, zentralen eigenen inneren Themen gewahr zu werden. Darauf sollte man als Lehrcoach reagieren können.

Quellen

▶ Karin Horn-Heine und Klaus Eidenschink entwickelten das Tool in dieser Form im Institut Hephaistos, Coaching Zentrum München.

▶ Zum vertiefenden Studium der psychodynamischen Hintergründe:
  • Operationalisierte Psychodynamische Diagnostik OPD-2. Das Manual für Diagnostik und Therapieplanung von Arbeitskreis OPD von Huber, Bern 2006, (S. 189–206 und S. 82–95).
  • Benjamin, L.: Strukturale Analyse sozialen Verhaltens. 1974.
  • Benjamin, L.: Die Interpersonelle Diagnose und Behandlung von Persönlichkeitsstörungen. München: CIP-Medien 2001.
  • Bauriedl, T.: Beziehungsanalyse. Suhrkamp 1984.
  • Basch, M.: Die Kunst der Psychotherapie. München: Pfeiffer 1992.
  • Klöpper, M.: Reifung und Konflikt. Stuttgart: Klett-Cotta 2006.

Schlagworte

Psychodynamik, Auftragsklärung, psychologische Symbiosen, Selbststeuerung

Trainingsdesign

▶ 90 Minuten

1.		Plenum: Einleitung und Aufteilung in Untergruppen und Einnehmen der Rollen des Fallgebers A und der Berater B, C und D. Eventuell werden die Rollen des Moderators/Zeitwächters E und des Beobachters F besetzt.
2.	15 Min.	Einzelarbeit: Ein bis drei Beispiele aus dem eigenen Leben wählen und alle fünf Spalten in einem ersten Entwurf ausfüllen. Die letzte Spalte kann gegebenenfalls offen bleiben, um sie dann gemeinsam in der Gruppe zu bearbeiten.
3.	60 Min.	Es bilden sich Dreiergruppen, in denen die „Rohentwürfe" vorgestellt und gegebenenfalls ergänzt oder erweitert werden. In der großen Runde stellt nun einer nach dem anderen seinen Satz vor. Anschließend gibt es eine gemeinsame Diskussion zu folgenden Fragen:

3. (Fortsetzung)

▶ Ist der vorgetragene Satz schlüssig und eingängig? Wenn ja, wieso? Wenn nein, wieso nicht?

▶ Welche anderen hypothetischen Möglichkeiten oder Varianten sind denkbar?

▶ Was könnten Ansatzpunkte sein, um im Coaching mit den Gefühlen in der letzten Spalte umzugehen? Welcher Beratungsfokus legt sich nahe? Welches Kontaktangebot des Coachs wäre hilfreich und nötig?

▶ Welche Fehler sind naheliegend?

4.	10 Min.	Sharing in der Kleingruppe oder im Plenum: „Was ist mir bewusst geworden und wo sehe ich weiteren Lernbedarf?
5.		Supervision.
6.		Fazit.

Handout

außerer Reiz	Reaktion	Fremdmanipulation	Stabilisierung	abgewehrter Affekt und schmerzhaftes Selbsterleben
Weil Du/es	bin ich ...	deshalb sollst Du ...	damit ich wieder	sonst würde deutlich werden,
mich nicht lobst	enttäuscht und kritisch	mich hervorheben und fördern	mich wertvoll fühle und motiviert bin	wie sehr ich mich innerlich von Autoritäten abhängig mache und voller Selbstkritik bin
so unzuverlässig bist und störst	kritisch und nörglerisch	kooperativ werden	freundlich und unterstützend sein kann	wie viel Kontrolle ich brauche, um Ohnmachtsgefühle nicht spüren zu müssen
so viele Versager um mich herum gibt	befugt alles selbst zu machen	mich machen lassen und viel Spielraum geben	entspannt sein kann, weil ich die Kontrolle habe	dass ich Panik bekomme, wenn ich auf jemanden angewiesen sein könnte
Deine Fähigkeiten unter Beweis stellst	abwertend und herablassend	Dich unsicher zeigen und Dich kleinmachen	mich überlegen fühlen kann	dass ich voller Neid und Eifersucht stecke und mich nirgends zugehörig fühle
unabhängig zu werden drohst	verstoßend	gehen und mich verlassen	mich berechtigt über Deine Undankbarkeit ärgern kann	wie sehr ich Angst habe, mit meiner Trauer nicht fertig zu werden
so besserwisserisch bist	meinerseits arrogant	sagen, dass ich recht habe	mich Dir überlegen fühlen kann	dass meine Überheblichkeit meinen ganzen Halt darstellt
mir keine guten Entscheidungsvorlagen machst	kritisch und nörglerisch	bessere Leistung abliefern	gelassen und sicher sein kann	wie sehr ich mich grundsätzlich von allen im Stich gelassen fühle
meinen Erfolg auf deine Fahnen schreibst	voller Wut	bekennen, dass die Idee von mir war	glänzend und als „Megabrain" dastehe	dass ich nicht weiß wer ich bin, wenn ich nichts leiste
in einen anderen Bereich wechselst	sauer und nehme Dir das übel	reumütig zurückkehren	das Gefühl habe, ein guter Chef zu sein	wie einsam und verloren ich mich in der Welt fühle

Übungen für lernende Coachs auswählen – unterschiedliche Settings von kollegialer Beratung

Überblick über das Kapitel

Kollegiale Beratung ist eine Arbeitsform, in der anhand eines festgelegten Ablaufs eine Fallberatung durchgeführt wird. Nach ihrer Einführung wird die Beratung durch Kollegen zum selbstverständlichen Handwerkszeug und Lernraum für die Teilnehmer. Der gewohnte Ablauf ermöglicht den Beteiligten Freiraum zur Inspiration und kreativem Denken. In allen Übungen wird die Teilnehmergruppe in Kleingruppen aufgeteilt, die je einen Fall beraten. Allen Übungen ist gemeinsam, dass der Lehrtrainer die Übung anleitet und die gemachten Erfahrungen im Plenum reflektiert. Unterschiedlich sind die Übungen im Ablauf der Fallberatung.

Überblick über die Tools

Der **kreative Dialog** von **Walter Slupetzky** beschreibt einen leichten Einstieg in die kollegiale Beratung.

Die Methode **Reflecting Team** von **Oliver König** ermöglicht den Beobachtern das freie Assoziieren vor Augen des Beraters und Fallgebers über ihre Hypothesen und Lösungsideen.

Dr. Elke Berninger-Schäfer zeigt auf, wie eine **Kollegiale Coaching Konferenz** mithilfe eines Moderators klar strukturiert werden kann.

In der Übung von **Prof. Dr. Eric Lippmann** gehen die Teilnehmer anhand von **Geschichten zum Fall** auf Lösungssuche.

Dr. Sonja Radatz lässt in **Perspektivenwechsel für Gespräche** Coach und Coachee Rollen tauschen. So coacht der Coachee den Coach mit dem Thema des Coachees.

Die Vorstellung der eigenen Dienstleistung ist zentral im **Beratermarkt** von **Dr. Bernd Schmid**. Alle Teilnehmer stellen dem Fallgeber ihre Vorgehensweise vor, er wählt das für ihn beste Angebot.

Dr. Hüseyin Özdemir vereint in seinem Tool viele Ebenen vom **Open Staff Meeting** über **Fishbowl** bis zum **Reflecting Team** anhand eines Falls.

In der **Kooperationswerkstatt** stehen Projektabsprachen im Fokus. Kleingruppen arbeiten an unterschiedlichen Teilaspekten. Die Methode wird beschrieben von **Thorsten und Helena Veith**.

Bernd Schmid, Oliver König (Hrsg.): Train the Coach: Methoden

Kreativer Dialog

– Spielerisch Beratung kennenlernen
Walter Slupetzky

▶ Kenntnisstand der Teilnehmer: Anfänger
▶ Dauer: 30 Minuten

Der „Kreative Dialog" ist eine gute Methode, um Lösungsideen zu entwickeln. Es wird die Kreativität der Gruppe genutzt. Für den Fallgeber
ist diese Methode hilfreich, wenn er durch eine Vielzahl von Vorschlägen angeregt werden möchte. Das Ergebnis ist nicht eine Lösung, sondern ein Spektrum an Lösungsvorschlägen.

Kurzbeschreibung

Für diese Übung sind Gruppen von fünf bis sieben Teilnehmern ideal:
▶ Eine Person bringt ein Anliegen ein.
▶ Eine Person moderiert den Beratungsablauf und achtet darauf, dass
  Schritte, Rollen und Zeitrahmen eingehalten werden.
▶ Drei bis fünf Personen stehen als kollegiale Berater zur Verfügung.
  Ihre Aufgabe ist es, in einer strukturierten Vorgangsweise ein gutes
  Ergebnis für den Fallgeber zu erzielen.

Setting

Der „kreative Dialog" ist ein guter Einstieg in das praktische Üben von
Beratung. Der Nutzen eines strukturierten Beratungsprozesses wird
erlebt. Handwerkzeug wie Informationsfragen stellen, Hypothesen
bilden oder Empfehlungen formulieren wird in einer motivierenden
und anregenden Atmosphäre geübt. Die Teilnehmer erleben, welche
Effizienz eine strukturierte Kommunikation entwickeln kann. Sie üben
Handwerkzeug in Echtsituationen am konkreten Fall und nicht in
konstruierten Trainingseinheiten.

Gründe für das Tool

Ausführliche
Beschreibung

Der Ablauf erfolgt in vier Schritten. Zu Beginn werden mit den Trainingsgruppen diese Schrittfolge und die dabei stattfindenden Rollenverteilungen genau besprochen. Während der Übung ist es wichtig, dass der Trainer zwischen den Gruppen pendelt und beobachtet, ob der Ablauf eingehalten wird (bzw. andernfalls eingreift).

Die Trainingsgruppen gehen nach der Instruktion folgendermaßen vor:

1. Anliegen klären

Der Fallgeber stellt in zwei bis drei Sätzen sein Anliegen vor.

2. Informationsfragen

Ausgehend von der Fallbeschreibung und der Fragestellung können die **Berater** im ersten Schritt Informationsfragen stellen („Ich habe dieses noch nicht verstanden.", „Können Sie jenes noch genauer erläutern." Etc.). Es ist wichtig, darauf zu achten, dass dabei nicht bereits versteckte Empfehlungen gegeben werden. Der **Moderator** hat die Aufgabe, solche „empfehlenden Fragen" bzw. „handlungsleitenden Fragen" zu identifizieren und auf den zweiten Schritt im Ablauf zu verschieben.

3. Hypothesenbildung

Nun bilden die **Berater** Hypothesen in gemeinsamer Diskussion über:
- ▸ die Ursache für diese Situation
- ▸ mögliche Lösungswege und Vorgangsweisen, die dem Fallgeber helfen könnten

Der Fallgeber hört zu, bringt sich aber nicht in die Diskussion ein. Der **Moderator** achtet darauf, dass sich die Berater miteinander austauschen, nicht jedoch zum Fallgeber sprechen. Weiter sorgt er dafür, dass der Fallgeber die Diskussion der Berater weder verbal noch nonverbal kommentiert.

4. Rückmeldung

Der **Fallgeber** gibt Rückmeldung darüber, wie die Hypothesen bei ihm angekommen sind:
- ▸ Was hat bei ihm Resonanz ausgelöst?
- ▸ Welche Gedanken und Assoziationen sind dabei aufgetaucht?

Die Berater hören zu, beginnen jedoch kein Gespräch mit dem Fallgeber (weder Rückfragen noch Kommentare). Der **Moderator** achtet darauf, dass der Fallgeber ohne Unterbrechung seine Rückmeldung geben kann und erteilt anschließend den Beratern das Wort für den vierten Schritt im Ablauf.

5. Abschlussempfehlungen

Die **Berater** geben Abschlussempfehlungen. Der Fallgeber hört zu. Er kommentiert nicht, sondern lässt das Gesagte für sich stehen.

6. Danach geht der Moderator zur abschließenden Reflexion über

Nach dem Abschluss der Übung erfolgt eine Reflexion. Es werden die Eindrücke der Teilnehmer zur Fallbesprechung diskutiert. Dabei ist es wichtig, dass sich die Diskussion auf den Prozess der Fallbesprechung konzentriert und keine Wiederholung der Fallbesprechung unter neuen Blickwinkeln stattfindet. Nicht mehr die Bedürfnisse des Fallgebers stehen im Mittelpunkt, sondern die Reflexion des Beratungsprozesses. Damit soll eine kontinuierliche Verbesserung der Beratungsqualität unterstützt werden.

Kommentar

Die Übung dauert etwa 30 Minuten, pro Schritt ca. fünf Minuten. Die Informationsfragen und die Hypothesenbildung können auch bis zu zehn Minuten dauern.

Mit dieser Methode gelingt es, Ausbildungsteilnehmer rasch in eine Beratungshaltung zu bringen. Es wird ziemlich eindrucksvoll verdeutlicht, dass Gesprächsdisziplin und klare Strukturen essentiell für professionelles Beratungshandeln sind. Weil das Übungsdesign nicht ernst und schwer, sondern kreativ und motivierend ist, wird diese Erkenntnis gerne akzeptiert.

Ich habe mit dieser Methode als Einstiegsübung durchwegs gute Erfahrungen gemacht. Sie kommt bei den Teilnehmern sehr gut an, kann rasch von ihnen erlernt werden und bewirkt im handwerklichen Bereich vielfältige Trainingseffekte (siehe „Gründe für das Tool"). Sie wird daher auch gerne im Rahmen von Peergroups weiterverwendet.

Quellen

Quintessenz Organisationsberatung GmbH (www.quintessenz.or.at), Autor: Walter Slupetzky

Schlagworte

Einstiegsübung, kreativ und motivierend, Fragen üben, Hypothesen bilden, Empfehlungen formulieren

Trainingsdesign

▶ 30 Minuten
▶ Plenum: Aufteilen in Untergruppen und Einnehmen der Rollen des Fallgebers A und des Moderator B. C, D und E stehen als kollegiale Berater zur Verfügung.

| 1. | 1 Min. | **Anliegen** |

Anliegen
Der Fallgeber stellt in zwei bis drei Sätzen sein Anliegen vor.

| 2. | 10 Min. | **Informationsfragen** |

Informationsfragen
Die Berater stellen Informationenfragen und machen sich ein Bild von der Situation des Fallgebers. Anliegen ist es, nur verstehen zu wollen.

| 3. | 10 Min. | **Hypothesenbildung** |

Hypothesenbildung
Anschließend bilden die Berater Hypothesen in gemeinsamer Diskussion über:
▶ die Ursache für diese Situation
▶ mögliche Lösungswege und Vorgangsweisen, die dem Fallgeber helfen könnten
Der Fallgeber hört zu, bringt sich aber nicht in die Diskussion ein. Der Moderator achtet darauf, dass sich die Berater miteinander austauschen, nicht jedoch zum Fallgeber sprechen. Weiter sorgt er dafür, dass der Fallgeber die Diskussion der Berater weder verbal noch nonverbal kommentiert.

4.	5 Min.	**Rückmeldung**

Der Fallgeber gibt Resonanz zu den Hypothesen:
▶ Was hat bei ihr/ihm Resonanz ausgelöst?
▶ Welche Gedanken und Assoziationen sind dabei aufgetaucht?

Die Berater hören zu, beginnen jedoch kein Gespräch mit dem Fallgeber (weder Rückfragen noch Kommentare). Der Moderator achtet darauf, dass der Fallgeber ohne Unterbrechung seine Rückmeldung geben kann.

5.	5 Min.	**Abschlussempfehlungen**

Die Berater geben Abschlussempfehlungen und der Fallgeber hört zu. Er kommentiert nicht, sondern lässt das Gesagte für sich stehen.

6.		**Reflexion im Plenum**

Reflecting Team

– Wenn Berater und Klient zuhören
Oliver König

▶ Kenntnisstand der Teilnehmer: Anfänger
▶ Dauer: 60 Minuten

Kurzbeschreibung

In der Beratungsübung wird ein „Reflecting Team" eingesetzt. Es hat die Aufgabe, über die Beratungssequenz zu sprechen und eigene Perspektiven einzubringen, ohne mit dem Berater oder dem Klienten Kontakt aufzunehmen. Die Übung ist einfach gestaltet, um Einsteigern einen leichten Start in die Hypothesen- und Fokusbildung zu ermöglichen.

Setting

Das Reflecting Team ist eine Standardübung der systemischen Beratung, die ursprünglich von Tom Anderson in der systemischen Familientherapie entwickelt wurde. Bei einer Seminargruppe von 16 Personen werden vier Kleingruppen à vier Personen gebildet. Kleiner sollte eine Gruppe nicht sein, da sonst kein reflektierendes Team zustande kommt. In der Vorbereitung auf diese Übung sollten für jeden Teilnehmer die Handouts und für jede Gruppe ein Raum zur Verfügung stehen.

Gründe für das Tool

Das Tool ist nützlich bei der Arbeit mit Anliegen und Fällen der Teilnehmer und lässt sich leicht in Gruppensettings der Teamentwicklung, OE-Ausbildungen oder Führungskräftetrainings einsetzen, um Multiperspektivität zu schulen. In einer Variante ist es auch im Einzelsetting nutzbar. Einmal eingeführt, kann das Tool im weiteren Verlauf jederzeit für die Anliegen-Bearbeitung eingesetzt werden. Besonders die Rollenkompetenz im Wechseln von Rollen wird leichter und immer selbstverständlicher bei regelmäßigem Einsatz.

Bernd Schmid, Oliver König (Hrsg.): Train the Coach: Methoden

Im Weiterbildungskontext können sich Coachs innerhalb der Übung ausprobieren und bekommen direkte Resonanz auf ihre Selbststeuerung. Die Fallbringer erfahren die direkte Wirkung von Beraterinterventionen. So lernen angehende Coachs, eigene Anliegen zu formulieren und Themen zu bearbeiten. Die unterschiedlichen Settings helfen den Teilnehmern, Hypothesen und Lösungsideen zu trennen. Besonders gut kann es eingesetzt werden, wenn die Teilnehmer erste Erfahrungen mit kollegialer Beratung haben oder gerade sammeln.

Ausführliche Beschreibung

Der Lehrtrainer leitet im Plenum die Übung an und sammelt die Anliegen der Teilnehmer. Dabei hat sich bewährt, die Anliegen schon in der Einstiegsrunde des Seminars zu sammeln und zu thematisieren. Der Trainer fragt in die Runde: *„Welche Anliegen gibt es? Wer hat einen Praxisfall, den er hier einbringen möchte?"* Es empfiehlt sich, dass die Teilnehmer ihre Anliegen in zwei bis drei Sätzen vorstellen. So fällt es den möglichen Beratern leichter, sich für einen Fall zur Verfügung zu stellen. Im nächsten Schritt fragt der Trainer nach Teilnehmern, die eine Beraterrolle einnehmen wollen. Anschließend stehen die Fallgeber auf und die Berater ordnen sich ihnen zu. Dann teilen sich die restlichen Teilnehmer auf die Kleingruppen auf. Die beobachtenden Teilnehmer stellen in der Übung das Reflecting Team.

Dem Reflecting Team werden die Übersicht über das konstruktive Sprechen und die Richtlinien im Reflecting Team (siehe Handout S. 138–139) ausgeteilt. Außerdem wird mit den Teilnehmern besprochen, dass eine offene und wertschätzende Haltung im Reflecting Team hilfreich für den Fallgeber und den Berater ist, um neue Perspektiven einzunehmen. Gut ist auch, wenn der Trainer anhand von Stühlen eine Konstellation präsentiert, in der die Teilnehmer des Reflecting Teams ohne Augenkontakt zum Klienten oder Berater sitzen und in Ruhe zueinander sprechen können. Das Trainingsdesign unterstützt die Teilnehmer bei der Strukturierung der Untergruppe. Hilfreich ist hier der Hinweis auf Zeit-, Rollen- und Fokus-Disziplin, damit die Kleingruppe konstruktiv arbeiten kann. Nach Verteilung der Arbeitsräume arbeiten die Kleingruppen selbst gesteuert.

In der anschließenden Reflexion im Plenum kann der Trainer die gemachten Erfahrungen der Teilnehmer erfragen. Speziell in Bezug auf die unterschiedlichen Rollen bieten sich folgende Fragen an:
- ▶ Berater: Was ist gut gelungen? Was würdest Du anders machen bei einem Re-Start?
- ▶ Klient: Was ist anders? Was hat den Mehrwert gebracht?

▶ Reflecting Team: Was ist leicht gefallen, was schwer? Welchen Unterschied hat das Reflecting Team gemacht?

Als **Variante** steht auch das Reflecting Team im Einzelsetting zur Verfügung. Diesen Input kann der Trainer liefern, falls Teilnehmer sich wünschen, immer ein Reflecting Team zur Verfügung zu haben. Der Ablauf ist der gleiche wie in der Kleingruppenarbeit, nur spricht der Berater im Einzelsetting zu sich selbst und erlaubt sich somit, dem Klienten einen Strauß von Möglichkeiten und Perspektiven zu präsentieren.

Kommentar Das direkte Arbeiten mit Anliegen stellt einen besonderen Mehrwert für alle Beteiligten dar. Der Berater bekommt Rückmeldung zu seinem Verhalten und seiner Selbststeuerung. Der Klient kommt bei seinem Anliegen einen Schritt weiter. Gleichzeitig bekommen alle Beteiligten ein Gefühl für die Wirksamkeit von Beraterinterventionen und -haltungen. Und sie können anhand des Falles für ihre persönlichen Themen lernen. Als Mehrwert wird auch das Äußern von inneren Gedanken und das offene Spekulieren im Reflecting Team erlebt. So wird der Mut der Teilnehmer gestärkt, sich in der nächsten realen Situation als Berater das Äußern von eigenen Hypothesen zu erlauben.
Es kann auch sein, dass eine Beratung nicht erfolgreich verlaufen ist. So kann das ein guter Anlass sein, um über Misserfolg und Lernchancen zu sprechen: Was hat zum Scheitern geführt? Wie fühlt sich das an? Wie geht jeder Einzelne damit um? Was ist der Lerngewinn?

Quellen In Curricula des isb wird diese Methode als eine grundlegende Beratungsübung eingesetzt, da sie Rollenflexibilität und Multiperspektivität der Teilnehmer schult.

▶ Andersen, T. (Hrsg.): Das Reflektierende Team. Dortmund: Borgmann 1990, ISB Wiesloch.

▶ Richtlinien: Bratleboro Family Institute Aamft Supervision Presentation, 1990.

Schlagworte Reflektierendes Team, Beratungsübung, kollegiale Beratung, Arbeit mit Anliegen, Selbststeuerung, Kleingruppe, Beratungsprozess

Trainingsdesign

▶ 60 Minuten
▶ Plenum: Aufteilung in Untergruppen. Für jede Untergruppe werden ein Klient (A) ein Berater (B) und Berater für den Berater (C, D, ...) gebraucht. Die Klienten skizzieren ihr Anliegen. Je ein Klient und ein Berater finden sich, C und D ordnen sich zu.

| 1. | 10 Min. | B befragt A im Sinne einer Ortsbegehung und bezogen auf den Anlass, das Anliegen und den Auftrag. Er arbeitet kleinschrittig, um möglichst vielfältige Informationen zu erhalten. |

| 2. | 5 Min. | Kurze Zwischensteuerung: B formuliert den Auftrag. C und D geben Resonanz. |

| 3. | 5 Min. | Feinjustierung des Auftrages zwischen A und B. |

| 4. | 10 Min. | C und D reflektieren als Reflecting Team:
▶ Mit welchen Perspektiven würde ich auf das Beratungsanliegen schauen?
▶ Welche Hypothesen habe ich zu der beschriebenen Situation?
▶ Wie könnten entsprechende Lösungen aussehen?
▶ Welche Kompetenzen sehe ich bei A, die ihm bei der Lösung des Problems hilfreich sein könnten? |

| 5. | 20 Min. | Fortführung und Abschluss der Beratung von A durch B. B darf den Beratungsprozess einfrieren und C/D als Ressource für Resonanz nutzen. |

| 6. | 10 Min. | Reflexion der Beratung: A und B legen ihre Rollen ab, wechseln in die Rolle professioneller Kollegen und schauen zusammen mit C und D auf die vergangene Beratungssequenz. |

Handout

▶ Konstruktives Sprechen im Reflecting Team
▶ Variationen zum Anschließen, Ankoppeln, Assoziieren und Reflektieren

- Vielleicht ...
- Natürlich weiß ich nicht, aber ich könnte mir denken ...
- Ja ... und ...
- Auf der einen Seite ... auf der anderen Seite ...
- Ich bin da nicht sicher, aber vielleicht ...
- Es könnte vielleicht sein ...
- Denkbar wäre ...
- Was wäre, wenn ...
- Ich frage mich, ob ...
- Mir stellt sich irgendwie die Frage ...
- Was würde wohl geschehen, wenn ...
- Es fällt mir so ein ...
- Ich weiß nicht, ob dies passt ...
- Ich hatte so das Gefühl ...
- Mir kam so in den Kopf ...
- Mir kommt so ein Bild ...
- Ich könnte mir denken, vorstellen ...
- Zu Deiner Idee fällt mir ein ...
- Andererseits könnte man dazu sagen ...
- Etwas Drittes wäre vielleicht ...
- Eine ganz andere Idee wäre ...

Handout

▶ Richtlinien für das Reflecting Team

1. Kommentare sollten eher positiv formuliert sein, negative (Schuld-)Zuschreibungen sind ungünstig.

2. Ideen werden vorsichtig präsentiert mit Einleitungen wie: möglicherweise ..., ich könnte mir vorstellen ..., vielleicht ...

3. Die Kommentare beziehen sich auf die verbale und die nonverbale Kommunikation.

4. Reflexionen sollten beide Seiten eines Dilemmas beinhalten: vom „entweder oder" zum „sowohl als auch".

5. Lieber einen „bunten Strauß" an Ideen als *die* einzige korrekte Interpretation.

6. Kommentare sollten sich auf das beziehen, was vorher besprochen wurde.

7. Kommentare können in Form von Metaphern oder Geschichten präsentiert werden.

8. Der Kontext (Rolle, Hierarchie im Unternehmen etc.) sollte berücksichtigt werden.

Die Kollegiale Coaching Konferenz

– Üben im geschützten Rahmen
Dr. Elke Berninger-Schäfer

- ▶ Kenntnisstand der Teilnehmer: Anfänger
- ▶ Dauer: 80 Minuten

Kurzbeschreibung

In der Kollegialen Coaching Konferenz erhält eine Einzelperson Coaching durch eine Gruppe. Das Vorgehen zeichnet sich durch eine klare Prozessstruktur, definierte Rollen sowie eine hohe Methoden- und Zeitdisziplin aus. Für das erfolgreiche Durchführen der Kollegialen Coaching Konferenz ist die strikte Einhaltung des Prozesses und Rollendisziplin von großer Bedeutung. Diese sind nicht beliebig, sondern leiten sich aus einem definierten Coachingverständnis ab: der Karlsruher Schule (klientenzentriert, hypnosystemisch, neurowissenschaftlich).

Setting

Die ideale Gruppengröße sind acht bis zehn Personen. Die Teilnehmer sollten in keinem Abhängigkeitsverhältnis zueinander stehen.
Die Gruppen brauchen für die Durchführung der Kollegialen Coaching Konferenz einen Raum, der es ermöglicht, dass acht bis zehn Personen bequem in einem Stuhlkreis Platz haben. Als Materialien werden ein Flipchart, drei Pinnwände und Moderationskarten benötigt. Alles, was während des Coachingdurchgangs visualisiert und dokumentiert wird, wird anschließend dem Klienten zur Verfügung gestellt.

Gründe für das Tool

Die Teilnehmer bearbeiten in jedem Durchgang (Coachingeinheit) ein Coachingthema von der Anliegenklärung bis zur Lösungsfindung. Sie üben dabei eine systemisch-lösungsorientierte Gesprächssteuerung und Gesprächsführungstechniken. Sie nehmen eine wertschätzende, respektvolle und empathische Gesprächshaltung ein. Durch die Rollenverteilung trägt die gesamte Gruppe die Verantwortung für das Gelingen

Bernd Schmid, Oliver König (Hrsg.): Train the Coach: Methoden

des Coachingprozesses, was den einzelnen Teilnehmern erlaubt, dem persönlichen Entwicklungsweg entsprechend zu lernen. Die Teilnehmer erleben eine konstruktive Gruppenatmosphäre und Gruppenentwicklung. Darüber hinaus erhalten sie Coaching für eigene Anliegen. Sie verfügen über ein hilfreiches Netzwerk und über eine Maßnahme, die sie auch nach dem Coachinglehrgang bei der Qualifizierung ihrer beruflichen Tätigkeit unterstützt.

Eine Coachingeinheit im Rahmen einer Kollegialen Coaching Konferenz läuft in definierten Prozessschritten ab. Um diesen Prozess zu gestalten, werden für jede Einheit folgende Rollen festgelegt: Moderator, Klient, Interviewer, Protokollant, (mehrere) Berater. Alle Mitglieder der Kollegialen Coaching Konferenz sollen abwechselnd alle Rollen einnehmen.

Ausführliche Beschreibung

Der Moderator eröffnet den Coachingdurchgang. Er achtet auf den Prozessablauf, die Zeit, leitet die einzelnen Phasen ein und ist das Bindeglied zwischen der sogenannten Beratergruppe und den Interviewpartnern. Diese bestehen aus Klient und Interviewer. Sie sitzen abseits der Gruppe. Der Interviewer ist die einzige Person, die mit dem Klienten spricht.

Erstes Interview: Situationsanalyse

Nach der Eröffnung durch den Moderator beginnt das erste Interview. Der Interviewer klärt mit dem Klienten dessen Anliegen und sammelt Informationen über die Situation, den Kontext, die beteiligten Personen und bisherige Lösungsversuche. Die Berater hören zu, der Protokollant schreibt die wichtigsten Stichworte auf einem Flipchart mit.

Reflexionsrunde durch die Gruppe

Nachdem der Schriftführer das Protokoll vorgelesen hat, sammeln die Berater Rückmeldungen zur Person und Sache, zu Ressourcen und offene Fragen. Sie werden auf Karten geschrieben und auf einer Pinnwand visualisiert. Klient und Interviewer sitzen abseits und hören zu.

Zweites Interview: Musterzustandsänderung und Zielfindung

Der Klient kann zu den Ergebnissen der Berater Stellung beziehen, falls ihn bestimmte Rückmeldungen angesprochen haben, er muss aber nicht. Der Interviewer hilft dem Klienten dabei, von einem Problemzustand in einen Lösungszustand zu wechseln. Aus diesem heraus werden Ziele entwickelt.

Lösungsbrainstorming durch die Gruppe

Nach Vorlesen des Protokolls leitet der Moderator ein Lösungsbrainstorming durch die Berater an. Sie sollen Lösungsvorschläge zu den Zielen entwickeln, die vom Klienten im zweiten Interview definiert wurden. Die Gruppe muss sich nicht auf Lösungsideen einigen, diese dürfen sich vielmehr widersprechen, um dem Klienten einen großen Raum von Möglichkeiten zu eröffnen und seine Wahlmöglichkeiten zu erhöhen. Der Schriftführer sammelt die Ideen auf einem Flipchart und liest sie dem Klienten nach erfolgter Sammlung vor.

Drittes Interview

In einem letzten Interview erfolgt die Auswahl von Lösungsmaßnahmen durch den Klienten und eine konkrete erste-Schritt-Planung. Die Rückbindung zum Anliegen ermöglicht es dem Klienten, den Coachingablauf zu bewerten. Er teilt der Gruppe mit, inwiefern er in seinem Anliegen weitergekommen ist.

Sharing

Alle an der Coachingeinheit Beteiligten verlassen ihre Rollen und geben sich in Form eines Blitzlichtes Rückmeldung über den Prozessverlauf und ihren persönlichen Lerngewinn. Damit ist eine Coachingeinheit im Rahmen der Kollegialen Coaching Konferenz beendet. Zu Beginn der nächsten Einheit werden die Rollen neu verteilt.

Regeln

Die Kollegiale Coaching Konferenz basiert auf einem theoretisch fundierten Coachingkonzept. Aus diesem folgt:

▶ Strikte Trennung zwischen Klient/Interviewer und Beratungsgruppe
▶ Ein Rollenverständnis, dass Askese der Berater, des Moderators und des Interviewers bezüglich eigener Hypothesen, Überzeugungen und Wertungen verlangt
▶ Autonomie und Entscheidungshoheit des Klienten sind immer gewahrt. Der Klient entscheidet alleine über sein Anliegen, seine Ziele und Lösungen (kein Gruppenzwang, kein Expertenzwang)
▶ Die Zielbildung erfolgt immer nach einer Musterzustandsänderung aus einem positiven Zustand heraus
▶ Kommentare sind nach der Entscheidungsfindung nicht mehr möglich
▶ Die Rückbindung zum Anliegen schließt jede Einheit ab

Kommentar Innerhalb der einzelnen Phasen können methodische Variationen vorgenommen werden: Rollenspiele, Visualisierungstechniken wie Karten, Figuren, Steine oder Bildmaterial. Der Raum kann mit einer Time Line oder in der Arbeit mit Bodenankern genutzt werden. Das LösungsBrainstorming kann auch als Brainwriting oder Kopfstand-Brainstorming erfolgen. Die Gruppenmitglieder können verschiedene Perspektiven einnehmen, z.B. die Perspektive der Narren, der Weisen, der Strategen usw.

Die Erfahrung mit der Kollegialen Coaching Konferenz zeigt, dass die Teilnehmer, selbst wenn sie Abweichungen ausprobiert haben, wieder zur klassischen Vorgehensweise zurückkehren, weil sie die Kollegiale Coaching Konferenz als eine Methode kennengelernt haben, die trägt und zu umsetzbaren Ergebnissen führt. Die Kollegiale Coaching Konferenz hat Gemeinsamkeiten mit anderen Methoden der kollegialen Beratung, weist aber auch Besonderheiten auf.

Quellen

▶ Berg, T. E.; Berninger-Schäfer, E.: Die Kollegiale Coaching Konferenz®. Stuttgart: Boorberg 2010.
▶ Berninger-Schäfer, E.: Die virtuelle Kollegiale Coaching Konferenz®. In: H. Geißler, M. Metz (Hrsg.): E-Coaching und Online Beratung. Formate, Konzepte, Diskussionen. Wiesbaden: VS Verlag für Sozialwissenschaften 2012.

Die Methode wurde an der Führungsakademie Baden-Württemberg von Thomas E. Berg und Elke Berninger-Schäfer entwickelt und ist seit über zehn Jahren erfolgreich im Einsatz. Sie ist Bestandteil der Coachingweiterbildungen des Coaching Zentrums, das die Führungsakademie Baden-Württemberg in Kooperation mit dem Karlsruher Institut für Coaching, Personal- und Organisationsentwicklung betreibt. Die Führungsakademie verfügt über einen Markenschutz. Es liegen Evaluationsstudien und konzeptionelle Arbeiten zur Kollegialen Coaching Konferenz vor. Die Kollegiale Coaching Konferenz kann auch in einer virtuellen Variante durchgeführt werden. Zur zeitversetzten Variante liegen seit fünf Jahren Erfahrungen vor. Neu erprobt wird die Durchführung der Kollegialen Coaching Konferenz in einer eigens für Coaching konstruierten 3-D-Welt mit Avataren.

Schlagworte

Kollegiale Coaching Konferenz, Gruppencoaching, kollegiales Coaching, kollegiale Coachinggruppe, Coachingkonzept, Karlsruher Schule, Gesprächsführung, Coachingprozess, Rollen, Methoden, virtuelle Kollegiale Coaching Konferenz, Avatare

Trainingsdesign

▶ Leitfaden zur Durchführung einer Coachingeinheit im Rahmen einer Kollegialen Coaching Konferenz (ca. 80 Minuten)

| 1. | 10 Min. | **Situationsanalyse** |

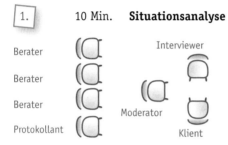

Berater
Berater
Berater
Protokollant

Interviewer
Moderator
Klient

Beteiligte Personen: Klient und Interviewer nehmen seitlich der Gruppe Platz, der Protokollant schreibt schweigend auf das Flipchart und Gruppe und Moderator hören zu.

Methode: Interviewtechniken, Aktives Zuhören, Feedback, Fragen
Ziel: Klärung des Anliegens und des Ist-Zustandes
Themen:
▶ Darstellung des Anliegens und des Sachverhaltes
▶ Hintergrundinformationen zur Kontextklärung (beteiligte Personen, Beziehungen, Wechselwirkungen)
▶ Bisherige Lösungsversuche, Ergebnisse

Im Anschluss liest der Protokollant das Protokoll vor; der Klient kann korrigieren (ca. zwei bis drei Minuten)

| 2. | 15 Min. | **Beraterrunde** |

Berater
Berater
Berater
Protokollant

Interviewer
Moderator
Klient

Beteiligte Personen: Moderator und Berater
Methode: Einzelreflexion (Karten schreiben), Kartenabfrage durch Moderator und Visualisierung auf Pinnwand

Ziel: Reflexion unterschiedlicher Perspektiven und Rückmeldungen zu wahrgenommenen Ressourcen, offenen Fragen, Metaphern

Themen: Die Gruppe trägt zusammen, was sie bisher über den Fall weiß. Es werden Assoziationen geäußert, Rückmeldungen zur Sache und Person gegeben, offene Fragen thematisiert und der Klient erhält ein Ressourcen-Feedback.

| 3. | 15 Min. | **Zielfindung und Ressourcenklärung** |

Berater

Berater

Berater

Protokollant

Interviewer

Moderator

Klient

Beteiligte Personen: Klient und Interviewer

Methode: Interview, Musterzustandsänderung

Ziel: Entwicklung umsetzbarer Ziele und Bewusstwerdung eigener Kompetenzen

Themen:

▶ Der Klient kann bei Bedarf Stellung nehmen zu dem Material, das in der Beraterrunde erarbeitet wurde.

▶ Der Interviewer hilft dem Klienten dabei, ganzheitlich in einen Lösungszustand zu gehen. Er nimmt eine Musterzustandsänderung, z.B. über eine Zukunftsvision bzw. Ressourcenaktivierung, vor.

▶ Die Kennzeichen eines befriedigenden Zustandes werden herausgearbeitet, auf die Problemsituation übertragen und es werden konkrete Ziele ausformuliert. Eine hilfreiche Frage ist: „Woran werden Sie erkennen, dass der Zielzustand eingetreten ist?"

▶ Es wird ein Zielkatalog erstellt. Der Klient priorisiert die Ziele und entscheidet darüber, zu welchen Zielen ein Lösungs-Brainstorming erfolgen soll.

▶ Im Anschluss liest der Protokollant das Protokoll vor; der Klient kann korrigieren (ca. zwei bis drei Minuten).

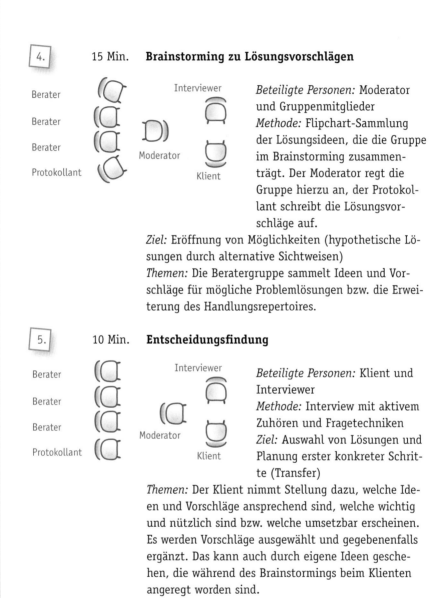

| 4. | 15 Min. | **Brainstorming zu Lösungsvorschlägen** |

Beteiligte Personen: Moderator und Gruppenmitglieder

Methode: Flipchart-Sammlung der Lösungsideen, die die Gruppe im Brainstorming zusammenträgt. Der Moderator regt die Gruppe hierzu an, der Protokollant schreibt die Lösungsvorschläge auf.

Ziel: Eröffnung von Möglichkeiten (hypothetische Lösungen durch alternative Sichtweisen)

Themen: Die Beratergruppe sammelt Ideen und Vorschläge für mögliche Problemlösungen bzw. die Erweiterung des Handlungsrepertoires.

| 5. | 10 Min. | **Entscheidungsfindung** |

Beteiligte Personen: Klient und Interviewer

Methode: Interview mit aktivem Zuhören und Fragetechniken

Ziel: Auswahl von Lösungen und Planung erster konkreter Schritte (Transfer)

Themen: Der Klient nimmt Stellung dazu, welche Ideen und Vorschläge ansprechend sind, welche wichtig und nützlich sind bzw. welche umsetzbar erscheinen. Es werden Vorschläge ausgewählt und gegebenenfalls ergänzt. Das kann auch durch eigene Ideen geschehen, die während des Brainstormings beim Klienten angeregt worden sind.

Ein erster Schritt für das weitere Vorgehen wird geplant. Danach gibt der Klient Auskunft darüber, inwiefern er in seinem Anliegen weitergekommen ist.

6.   10 Min.   **Sharing**

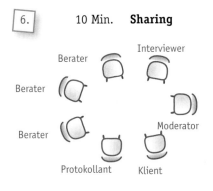

Berater
Berater
Berater
Interviewer
Moderator
Protokollant   Klient

Beteiligte Personen: alle Teilnehmenden, die Rollen werden verlassen. Dies kann verdeutlicht werden, indem alle ihre Platz wechseln.
Methode: Blitzlicht
Ziel: Prozessrückmeldung und Bewusstwerdung des persönlichen Lernerfolges aller Teilnehmer

Themen: Jeder Teilnehmer gibt Rückmeldung über den Prozessverlauf und darüber, welchen persönlichen Gewinn diese Coachingeinheit für den eigenen Arbeitskontext gebracht hat.

Geschichten zum Fall

– Berater machen Geschichte(n)
Prof. Dr. Eric Lippmann

> ▶ Kenntnisstand der Teilnehmer: Für alle Stufen geeignet
> ▶ Dauer: ca. 90 Minuten, beliebig variierbar

Kurzbeschreibung

Sag's durch die Geschichten – Geschichten lassen sich auf verschiedene Arten in die Beratung einbauen, um neue Sichtweisen auf einen Beratungsfall zu generieren. Hier wird eine Methode beschrieben, die sich sehr für den Weiterbildungs- bzw. Supervisionskontext eignet. Auf die Fallschilderung hin entwickeln die Gruppenmitglieder in Subgruppen Geschichten zum Anliegen das Fallbringers, sogenannte assoziative und bisoziative. Diese werden dann dem Fallbringer präsentiert, ohne dass deklariert wird, um welche Art Geschichte es sich handelt. Der Fallbringer teilt der Gruppe mit, welche Schlüsse er aus den Geschichten bezogen auf sein Anliegen zieht.

Setting

Geschichten können auf verschiedene Arten in der Beratung verwendet werden. Die hier geschilderte Methode eignet sich sehr gut für Weiterbildungs- bzw. Lehrsupervisionsgruppen. Die Methode kann im Plenum anhand eines Falles durchgeführt werden, eignet sich aber auch sehr gut, um parallel in Gruppen an verschiedenen Fällen zu arbeiten.

Gründe für das Tool

Geschichten können in der Beratung unter anderem folgende Funktionen erfüllen:
- ▶ *Spiegel*: Der Zuhörer kann sich in den Geschichten wiedererkennen.
- ▶ *Modell*: Es werden modellhaft (Konflikt-)Lösungsvarianten vorgelebt.
- ▶ *Mediator*: Die Geschichte teilt dem Zuhörer etwas in vermittelnder Form mit.

Bernd Schmid, Oliver König (Hrsg.): Train the Coach: Methoden

▶ *Abbau von Widerstand*: Dadurch, dass der Zuhörer selber entscheidet, was er aus der Geschichte raushören will, können durch Geschichten Widerstände abgebaut werden.

▶ *Depotwirkung*: Durch die Bildhaftigkeit können Geschichten gut erinnert und abgerufen werden.

▶ *Gegenkonzepte*: Der Zuhörer kann sich versuchsweise mit fremden Ansichten identifizieren und prüfen, was für ihn selbst annehmbar ist oder auch nicht.

▶ *Verändern von Beziehungsmustern*: In Geschichten lassen sich andere Beziehungsmuster aufzeigen, beispielsweise, wie man innerhalb einer Beziehung ungefährdet auch die untergeordnete Position einnehmen kann.

▶ *Umdeutung*: Ein schönes Beispiel für Reframing liefert die Episode, in der Tom Sawyer als Strafarbeit einen Zaun streichen muss. Dafür wird er gehänselt. Er stellt aber den Spöttern das Anstreichen als Privileg hin, mit dem Schlusseffekt, dass ein Junge nach dem andern gegen Bezahlung ein Stück Zaun streichen darf.

Dieses Tool fördert bei den Teilnehmenden in der Ausbildung folgende Kompetenzen:

▶ Auseinandersetzung mit der Tatsache, dass es bezüglich einer Situation verschiedene Sichtweisen geben kann.

▶ Durch die Geschichten erhält der Kunde eine gewisse Distanz zur eigenen (Problem-)Situation, sodass er eigene Lösungen entwickeln kann.

▶ Das Tool eignet sich gut zur Veranschaulichung der systemisch-konstruktivistischen Haltung, indem deutlich wird, was der Zuhörer einer Geschichte für sich an Botschaften heraushört und sich daraus Lösungen konstruieren kann.

▶ Das Tool kann auch sehr gut für die Teilnehmer genutzt werden, entweder in einem Seminar oder in der Lehrsupervision einen eigenen Fall einzubringen, und Anregungen für neue Lösungen zu bekommen.

▶ Das Tool fördert die kreativen Kompetenzen der Teilnehmenden und sorgt in der Regel für eine gute Stimmung in der Gesamtgruppe.

Einführung der Methode

Ausführliche Beschreibung

Geschichten erzählen lässt sich sehr gut in eine Fallbearbeitung einbauen. Zuerst schildert der Fallbringer seinen Fall und sein Anliegen. Die Gruppe kann Verständnisfragen stellen, soll aber noch keine Hypothesen oder Lösungen anbieten. Anschließend teilt sich die Gruppe auf. Der Fallbringer erhält den Auftrag, ein „Lösungsbild" zu seiner Situation zu malen oder eine Collage zu machen („Der erwünschte

Soll-Zustand sieht wie folgt aus: ..."). Eine Untergruppe konstruiert eine Geschichte zum Fall, welche Hypothesen und Lösungsvorschläge auf eine *analoge* Art beinhaltet. Eine solche Geschichte kann assoziativ erfunden oder aus einem bestehenden Repertoire (Märchen usw.) übernommen oder abgewandelt werden. Eine andere Untergruppe konstruiert eine *bisoziative* Geschichte. Eine solche Geschichte sollte so gut wie möglich überhaupt nichts mit dem präsentierten Anliegen/Fallbeispiel zu tun haben. Nach ca. 20–30 Minuten trifft sich die Gruppe wieder und dem Fallbringer werden die Geschichten präsentiert. Dabei ist ganz wichtig, dass er nicht weiß, welche Gruppe ihm eine analoge und welche eine bisoziative Geschichte erzählt. Die Reihenfolge ist auch nicht festgelegt. Nach jeder Geschichte äußert sich der Fallbringer, was er aus der Geschichte für sich an Botschaften rausnimmt, sowohl betreffend der Hypothesen als auch der Lösungsideen. Daraufhin präsentiert er der Gruppe sein Lösungsbild, um abschließend zu überlegen, was er insgesamt aus den drei Aspekten (Geschichten und Bild) an Schlussfolgerungen für seinen Fall zieht.

Kommentar

Bei einer eher kleineren Lehrsupervisionsgruppe macht es Sinn, mit einem Fallbeispiel zu arbeiten. In einer größeren Weiterbildungsgruppe sollten die Fallbearbeitungen in Untergruppen erfolgen. Dabei kann die Phase der Geschichtenpräsentation durchaus im Plenum erfolgen, um alle an den kreativen Ergebnissen teilhaben zu lassen. Die detaillierte Auswertung und Verbindung mit dem Lösungsbild kann anschließend nochmals in der Untergruppe erfolgen.

Quellen

Lippmann, E.: Intervision. Kollegiales Coaching professionell gestalten. Heidelberg: Springer 2013, 3. Auflage (nach einer Idee von Klaus Götz im Rahmen der Weiterbildung zur Organisations-, Teamberatung, Supervision & Coaching, SAAP, Schweizerische Arbeitsgemeinschaft für Angewandte Psychologie).

Schlagworte

Geschichten erzählen, Assoziations- und Bisoziationstechnik, Fallberatung in Gruppen, Konstruktivismus

Trainingsdesign

- ▶ 90 Minuten
- ▶ Plenum: Auswahl der Fallbringer (bei einer kleinen Gruppe ein Fall, bei einer größeren Gruppe mehrere, sodass die Untergruppen aus mindestens fünf Personen inkl. Fallbringer bestehen)

1.	10 Min.	Fallschilderung des Fallbringers und Formulieren eines Anliegens.
2.	10 Min.	Verständnisrückfragen der Gruppe, ohne Hypothesen oder Lösungsideen zu nennen.
3.	25 Min.	Der Fallbringer verlässt den Raum und erstellt eine Zeichnung, Collage oder Ähnliches zu einer möglichen Lösungssituation. Parallel dazu erarbeiten die Gruppenmitglieder in zwei Untergruppen je eine assoziative und eine bisoziative Geschichte.
4.	je 5 Min.	Die Geschichten werden entweder im Plenum oder in der Untergruppe dem Fallbringer vorgelesen, ohne dass gesagt wird, welche Teilgruppe welche Geschichte erzählt. Der Fallbringer nimmt unmittelbar Stellung.
5.	15 Min.	Nach allen Geschichten kann der Fallbringer in der ursprünglichen Untergruppe das Ergebnis seiner Einzelarbeit präsentieren und der Gruppe mitteilen, welche Schlüsse er aus allem für sich zieht. Je nach Bedarf kann dieser letzte Teil in der Untergruppe auch noch vertiefter diskutiert werden.

Perspektivenwechsel für Gespräche

– Wie wir aus der Gesprächsführung durch andere lernen können
Dr. Sonja Radatz

> ▶ Für Anfänger, Fortgeschrittene und Profis
> ▶ Dauer: 115 Minuten

Kurzbeschreibung

Der Coachee übernimmt die Rolle des Coachs und coacht sein Gegenüber, das seine eigene Rolle als Themensteller übernimmt, zu seinem eigenen Thema. Dabei lernen beide:

▶ Der Coachee gewinnt Distanz zu seinem eigenen Thema und lernt, mit den geeigneten Methoden und Fragestellungen auch bei eigenen anstehenden Themen eine Lösung zu entwickeln.

▶ Der Coach lernt, sich in die Rolle des Coachees hineinzuversetzen, der mit Methoden und Fragestellungen konfrontiert wird, und erlebt Alternativen zu seinem eigenen Coaching in der Herangehensweise an das Coaching.

Setting

Das Tool kann in Einzelcoachings zur Gesprächsvorbereitung eingesetzt werden. Bei Gruppen sorgt der Vortragende dafür, dass Zweiergruppen entstehen, sodass sich jeder Teilnehmer in einer Zweiergruppe befindet. Bei einer ungeraden Zahl ist er selbst in einer Zweiergruppe mit dabei.

Gründe für das Tool

Dahinter steht die theoretische Überlegung, dass wir – wenn wir davon ausgehen, dass wir ohnehin nur innerhalb unseres eigenen Denkrahmens lernen können (Radatz 2001; Radatz 2013; von Glasersfeld 1995) – getrost auf den Versuch verzichten können, jemandem „beibringen zu wollen, wie es wirklich geht". Das Tool zeigt in der Praxis auf wunderbare Weise, wie befreiend Coaching sein kann – und dass niemand Angst davor haben muss, er würde es nicht „richtig" machen. Wir

Bernd Schmid, Oliver König (Hrsg.): Train the Coach: Methoden

können auf all die tollen, „richtigen" Coachingkonzepte und Rezepte verzichten und uns die Freiheit nehmen, unsere eigenen Konzepte zu entwickeln. Denn erlaubt ist, was funktioniert – und was funktioniert, darf zu einer Bereicherung für die eigene Coachingmethodik werden, die natürlich auf eine sehr individuelle und unnachahmbare Art und Weise aufgebaut wird. In der Folge richten wir unseren Fokus der Aufmerksamkeit darauf, dem Coachee alles zu offerieren, was wir zu bieten haben, sodass der andere dann damit machen darf, was er will und kann.

Egal in welcher Phase es in einem Lehrgang oder einem Seminar (auch wiederholt) angewendet wird – es führt dazu, dass unendlich weitergelernt werden kann.

Der Vortragende moderiert die Übung folgendermaßen an: *„Jeder Teilnehmer sollte ein Thema für sich auswählen, das er klären will und für das er gerne ein Coaching hätte. Das sollte auf jeden Fall ein Thema sein, das noch nicht geklärt ist: Ein Gespräch, das ansteht, ein Konzept das es zu erstellen gilt, ein Konflikt, der im Augenblick aufreibt ... Es werden in jeder Gruppe zwei Gespräche geführt, die jeweils ca. 30 Minuten dauern. Jedes Gespräch läuft nach dem folgenden Modus ab."*

Ausführliche Beschreibung

1. Schritt

A (Coach) fragt B (Coachee), um welches Thema es geht, welche Ergebnisse er in Bezug darauf erzielen möchte und woran in diesem Coachinggespräch insbesondere gearbeitet werden sollte. Aus letzterer Frage bildet er einen Auftrag.

2. Schritt

Nun wird dieses Coachinggespräch konkret durchgeführt, allerdings in gewechselten Rollen: Dafür übernimmt B die Rolle von A (wird also zum „Coach" des Gesprächs, er coacht damit sein eigenes Thema!) und A übernimmt die Rolle von B (versetzt sich also in den B mit seinem zuvor geschilderten Thema).

Nun geht es nicht darum, dass A (in seiner neuen Rolle als Coachee) seine Rolle wie ein Schauspieler übernimmt und versucht, das Thema des A möglichst „richtig" nachzuspielen, sondern er schildert es so, wie er es verstanden hat. Kurz: Er darf er selbst bleiben, er hat sich nur das Thema ausgeborgt. B dissoziiert sich komplett von seinem Problem, indem er in die Rolle des Coachs schlüpft und genau so vorgeht, wie er eben vorgehen wurde: Er erfindet oder wählt eine passende Methodik, er stellt Fragen, die ihm angemessen erscheinen, er behält seine eigene Mimik ... er braucht sich also nicht verstellen, spielt auch keine „Schauspielrolle", sondern bleibt voll und ganz „er".

3. Schritt

Das Coachinggespräch wird komplett durchgeführt. Dann findet ein Wechsel der Rollen statt: A bringt nun sein Thema ein, das von B als Coachee übernommen wird.

4. Schritt

Nach dem Gespräch erarbeiten die beiden A und B,

▶ was A als Coach im Gespräch „gelernt" hat und was er in seiner Situation an der Stelle des B erlebt hat

▶ was B für sein eigenes Thema, für seine Gestaltung des Eigencoachings, für sein Thema gelernt hat – in der Herangehensweise wie auch in den Ergebnissen.

5. Schritt

Der Vortragende wartet, bis die Gruppen fertig sind oder sieht die Gruppe nach einer längeren Pause danach wieder. (Die Partnerarbeit erfordert 2 x 45 Minuten – ich mache das gern direkt vor der Mittagspause, dann sind die Gruppen variabel und können ohne gefühlten Zeitdruck zum Ende kommen). Der Vortragende erarbeitet mit der Gruppe, was sie als Coachs, was als Coachees in der Übung gelernt haben (ca. 15–30 Minuten).

Variante Gesprächsvorbereitung

Ich verwende die Methodik auch sehr gerne für Einzelcoachings, in denen es um eine konkrete Gesprächsvorbereitung geht, etwa in meinen Coachings mit CEOs oder Geschäftsführern. Dabei übernimmt mein Coachee die Rolle seines Gesprächspartners, mit dem das Gespräch geplant ist. Ich übernehme die Rolle meines Coachees, allerdings bleibe ich wie immer ich selbst, das heißt, ich führe das Gespräch so, wie ich es eben führen würde. Der Coachee erlebt dadurch gleichzeitig die Situation, in der sich sein Gesprächspartner befinden könnte, und eine alternative Herangehensweise an das Gespräch. Dadurch kann er in zweierlei Hinsicht wertvolle Erfahrungen mitnehmen.

Kommentar   Der besondere Reiz des Tools besteht darin, dass jeder Lernende komplett in seiner Welt, nach seiner Art, in seinem Tempo seine eigene Vorgangsweise erlernen bzw. daran feilen kann und gleichzeitig auch noch ein anstehendes Thema löst, sodass er nicht nur Coachingkompetenz, sondern auch noch Selbstcoachingfähigkeiten nachhaltig aufbaut.

Wie bei allen relationalen Instrumenten sollte sich der Vortragende hüten, die Gruppen zu stören, um „zuzuhören" oder vielleicht auch noch Tipps zu geben. Denn erstens passiert Lernen ja meines Erachtens immer im eigenen Denkrahmen – daher werden fremde Tipps meist als nicht passend erlebt – und zweitens gibt es im relationalen Denken kein Richtig oder Falsch – und daher weiß der Vortragende nie, was „richtig" ist –, denn „richtig" wird im Gespräch durch „passend" ersetzt und kann nur dort als „passend" oder „nicht passend" identifiziert werden.

Quellen

Ich habe diese Methodik bereits vor acht Jahren entwickelt und verwende sie laufend in Coachings, in Führungsbegleitungen und in den offenen Lehrgängen und Seminaren des IRBW, unter anderem im Seminar zu meinem Buch „Beratung ohne Ratschlag".

▶ Radatz, S.: Beratung ohne Ratschlag. Wien: Verlag systemisches Management 2001.
▶ Radatz, S.: Coaching-Grundlagen für Führungskräfte. Wien: Verlag systemisches Management 2013.
▶ Radatz, S.: Die Weiterbildung der Weiterbildung. Wien: Verlag systemisches Management 2013.
▶ Von Glasersfeld, E.: Einführung in den radikalen Konstruktivismus. Frankfurt: Suhrkamp 1995.

Schlagworte

Gesprächsvorbereitung, im Coaching einfach von anderen lernen

Trainingsdesign

- ▶ 115 Minuten
- ▶ Plenum: Aufteilung in Zweiergruppen

1.	5 Min.	**Auftragsklärung** A (Coach) fragt B (Coachee), um welches Thema es geht, welche Ergebnisse er in diesem Thema erzielen möchte und woran in diesem Coachinggespräch insbesondere gearbeitet werden sollte. Aus letzter Frage bildet er einen Auftrag.

2. 40 Min. **Durchführung des Coachinggesprächs**
- ▶ Der Coachee (B) übernimmt die Rolle des Coachs im Gespräch, er coacht damit sein eigenes Thema.
- ▶ Der Coach (A) übernimmt die Rolle des Coachees und schildert dessen Fall so, wie er ihn verstanden hat (versetzt sich also in die Situation von B mit seinem zuvor geschilderten Thema). Kurz: A darf er selbst bleiben, er hat sich nur das Thema ausgeborgt.
- ▶ B dissoziiert sich in der Rolle des Coachs komplett von seinem Problem und braucht sich nicht zu verstellen, sondern bleibt voll und ganz „er".

3. 45 Min. **Wechsel der Rollen und Wiederholung von 1. und 2.**

4. 10 Min. **Gemeinsame Reflexion**
- ▶ Was A als Coach im Gespräch „gelernt" hat und was er in seiner Situation an der Stelle des B erlebt hat.
- ▶ Was B für sein eigenes Thema, bzw. für seine Gestaltung des Eigencoachings, gelernt hat – in der Herangehensweise wie auch in den Ergebnissen.

5. 15 Min. **Reflexion im Plenum**

Beratermarkt

– Wer macht das Rennen? Wer wird damit glücklich?
Dr. Bernd Schmid

▶ Kenntnisstand der Teilnehmer: Fortgeschrittene
▶ Dauer: 90 Minuten

Einem Anliegensbringer werden verschiedene Beratungsangebote gemacht. Es findet eine kurze Marktsituation statt, in der sich Coachee und Coach finden. Nach einem kurzen Coaching und einer Auswertung wird Feedback zum Marktverhalten aller Beteiligten ausgetauscht.

Kurzbeschreibung

Die „Marktteilnehmer" arbeiten nach Anleitung selbstständig in Kleingruppen zu je vier Personen zusammen. Sie sind dort selbst dafür verantwortlich, die zeitlichen Vorgaben einzuhalten und den gemeinsamen Prozess zu steuern. Dies erfordert erfahrene Teilnehmer, die den Beratungsprozess an sich begriffen haben, und die Rollen, Foki und Abläufe einhalten können. Falls nicht, kann ein (zusätzliches) Mitglied mit Moderation und ein weiteres mit unbeteiligter Beobachtung beauftragt werden. Dann wächst die Gruppengröße auf sechs.

Setting

Das Tool macht deutlich, dass Coaching die Aktualisierung verschiedenartiger Kompetenzen erfordert. Dazu gehören ein schnelles Begreifen möglicher Anliegen des Coachees, das Entwickeln eines Designs für die weitere Beratung und das passende Angebot für den Kunden. Es ist eine Kurzvariante von Coaching mit Auswertung und Ebenenwechsel sowie einer Analyse der Marktkompetenz in allen Rollen. Die künftigen Coachs werden angeregt, über verschiedene Dimensionen ihrer Kompetenz nachzudenken. Manche sind gut im Marktauftritt, aber weniger im Erfüllen der Versprechungen. Andere könnten Coaching ganz gut, kommen aber nicht zum Zug, weil sie den Kunden nicht gewinnen.

Gründe für das Tool

Gleichzeitig ist Beweglichkeit auf verschiedenen Lernebenen gefordert. Insofern ist dies eine Übung zum „Spur-Halten" auf mehreren Kommunikations-Ebenen, die Praxisnähe für Selbstvermarkter im Organisationsbereich bietet. Sie kann auch schon mal früh in der Weiterbildung zum Abstecken des Horizonts eingesetzt werden. Dann ist eine gute Rahmung des Tools erforderlich, um eine schnelle Entmutigung der Teilnehmer zu verhindern. Dieses Tool fördert die Teilnehmer in der Ausbildung folgender Kompetenzen:

▶ Überlegungen schnell in konkretes Angebotsverhalten umsetzen.
▶ Den Weg von Problem, Lösung und Beratungsideen zum „Markterfolg" verstehen.
▶ Positives und anliegengerechtes Konkurrieren lernen.
▶ Eigene Stärken, aber auch zu reflektierende Einseitigkeiten als Anbieter und Nachfrager erkennen.
▶ Sich für alternative Prozessdesigns und Produktbewusstsein öffnen.
▶ Zwischen Rollen und Lernebenen flüssig wechseln und die Spur halten lernen.
▶ Didaktische Selbststeuerung für kollegiales Lernen stärken.

Ausführliche Beschreibung

1. Schritt

Einführung der Beratermarkt-Übung im Plenum durch den Lehrtrainer. Design und Ablauf werden erläutert und als Handouts dazu verteilt. Anhand der Handouts können sich die Teilnehmer während der Durchführung über den Ablauf informieren.

Aufteilung in Kleingruppen: Der Lehrtrainer kann nach Coachees mit eigenen Anliegen fragen. Die jeweiligen Coachees (A) skizzieren kurz ihre Anliegen, damit sich die anderen sinnvoll zuordnen können. Je Untergruppe werden ein Coachee A und drei potenzielle Coachs gebraucht: B,C und D. Sie stellen zusammen den Beratermarkt dar. Falls notwendig, kann jeder Untergruppe zusätzlich ein Moderator und ein unbeteiligter Beobachter zugeordnet werden: E und F.

2. Schritt

Selbstständige Arbeit der Kleingruppen anhand des Handouts. In der Kleingruppe stellt A eine Problemstellung aus seiner beruflichen Tätigkeit vor. Er hat dazu einige Minuten Zeit.

3. Schritt

B, C und D sollen sich ein Bild vom Anliegen und insbesondere vom Steuerungsproblem von A machen und eine Coachingdienstleistung konzipieren, durch die ihm geholfen wäre. B, C und D dürfen je bis zu zwei kurze Fragen stellen, um für sie wesentliche Aspekte zu erfragen.

4. Schritt

Dann geben B, C und D jeder kurz ein Angebot ab. Dies beinhaltet ihr Problem- und Lösungsverständnis und was sie in einem anschließenden halbstündigen Coaching mit A tun und erreichen wollen.

5. Schritt

A wählt ohne Diskussion und Begründung einen Anbieter aus.

6. Schritt

Nehmen wir an, B erhält den Zuschlag, dann ist es seine Aufgabe, mit A das anstehende Coaching durchzuführen. Dafür stehen ihm bei Bedarf C und D als Berater-Berater bzw. Supervisoren zur Verfügung. B steuert dabei, was und wie viel er von C und D in Anspruch nimmt. C und D müssen sich darauf umstellen, vom konkurrierenden Anbieter zum Dienstleister ihres Ex-Konkurrenten zu werden. Gütekriterium ist für B, A gut zu beraten und für C und D, B gut kollegial zu supervidieren. B führt Regie und muss mit A das Vorgehen in der Beratung und mit C und D die Art der Supervision vereinbaren und im Prozess realisieren. Falls etabliert, können E und F dabei und bei der Einhaltung des Ablaufs helfen. Dann findet das Coaching von A mit strikter Zeitbegrenzung statt. B kann die Dienste von C und D während Unterbrechungen und/oder in der abschließenden Auswertung abrufen. Auch dafür gibt es ein Zeitkontingent.

7. Schritt

Nach Abschluss und Auswertung – bzw. dem Feedback für B – wird die Aufmerksamkeit auf die anfängliche Marktsituation zurückgelenkt:

8. Schritt

A gibt B, C und D Rückmeldung, wie ihr Angebot gewirkt hat bzw. warum es angenommen wurde oder nicht. Die jeweils anderen ergänzen das Feedback über das Marktverhalten in dieser Situation. Insbesondere erfährt B, ob dem „Markterfolg" auch erbrachte Leistung entspricht.

9. Schritt

Dann bekommt A Feedback über sein Auswahlverhalten und darüber, ob er das Angebot und die zu erwartenden bzw. erbrachten Leistungen richtig eingeschätzt hat. Es geht dabei darum, wie er sich als Bewerter von relevanten Bedarfen und Leistungen gezeigt hat, sprich um seine Kompetenz als Einkäufer und Vermittler von Dienstleistungen.

10. Schritt

Dann begeben sich alle auf eine Meta-Ebene zur abgelaufenen Übung und besprechen ihre Erfahrungen im Prozess und ihr inneres Erleben.

Abschluss im Plenum: Kurze Reflexion der Übung unter weiterführenden Gesichtspunkten. Dies kann zum Thema Marktkompetenz auch ausführlich in einer nachfolgenden Sitzung geschehen. Beispielsweise werden im Plenum die Untergruppen nacheinander kurz nach ihren Lernerfahrungen und dem Prozess befragt. Zuerst der Klient, dann der Berater und die anderen Anbieter, später die Feedback-Geber.

Kommentar

Bei dieser Übung ist unmittelbar zu spüren, dass sie ein ganzes Spektrum von Arbeitsebenen und Lernfragestellungen integriert. Die vielfältigen Betrachtungsweisen und Arbeitsebenen erfordern Flexibilität und Disziplin, ein effektives Zusammenspiel in wechselnden professionellen Rollen, Praxisbezug und einen ökonomischen Umgang mit Ressourcen. Inhalte des Beratungsanliegens und die einzelnen Beratungsfiguren sind in einen komplexen ganzheitlichen und praxisrelevanten Zusammenhang eingebettet. Die Praxisnähe, die notwendige Fokus- und Rollendisziplin, das gezielte Wechseln der Kommunikationsebenen, die Verknüpfung von persönlichem Lernen mit sachlich-organisationalen Fragestellungen sowie die Bewährung in der Kommunikation beim Kunden werden als Elemente professioneller Kompetenz in ihrer Vielschichtigkeit unmittelbar erfahrbar.

Es ist gegebenenfalls wichtig, den Rollenwechsel vom konkurrierenden Anbieter zum Supervisor und Feedback-Geber für den Coach zu markieren. Eventuell kann die Neuorientierung körperlich markiert werden, etwa durch eine veränderte Sitzposition und Blickrichtung. In Einführung und Gesamtregie ist der Lehrtrainer in seiner didaktischen Kompetenz gefordert. In der Gesamtreflexion im Plenum ist seine Erfahrung gefragt, die unterschiedlichen Ebenen im Prozess der Übung auseinanderzuhalten, Ideen für die Weiterentwicklung der Teilnehmer zu geben und eigene Perspektiven mit einfließen zu lassen – ohne die gemachte Erfahrung der Teilnehmer in Frage zu stellen.

Quellen

Institut für systemische Beratung Wiesloch (www.isb-w.de), Autor: Bernd Schmid

Schlagworte

Marktkompetenz, Angebotsverhalten, Nachfrageverhalten, Coachingmarkt, Evaluation, Coachingerfolg, Fokusdisziplin, Rollendisziplin, Regiekompetenz, systemische Didaktik, Coachingprofessionalität

Trainingsdesign

▶ 90 Minuten

| 1. | | Plenum: Aufteilung in Untergruppen und Einnehmen der Rollen des Fallgebers A und der Berater B, C und D. Evtl. Besetzen der Rolle des Moderators/Zeitwächters E und des Beobachters F. |

1. Plenum: Aufteilung in Untergruppen und Einnehmen der Rollen des Fallgebers A und der Berater B, C und D. Evtl. Besetzen der Rolle des Moderators/Zeitwächters E und des Beobachters F.

2. 15 Min. Anberaten des Anliegens durch B, C und D im Sinne einer Ortsbegehung. Dabei werden zwei bis drei zentrale Fragestellungen herausgearbeitet.

3. 15 Min. B, C und D überlegen sich:
- ▶ Was ist das Problem bzw. die Entwicklungsherausforderung von A?
- ▶ Was wären dazu passende Lösungen bzw. Entwicklungsschritte?
- ▶ Was stelle ich mir dabei vor, was wirkt?
- ▶ Wie wäre das Problem dann gelöst?
- ▶ Was wäre mein Coachingangebot und wie würde ich dieses realisieren?

4. je 3 Min. B, C und D skizzieren ihr Angebot gegenüber A.

5. A entscheidet sich für ein Angebot (ohne Begründung).

6. 20 Min. Durchführung der Beratung durch den ausgewählten Berater.

7. 10 Min. Die Beobachter geben dem Coach Feedback bezüglich seines Coachings.

8.	5 Min.	Zur Marktsituation und Auswahl begründet A jedem der anderen (Ergänzung durch Feedback der anderen)

▶ Ich habe dich gewählt, weil ...

▶ Du hättest bessere Chancen gehabt, wenn ...

9.	5 Min.	B, C und D geben A Feedback zur Rolle als Nachfrager und Coachee

▶ Mit Deiner Wahl des Coachs hast Du eingeladen zu ...

▶ Für das Coaching folgte daraus ...

10.	10 Min.	Kurze Nachbesprechung und Reflexion der Untergruppenübung.

Fishbowl, Coachingfall, Open Staff Meeting und Reflecting Team in einem Modul

Dr. Hüseyin Özdemir

> ▶ Kenntnisstand der Teilnehmer: Für alle Stufen möglich
> ▶ Dauer: 90 Minuten je Coachingfall

Kurzbeschreibung

Die Arbeit an konkreten Coachingfällen mit der Methode des Fishbowls, des Reflecting Teams und dem Open Staff Meeting in einer fundierten Coachingweiterbildung bietet gute Lernmöglichkeiten für angehende bzw. erfahrene Coachs. Die Übung kann als Einzel-, Teamcoaching oder als Organisationsentwicklungsintervention mit dem Ansatz des Coachings eingesetzt werden. Hierzu werden die Praxisfälle bzw. -fragen der Teilnehmer oder des ausbildenden Institutes als Grundlage genommen. Der erste Coachee bringt einen Coachingfall bzw. -frage ein, die ihn aktuell beschäftigt. Nachdem die Zeit abgelaufen ist, wird der Fall für die abschließende Kurzauswertung des Gesamtsettings gestoppt, unabhängig davon, wo die Coachingarbeit im Fishbowl sich befindet.

Setting

In der Regel können drei komplexe Coachingfälle an einem Tag bearbeitet werden. Bei den ausgewählten Fällen ist es wichtig, dass es solche sind, die noch aktuell sind und einen Handlungsbedarf aufweisen. Es sollten also Fälle bzw. Fragen sein, die in naher Zukunft angegangen werden müssen. Das Fishbowl ist der innere Kreis. Der äußere Kreis ist der Beobachtungsraum. Hier variieren wir insofern, als dass wir das Fishbowl vor der beobachtenden Gruppe vorne aufbauen. Dabei sitzen einem Coachee zwei Coachs gegenüber. Die Coachees melden sich freiwillig und sprechen sich vor dem Start vor der Gesamtgruppe fünf Minuten lang offen und kurz über ihr Vorgehen sowie Rollen ab. (Wer beginnt? Wie fokussieren wir? ...)

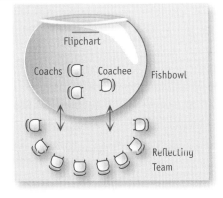

Gründe für das Tool

▶ Das **Fishbowl-Coaching** ermöglicht den Teilnehmenden, durch eine Live-Beobachtung Coaching zu erlernen. Sie sind nicht unmittelbar eingebunden und können so in relativer Ruhe das Geschehen beobachten, um es zu analysieren und daraus zu lernen.

▶ Die freie Reflexion im **Reflecting Team** durch alle Anwesenden gibt dem Coachee und den Coachs zusätzliche Informationen. Unbewusste Dynamiken und Aspekte kommen durch Spiegelungsphänomene in der Beobachtungsgruppe zum Vorschein und geben damit neue Erkenntnisse.

▶ Im Fishbowl wird zu zweit gecoacht (Paarcoaching). Diese besondere Form des Coachings ist zugleich eine Herausforderung und eine Chance für die Teilnehmer.

▶ Kurze **Open Staff Meetings** vor Beginn und zwischendurch geben den Teilnehmern und dem Coachee einen Einblick in die Dynamik eines Coachingpaares. Hier können alle Teilnehmer lernen, wie sich zwei Coachs austauschen, wie sie vorgehen wollen, welche Dynamik sich zwischen ihnen entwickelt und wo gegebenenfalls erste Schwierigkeiten im Coaching als Paar zu erkennen sind.

▶ Die Coachs erhalten durch den Coachee und in der Anschlusssupervision durch den Lehrtrainer Feedback zu ihrer Coachingarbeit.

▶ Auch wenn die Inhalte nicht so sehr im Vordergrund stehen, da sie als Lernmaterial genutzt werden, erhält der Coachee ein inhaltliches Coaching, dessen Erkenntnisse er nach dem Modul sofort in seine Praxis einbringen kann.

▶ Diese Coachingfall-Bearbeitungsform spiegelt die Komplexität des Coachens in Organisationen bzw. von Führungskräften, die organisatorischen Dynamiken ausgesetzt sind, wider. Mit dieser Übung erhöht sich die Kompetenz, als Coach von Führungskräften bzw. von Teams solche komplexen Fälle zu bearbeiten.

Ausführliche Beschreibung

Vorbereitung

Die Teilnehmer werden im Vorfeld durch eine E-Mail gebeten, Coachingfälle vorzubereiten und diese in das Modul mithilfe einer Flipchart-Darstellung mitzubringen. Das Einbringen von Coachingfällen erfolgt auf freiwilliger Basis. Mit diesem Vorgehen werden die Teilnehmer auf die intensive Arbeit vorbereitet. In einem mehrtägigen Modul können viele dieser Fälle bearbeitet werden.

Start der Sequenz

Zunächst erläutert der Lehrtrainer die Ziele, den Ablauf und die Spielregeln der Sequenz (vertrauliche Behandlung des Falls, keine Wertungen, Einhaltung der Zeiten, Dokumentation der Ergebnisse auf Flips etc.).

Auswahl Coachee und zwei Coachs

Die Teilnehmer schreiben die Überschrift ihres Coachingfalls auf eine Karte und hängen sie an die Pinnwand. Falls im Modul genügend Zeit vorhanden ist (etwa in Form eines zwei- bis dreitägigen Moduls), stellen Teilnehmer einzeln die mitgebrachten Themen kurz vor. Dies kann anhand von vorbereiteten Flipcharts oder verbal und auf Zuruf erfolgen (jeweils maximal zwei Minuten). Gegebenenfalls können die Teilnehmer abschließend die Themen ihres Interesses priorisieren. Dieser Schritt kann die Konkurrenzdynamik in der Gruppe verstärken und muss vom Leiter gut gehalten sowie gesteuert werden. Es werden außerdem die Rollen festgelegt. Ausgewählt werden ein Coachee und zwei Coachs. Die übrigen Teilnehmer bilden zunächst das Beobachtersystem (Reflecting Team). Ein Lehrtrainer stützt das Setting. Er achet auf die Zeit und darauf, dass die Teilnehmer aus dem Reflecting Team nicht ohne Aufforderung in den Fishbowl hineinrufen.

Fishbowl Coaching – Teil 1, Einstieg in den Coachingfall

Der Fallgeber setzt sich vorne neben den Trainer und schildert ca. zehn Minuten den Kontext des Falls und sein Anliegen. Die beiden Coachs stellen zunächst nur Verständnisfragen und den Kontext klärende Fragen („Ortsbegehung", B. Schmid).

Open Staff Meeting – Offene Teambesprechung

Die beiden Coachs wenden sich zueinander und besprechen sich. Sie klären miteinander, wie sie vorgehen wollen, wer z.B. mit dem Fragen beginnt, worauf sie achten wollen etc. Sie tauschen sich auch über erste Hypothesen und Coachingstrategien aus („Was ist hier los?, Welche Dynamiken sind zu beobachten?, Welche Thesen können wir zur Ausgangslage oder zu den Herausforderungen aufstellen?, Wie kommen wir mit dem Fall klar?, Wie erleben wir den Coachee?, Was macht der Coachingfall mit uns als Team?").

Fishbowl Coaching – Teil 2

Nach der Besprechung untereinander wenden sich die beiden Coachs nun wieder dem Coachee zu. Dabei halten sie sich an die in der Weiterbildung erlernte Schrittfolge (Kontext klären: Beteiligte, Geschichte des Falls und der bisherigen Interventionen sowie genaue Problemstellungen → Erste Formulierung des Coachinganliegens → Hintergründe und Ursachen → Lösungsansätze → Auswahl der Lösungsansätze → Rückblick auf die Coachingsequenz). Sie bleiben beim Coachee und halten sich zunächst mit Vorschlägen zurück. Die Coachhaltung ist fragend und zurückgenommen. Die Coachingschrittabfolge kann zu Beginn des Moduls an alle im Sinne einer Erinnerung verteilt werden.

Reflecting Team

Nach ca. 20 bis 30 Minuten stoppt der Lehrtrainer und läutet die nächste Runde ein. Er erläutert den Auftrag an die Gesamtgruppe. Damit ist das Reflecting Team eingeleitet. Der Auftrag für diese Sequenz lautet: *„Bitte unterhalten Sie sich untereinander zehn Minuten lang über das bisher Gehörte. Der Coachee und die beiden Coachs werden still zuhören. Tauschen Sie dabei bitte Ihre Gedanken, Gefühle, Assoziationen, Fantasien, Fragen und sonstigen Reaktionen aus. Ich werde in meiner Rolle als Lehrtrainer den Rahmen und die Zeit im Auge halten.“*

Die Teilnehmer im Beobachtungsraum unterhalten sich offen über das Beobachtete, das Gehörte und das indirekt Erlebte. Der Coachee kann während dieser Phase seinen Stuhl umdrehen und sich Notizen über das Gehörte bzw. über seine eigenen Assoziationen machen. Das Reflecting Team wird bei uns nicht moderiert. Die Dynamik, die sich in der Gruppe zeigt, ist ebenfalls von Erkenntniswert. Dies umso mehr, als dass sich der Fall quasi im Reflecting Team spiegelt. So tauschen sich die Beobachter aus über ihre Gedanken, Fragen, Assoziationen, Gefühle, über das was ihnen gefallen, was ihnen nicht gefallen hat etc. und geben damit Impulse für die sich anschließende nächste Fishbowl-Sequenz.

Fishbowl Coaching, Teil 3

Die beiden Coachs arbeiten mit dem Coach weiter. Dabei fragen sie i.d.R. den Coachee, wie es ihm mit dem Gehörten geht, wo er jetzt steht und woran er gerne weiterarbeiten würde. Damit wird das Coachinganliegen überprüft und aktualisiert.

Abschluss und Auswertung

Abschließend wird zunächst der Coachee und danach werden die beiden Coachs nach ihrem Abschlusskommentar gefragt („Wie geht es Ihnen mit der Sequenz? Können wir abschließen?"). Die Beobachter erhalten ebenfalls die Möglichkeit, kurz etwas zu sagen. Falls die Zeit wegläuft, erfolgt ein Ein-Wort-Abschlusskommentar.

Kommentar Alle Teilnehmer lernen bei dieser Fallarbeit. Es lernen sowohl diejenigen, die die Fälle einbringen als auch die, die an der Fallarbeit mitwirken. Die Teilnehmer können am meisten lernen, wenn sie noch laufende bzw. anstehende Fälle einbringen. Damit haben sie selbst mehr davon, da sie quasi den Praxiseinsatz vorwegnehmen und vorbereiten. Weiterhin kann ein solcher Fall von der Gruppe während der Weiterbildung noch weiter begleitet und beobachtet werden. Ihre Ideen und Lösungsansätze erfahren einen direkten Praxistest und Feedback.

Falls genügend Zeit vorhanden ist, gibt es die Möglichkeit, in einer Gruppe Fortgeschrittener offen die Arbeit der Coachs zu analysieren, um daraus zu lernen.

oezpa GmbH – Akademie & Consulting, Strategisch Organisations- und Personalentwicklung: www.oezpa.de, Schlosshotel-Kloster Walberberg, Bornheim-Walberberg (bei Köln-Bonn).

Quellen

Reflecting Team, Case Work, Fishbowl Coaching, Coachingprofessionalität, Praxiscoaching, Open Staff Sitzung, Group Relations Ansatz, Psychodynamik, Unbewusstes im Coaching, Spiegelung des Falls, Coaching als Paar

Schlagworte

Trainingsdesign

▶ 90 Minuten

1.		Vorbereitung per E-Mail. Arbeitsauftrag: Coachingfälle und -fragen mitbringen
2.	5 Min.	Start der Sequenz: Ziele, Ablauf, Spielregeln, Rollen.
3.	10 Min.	Auswahl Coachee (Coachingfall) und zwei Coachs.
4.	10 Min.	Fishbowl Coaching – Teil 1, Einstieg in den Coachingfall
5.	10 Min.	Open Staff Sitzung – Offene Teambesprechung.
6.	10 Min.	Fishbowl Coaching – Teil 2.
7.	20 Min.	Reflecting Team: Freier Austausch der Beobachtungsgruppe
8.	15 Min.	Fishbowl Coaching, Teil 3: Impulse aus dem Reflecting Team bearbeiten.
9.	10 Min.	Abschluss und Auswertung.

Kooperationswerkstatt

– Zusammenarbeit im Projekt und zwischen Projektteams
als Coach und Berater
Thorsten Veith und Helena Veith

▶ Kenntnisstand der Teilnehmer: Fortgeschrittene
▶ Dauer: 150 Minuten

Kurzbeschreibung

Eine Person bringt als Fallgeber eine Fragestellung ein, mit der sie als Verantwortlicher betraut ist. Der Fall kommt aus dem Bereich Coaching-, Projekt- oder Organisationsentwicklung. Die Teilnehmer der Kooperationswerkstatt arbeiten dann als kollegiale Lernpartner Teilprojektfokussierungen aus und stellen sie dem Fallgeber zur Verfügung.

Das Design „Kooperationswerkstatt" hilft bei der Bearbeitung komplexerer OE-Themen, in welche Coachs und Berater als Dienstleister eingebunden sind oder welche sie als interne oder externe Verantwortliche steuern. Im Rahmen von Professionalisierung qualifiziert es für das Bearbeiten von Projektfragestellungen und Abstimmungen mit unterschiedlichen Teilprojekten in kollegialer Beratung. Der Lerngewinn besteht insbesondere darin, dass der eigene Beitrag nicht nur konfiguriert, sondern auch komplementär zu den Beiträgen anderer integriert wird.

Setting

Die Kooperationswerkstatt spielt einen komplexen Gruppenprozess der Zusammenarbeit anhand einer realen Projektfragestellung durch und eignet sich für eine Gruppengröße zwischen 7 bis 16 Personen. Es sind zwei Varianten für die Arbeit in der Kooperationswerkstatt möglich.

▶ **Variante 1:** Eine Person A stellt ein Anliegen aus ihrer OE-/Projektarbeit in einer Organisation vor, in welche sie als Coach/Berater miteingebunden ist oder in welcher sie als Interner mitwirkt. Auf eine erste Phase der Projektdarstellung folgt die Aufteilung in kleine kollegiale Beratungsteams (drei bis vier Personen), die eine

Teilprojektfokussierung ausarbeiten. Somit kann A die Impulse und Ressourcen aus einem Beratungsteam nutzen, um sein Anliegen zu bearbeiten. Dieses Team kann entweder eine Weiterbildungsgruppe oder eine selbstständig lernende Peergroup sein, deren Mitglieder nicht in den direkten Arbeitskontext von A involviert sind.

▶ **Variante 2:** Diese Variante bezieht sich auf die arbeitsplatznahe Nutzung des Tools. Es wird vom realen Projektteam eingesetzt, dessen Mitglied der Fallgeber ist. Zu den Projektmitgliedern gehören auch Coachs und Berater, die den OE- oder Implementierungsprozesses einer Organisation als interne oder externe Dienstleister begleiten. Setzt ein solches „reales" Team das Tool ein, kann damit die prozess- und arbeitsplatznahe Lernkultur und die Lernfähigkeit des Systems weiterentwickelt werden.

Im Sinne kollegialer Zusammenarbeit und Beratung ist das Ziel, die einzelnen Projektteams bzw. deren Vertreter in ihrer Zusammenarbeit zu unterstützen. Diese Form der Zusammenarbeit eignet sich insbesondere für die Initiations- und Startphase in Projekten.

Gründe für das Tool   In der Praxis der Weiterbildung hat sich gezeigt, dass die Aufmerksamkeit für Marktgeschehen, Positionierung und Angebotskonfigurierung gefördert werden sollte. Ebenso unterstützt werden sollte die Sorgfalt für die Entwicklung von Kooperationsfähigkeit und Designkompetenz auf unterschiedlichen Ebenen. Ihre Kooperationsfähigkeit zu verbessern, ist nicht zuletzt auch für Coachs, Berater und Organisationsentwickler selbst interessant. Diese sehen und erleben sich häufig als Einzelkämpfer, arbeiten jedoch in ihrer Praxis in komplexen und weitreichenden OE-Projekten und OE-Herausforderungen, welche sie als Interne oder Externe verantworten, steuern und mitgestalten.

Als Fallgeber sammeln Teilnehmer Erkenntnisse bezüglich ihrer Projektfragestellung und lernen, das Projekt und den eigenen Beitrag aus ihrer Rolle heraus zu konfigurieren und zu begleiten. Die Teilnehmer, welche die Rollen der kollegialen Lernpartner in den Beratungsteams einnehmen, lernen durch die Zusammenarbeit mit den anderen an einem realen Praxisfall und mit Komplexität „draußen im Projekt" als auch „drinnen in der Übung" als Herausforderung angemessen umzugehen. Die Lerneffekte des Tools betreffen zwei Ebenen: die Kooperation zwischen den Teams und die Kooperation innerhalb der Teams. Für viele Projektvorhaben und Organisationsthemen ist es wesentlich, sich mit unterschiedlichen Personen sowohl im direkten und unmittelbaren als auch entferntem Projektkontext abzustimmen. Die hier gelehrte

Arbeitsform hilft, unterschiedliche Teilperspektiven eines Vorhabens zu fokussieren und dann zu konfigurieren. Nur integriert und komplementär zueinander gefügt, tragen alle Teilperspektiven zum Erfolg des Projektes oder Vorhabens bei. Allzu oft ist genau das herausfordernd und problematisch. Der besondere Nutzen besteht:

▶ im Ziel des Arbeitsprozesses in kollegialer Beratung, dem Fallgeber A Ideen und Anregungen zur inhaltlichen und prozessgemäßen Steuerung des Projekts bzw. seines Themas zu bieten und dies auch über das konkrete Projekt hinaus als Kompetenzentwicklung aufseiten des Fallgebers.

▶ in der Konfiguration der eigenen Dienstleistung und der Integration in andere Beiträge: die eigene Beratungs- und (Projekt-) Dienstleistung wird definiert, konfiguriert und kommuniziert und mit anderen innerhalb des eigenen Teams und zwischen den Teams kommunikativ und angemessen in komplementäre Verantwortung gebracht und integriert.

▶ darin, bei einer komplexen Fragestellung den eigenen Arbeitsfokus des Teams im Team selbst und als Teilprojekt und zwischen den Teams in der Abstimmung halten.

▶ in der Entwicklung von (neuen) Produkten und Dienstleistungen komplementär zu den Produkten anderer als Coach und Berater. Kooperation und Produktentwicklung findet zusammen mit anderen Personen statt und in sowie zwischen Teams. Dadurch erfolgt die Entwicklung und der Ausbau von Kooperationsfähigkeit und Designkompetenz auf diesen unterschiedlichen Ebenen.

1. Schritt

Zu Beginn der Arbeitssession wird nach aktuellen Fragestellungen und Themen zur Bearbeitung im Plenum der Gesamtgruppe gefragt. Hier kann eine Visualisierung der möglichen Themen am Flipchart hilfreich sein. Ein Protagonist als Fallgeber wird gesucht und festgelegt. Es ist sehr hilfreich, einen Moderator zu wählen, welcher durch den Prozess führt (entweder der Coach/Berater oder eine Person aus der Gruppe). Der ausgewählte Fallgeber stellt sein Anliegen kurz vor und formuliert seine Fragestellung. Er beschreibt der Gruppe in wenigen Sätzen Hintergrund und Anlass seiner Frage als auch, worin er Unterstützung benötigt. Währenddessen hören die Teilnehmer still zu und notieren, was für sie wesentlich ist.

2. Schritt

Nun finden sich Kleingruppen von zwei bis vier Teilnehmern zusammen, die an dem Gehörten gemeinsam arbeiten möchten. Dies ist frei in der Gruppe möglich. Einfachheitshalber bietet sich eine Gruppierung

Ausführliche Beschreibung

nach räumlicher Sitznähe an, da nun im gleichen Raum die Beratungsteams die anschließende Befragung vorbereiten. Zunächst tauschen sich die Teilnehmer innerhalb der Kleingruppe über das Gehörte aus und sammeln gemeinsam Hypothesen. Anhand der aufgestellten Hypothesen werden Fragen an den Fallgeber vorbereitet.

3. Schritt

In der nächsten Phase wird der Fallgeber reihum von je einem Mitglied der Beratungsteams befragt. Jedes Team hat zuvor ein Mitglied ausgewählt, das alle durch das Team vorbereiteten Fragen stellt. Jedem Team stehen ca. sieben Minuten für die Befragung zur Verfügung. Entscheidend ist hierbei, dass der begleitende Coach/Berater bzw. Moderator der Übung die Zeit im Blick behält und darauf achtet, dass der Fallgeber ausschließlich vom Teamvertreter und innerhalb von dessen Befragungszeitraum befragt wird.

4. Schritt

Nun stimmen sich die Beratungsteams bezüglich ihrer Teilprojektfokussierung ab. Erfahrungsgemäß steuert der begleitende Moderator hauptsächlich den Prozess, indem er zunächst die Teams befragt, welchen Fokus sie setzen würden. Es bietet sich an, die verschiedenen Vorschläge in einer Mindmap am Flipchart darzustellen. Nachdem alle Foki gehört und in einen sinnvollen Zusammenhang gebracht wurden, ordnen sich die Beratungsteams jeweils ausschließlich einem Fokus zu und bestimmen damit ihren Arbeitsschwerpunkt für die anschließende Phase.

5. Schritt

Die Beratungsteams ziehen sich nun in Kleingruppenräume zurück. Dort diskutieren sie ihre Einschätzung der Problematik, sammeln Hypothesen – diesmal bezogen auf ihren Teilprojektfokus – und erstellen ein Design für die Zusammenarbeit im Gesamtprojekt. Folgende Fragen zu A oder dem Projekt dienen den Teams zur Orientierung:

- ▶ Was ist das Problem bzw. die Entwicklungsherausforderung?
- ▶ Was wären dazu passende Lösungen bzw. Entwicklungsschritte?
- ▶ Was kann mein Teilprojekt leisten und wie kann ich dies mit den Leistungen anderer Teilprojekte gemeinsam umsetzen?
- ▶ Welche Nahtstellen sind dabei wichtig?
- ▶ Welche nächsten Schritte im Projektprozess lassen sich daraus ableiten?

Die Herausforderung für diese Phase besteht vor allem darin, das zu erstellende Design ohne Kenntnis der Ergebnisse der anderen Beratungsteams anschlussfähig zu gestalten. Die Perspektiven der anderen

Teilprojektfokussierungen müssen demnach immer mitgedacht werden und in den Ansätzen im eigenen Design integriert werden

6. Schritt

Im Plenum stellt wieder je ein Vertreter der Beratungsteams dem Fallgeber und allen anderen Teilnehmern das erarbeitete Design vor. Für die Ergebnisvorstellung haben sich folgende Punkte bewährt:

▶ Was sind die wesentlichen inhaltlichen Arbeitsergebnisse?
▶ Wo sehen wir wichtige Weichen für Kommunikation und Kooperation zwischen den Projektteams/im Projekt?
▶ Wie würden wir konkret vorgehen?

Der Fallgeber hat dabei die Möglichkeit, direkt Fragen an die Beratungsteams zu richten.

7. Schritt

Nachdem dem Fallgeber alle Designs vorgestellt wurden, erarbeitet er nun gemeinsam mit den Teams und in Begleitung durch den Moderator die Umsetzung der Arbeitsergebnisse. Mit konkretem Praxisbezug werden vom Fallgeber die nächsten Schritte angedacht und mit den Beratungsteams gemeinsam im Plenum reflektiert. Bei drohenden Umsetzungsschwierigkeiten können zusammen mit den Teams direkt Lösungsideen erarbeitet werden. Der Moderator steuert den Abstimmungsprozess und achtet erneut auf die Zeit. Diesem Arbeitsschritt werden insgesamt 30 Minuten zugeschrieben

8. Schritt

In einer letzten Phase legen alle Beteiligten ihre Rollen ab und reflektieren gemeinsam den Gesamtprozess.

Kommentar

▶ Wenn das Tool nicht durch einen erfahrenen Coach oder Berater begleitet wird, kann ein Moderator aus der Gruppe bestimmt werden, der erfahren ist und dem das Lernsetting vertraut ist. Er führt entsprechend didaktisch und zeitlich durch die einzelnen Phasen.
▶ Der beschriebene besondere Nutzen tritt nicht nach einer einmaligen Anwendung des Tools ein, sondern erfordert naheliegend eine intensive Auseinandersetzung und Nutzung des Tools. Das geschieht innerhalb einer Professionalisierung oder arbeitsplatznah in Organisationen, in welchen die Entwicklung von Lernkultur und die Lernfähigkeit des Systems in und anhand von realen Projekten einen Stellenwert hat.
▶ In der Phase 4 ist es häufig sinnvoll, dass die Teams, welche auch die Befragung vorbereitet und durchgeführt haben, auch in den folgenden Phasen zusammen weiterarbeiten. Eine Zusammenarbeit im

Team ist hier bereits angelaufen. Es ist allerdings auch eine neue Teamzusammenstellung für die anschließende Arbeitsphase möglich.

▶ In den Phasen 4 und 7 des Ablaufs empfiehlt es sich, dass der begleitende Moderator den Prozess in der Gesamtgruppe steuert. Je erfahrener die Gruppen in der Arbeit mit dem Design sind, desto mehr können die Teilnehmer die Prozesssteuerung und Moderation selbst übernehmen

Ein Beispiel: Im Rahmen eines OE-Prozesses in einer IT-Organisation ist Berater A zusammen mit einem internen Beratungskollegen für das neue Projekt verantwortlich, einen Coachingpool einzuführen. Die Herausforderung besteht in der Steuerung und Koordination verschiedener Prozessgruppen wie etwa „Struktur/Prozessdesign der Implementierung", „Internes Marketing", „Qualifizierung/Onboarding Coachs", „Matching-Prozess Coach – Coachees", und „Kooperation/Sharing mit anderen Organisationen" sowie in der Steuerung des Gesamtprozesses mit den ineinander verzahnten Teilprojekten. Die Kollegen in den Beratungsteams erarbeiten mit dem Fokus der unterschiedlichen Arbeitsgruppen wesentliche thematische Zusammenhänge und nächste Schritte in Bezug auf das Anliegen von A. Hierbei behalten die einzelnen Beratungsteams stets die Abstimmung und Kooperation mit den anderen Teams im Blick und zeigen dafür notwendige Punkte der Klärung auf. Das Setting „Kooperationswerkstatt" unterstützt eine Aufmerksamkeit für eine möglichst reibungslose Zusammenarbeit dieser Prozessgruppen mit fließendem Informationsaustausch sowie gemeinsamer Entwicklung nächster Schritte. Es hilft beim Aufbau einer Kultur, sich miteinander kollegial zu auftretenden projektbezogenen Organisationsthemen zu beraten. Dieser Effekt wirkt aufseiten des Fallgebers auch dann, wenn er die Übung und Arbeitseinheit nicht in der Organisation mit den Projektmitgliedern selbst durchführt, sondern mit Beratungs-/Coachingkollegen, welche ihm als „Außenstehende" die Unklarheiten und Fallstricke aus ihrer Sicht aufzeigen und dabei selbst lernen, sich in die Herausforderungen des Projektes einzudenken.

Quellen ▶ isb, www.isb-w.eu, Autoren: Schmid, Veith, Weidner

▶ Schmid, B.; Veith, T.; Weidner, I.: Einführung in die kollegiale Beratung. Heidelberg: Carl-Auer Verlag 2010.

Schlagworte Team, Zusammenarbeit, Kooperationsfähigkeit, Integration, Produktentwicklung, Teilprojekte, Teilprojektfokussierungen, Prozessdesign, Projektarchitektur

Trainingsdesign

▶ ca. 2,5 Stunden

1.	5 Min.	Eine kurze Darstellung des Anliegens. Die Fragestellung des Fallgebers wird formuliert.
2.	15 Min.	Die Untergruppenteams (je zwei bis vier Teilnehmer) tauschen sich im Plenum über ihren Eindruck aus und bereiten die Befragung des Fallgebers vor.
3.	30 Min.	Je ein Vertreter der Gruppe hat ca. sieben Minuten Zeit, den Fallgeber zum Anliegen zu befragen.
4.	10 Min.	Die Untergruppenteams stimmen sich im Plenum bezüglich ihrer Teilprojektfokussierungen ab, die zueinander passen müssen.
5.	25 Min.	Die Untergruppenteams ziehen sich zurück, diskutieren ihre Einschätzung der Problematik und erstellen ein Design für die Zusammenarbeit im Gesamtprojekt mit folgenden Perspektiven:

    ▶ Was ist das Problem bzw. die Entwicklungsherausforderung (von A/im Projekt)?

    ▶ Was wären dazu passende Lösungen bzw. Entwicklungsschritte?

    ▶ Was kann mein Teilprojekt leisten und wie kann ich dies mit den Leistungen anderer Teilprojekte gemeinsam umsetzen?

    ▶ Welche Nahtstellen sind dabei wichtig?

    ▶ Welche nächsten Schritte im Projektprozess lassen sich daraus ableiten?

6. | 30 Min. | Im Plenum: Je ein Vertreter der Untergruppen stellt dem/den Kollegen die Arbeitsergebnisse vor. Es empfehlen sich diese Leitfragen:

▶ Was sind die wesentlichen inhaltlichen Arbeitsergebnisse?

▶ Wo sehen wir wichtige Weichen für Kommunikation und Kooperation zwischen den Projektteams/ im Projekt?

▶ Wie würden wir konkret vorgehen?

7. | 30 Min. | Der Fallgeber erarbeitet zusammen mit den Projektteams die Umsetzung der Arbeitsergebnisse in die Praxis.

8. | 10 Min. | Dialogische Reflexion des Gesamtprozesses im Plenum.

Kapitel IV

Narrative Ansätze und hintergründige Themen

Überblick über das Kapitel

Das Kapitel beinhaltet zentrale Konzepte und Modelle für Professionalisierung. Besonders die narrative Arbeit steht im Vordergrund. Die Konzepte werden in der Ausbildungsgruppe vom Lehrtrainer vorgestellt. Dies kann vor oder nach einer Übung passieren, je nachdem, welcher Übungszweck im Vordergrund stehen soll. Wenn die Teilnehmer das Modell zunächst kennenlernen und dann anwenden sollen, führt das zu einem guten Kennenlernen des Modells. Die Teilnehmer gleichen dann ihre Erfahrungen aus der Übung mit ihrer gewohnheitsmäßigen Reaktion ab. Wenn zuerst ohne Theorieinput eine Übung erfolgt und erst im Nachgang das Modell vorgestellt wird, so reflektieren die Teilnehmer eher auf einer emotionalen und gefühlten Ebene. Das gedankliche Einordnen der Erfahrung in das Modell kann durch eine spätere Vorstellung erzielt werden.

Überblick über die Tools

Das **Drei-Welten-Modell** der Persönlichkeit von **Rita Strackbein** gibt den Teilnehmern einen Überblick über ihre unterschiedlichen Rollen in drei unterschiedlichen Welten.

In der **Arbeit mit analogen Techniken** wird die Arbeit mit Metaphern und Geschichten geübt. Das Tool stammt von **Jutta Kreyenberg**.

Die **Theatermetapher** ist ein Modell, das bildhaft Situationen darstellt und dabei Elemente des Theaters verwendet. **Oliver König** beschreibt die Anwendung der Theatermetapher zur Ortsbegehung eines Falls.

Dr. Cornelia von Velasco fasst **die Dialogmethode nach David Bohm** zusammen und gibt eine Anleitung zur praktischen Arbeit in der Gruppe.

In den **vier Dimensionen des Tätigseins** bietet **Dr. Christoph Schmidt-Lellek** ein Modell zur Betrachtung und Reflexion der Work-Life-Balance an.

Das Tool **Konfliktressourcen** bietet den Teilnehmern die Auseinandersetzung mit Konfliktsituationen auf unterschiedlichen Ebenen an. **Dr. Michael Loebbert** beschreibt die Arbeit auf persönlicher, Gruppen- und Organisationsebene.

Dr. Hans Jellouschek bietet den Teilnehmern anhand eines Fragebogens und der persönlichen Reflexion die Möglichkeit, über **menschliche Grundbedürfnisse am Arbeitsplatz** zu reflektieren.

Mit der Übung **Lebensuhr** von **Dr. Cornelia von Velasco** führen die Teilnehmer eine Standortbestimmung durch, die durch andere Teilnehmer gespiegelt und angereichert wird.

Drei-Welten-Modell der Persönlichkeit

– Profilbildung unterstützen
Rita Strackbein

> ▶ Kenntnisstand der Teilnehmer: Anfänger
> ▶ Dauer: 60 Minuten

Kurzbeschreibung

Das Drei-Welten-Modell bildet ab, wie eine Persönlichkeit die unterschiedlichen Rollen der Privatwelt, der Organisationswelt und der Professionswelt lebt und gestaltet. Mithilfe dieser Übung können die eigenen Rollen, ihre Prioritäten und Lebenszeitanteile reflektiert werden. Wie das Engagement in den verschiedenen Lebenswelten balanciert ist und ob das Zusammenspiel gelingt, ist eine Frage von Stimmigkeit und Machbarkeit.

Setting

Jeweils zwei Teilnehmer bilden ein Reflexionsteam, mit dem Ziel, gegenseitig über die eigenen Rollen, aber auch die Rollen des anderen zu reflektieren. Folglich kann dieses Tool auch in Teams und größeren Gruppen eingesetzt werden. Da es hier nicht nur um die Professionsrollen geht, sondern auch private Rollen angesprochen werden, ist ein vertrauensvoller und vertraulicher Umgang der Protagonisten erforderlich.

Gründe für das Tool

Dieses Tool ist im Rahmen der Ausbildung sehr sinnvoll, da z.B. im Rahmen einer Auftragsklärung unterschiedliche Rollen und Rollenerwartungen geklärt werden sollten. In dieser Übung wird deutlich, in wie viele unterschiedliche Rollenkonstellationen wir eingebunden sind und welche Erwartungshaltungen damit verbunden sein können. Ebenso kann es für den Betrachter interessant, hilfreich und inspirierend sein, die Rollenverteilung, Rollenkompetenzen und Rollenklarheiten bei anderen zu erleben.

Bernd Schmid, Oliver König (Hrsg.): Train the Coach: Methoden

Dieses Tool fördert die Teilnehmer in der Ausbildung folgender Kompetenzen:

▶ Rollenfindung und Rollenklarheit
▶ Unterschiedliche Denk-, Fühl- und Verhaltensmuster in den verschiedenen Rollenkonstellationen zu verstehen und zu steuern
▶ Als „multiple Persönlichkeit" systemisch zu denken und zu handeln
▶ Rollen als zusammenhängendes System von Einstellungen, Gefühlen, Verhaltensweisen und Wirklichkeiten zu verstehen
▶ Aus Rollen Beziehungen und daraus resultierende Erwartungen abzuleiten

Anmoderation im Plenum

Ausführliche Beschreibung

Vorstellung des Drei-Welten-Modells anhand von klaren Beispielen aus der Organisationswelt, der Professionswelt und der Privatwelt. Die Protagonisten werden aufgefordert, einmal an die letzte Woche zu denken und zu reflektieren, welche verschiedenen Rollen sie in den drei Welten mit welcher Zeitverteilung ausfüllen. Der Lehrtrainer kann an dieser Stelle beispielhaft eine fiktive Rollenverteilung vorstellen. Verteilung und Erläuterung der Arbeitsblätter.

Einzelarbeit

Jeder Teilnehmer definiert für sich, mit welchem prozentualen Zeitanteil er sich seinen verschiedenen Rollen in einer typischen Woche widmet. Diese typische Woche sollte eine Arbeitswoche sein. Sie beginnt an einem Montag und endet an einem Sonntag. Sodann reflektiert jeder alleine für sich, mit welchen Anteilen er zufrieden oder unzufrieden ist und wo er sich eine andere Verteilung wünschen würde. Ebenso sollte jeder Protagonist in sich hineinhorchen, welche Rolle mit welcher Qualität gefüllt ist und wie optimalerweise dieser Rollenkuchen in zwei Jahren aussehen soll.

Arbeit in den Zweiergruppen

In zufällig oder anhand von Kriterien bewusst gebildeten Paaren stellen sich die Teilnehmer im ersten Schritt gegenseitig ihre Rollenkuchen vor. Es geht hier nicht um Wertung, sondern ausschließlich um die Unterschiedsbildung. Verständnisfragen oder Fragen nach emotionalen Befindlichkeiten sind für den Prozess durchaus förderlich. In einem zweiten Schritt diskutieren die Teilnehmer die Bedeutung des jetzigen und des perspektivisch gewünschten Rollenkuchens, überprüfen hier kurz die Realitätsnähe und sprechen über möglicherweise geeignete Maßnahmen.

Kommentar Um unser Leben und Arbeiten effektiv zu gestalten und mit Lebensqualität zu versehen, müssen wir alle Rollen mit den entsprechenden
Denk-, Fühl- und Verhaltensmustern füllen können und darüber hinaus
in der Lage sein, im rechten Moment aus einer Rolle in eine andere
überzuwechseln. Für diese Rollenwechsel haben wir manchmal nur Se-
kundenbruchteile Zeit, weil Rollen durchaus parallel gespielt werden.
Die Reflexion dieses Systems, bezogen auf die eigene Rolle als Berater
oder Coach, ist im Rahmen einer Ausbildung ein wichtiger Bestandteil.
Zum anderen ist es wichtig, in Coachings das gelebte Rollenkonzept
des Kunden praxisnah zu reflektieren. Ein gutes Organisationsver-
ständnis zur Klärung z.B. der Rolle der Führungskraft ist hier von
großer Bedeutung. Um die vielfältigen Rollen in der Organisations-,
Professions- und Privatwelt erfolgreich zu gestalten, bedarf es eines
ökonomischen Umgangs mit persönlichen Ressourcen, wie z.B. Zeit,
Aufmerksamkeit und seelischer Energie.

Quellen Schmid, B; Caspari, S.: Das Drei-Welten-Modell der Persönlichkeit. Institut für systemische Beratung Studienschriften: Nr. 074. (www.isb-w.de)
Diese Reflexionsübung wurde von dem Lehrtrainer Joachim Hipp entwickelt und ist am ISB fester Bestandteil des Curriculums.

Schlagworte Drei-Welten-Modell, soziale Rollen, Rollenkonzept, Rollenklarheit, Rollenkompetenz, Rollenstabilität, Rollenflexibilität, Rollenerwartungen,
Rollenkonflikte

Trainingsdesign

▶ 60 Minuten

1.	10 Min.	**Anmoderation im Plenum** Vorstellen des Drei-Welten-Modells und Verteilen der Arbeitsblätter.
2.	20 Min.	**Einzelarbeit** Jeder Teilnehmer definiert die prozentualen Zeitanteile für seine verschiedenen Rollen in einer typischen Woche.
3.	30 Min.	**Arbeit in Zweiergruppen** In Partnerarbeit stellen sich die Teilnehmer gegenseitig ihre Rollenkuchen vor. Anschließend wird darüber diskutiert.

Handout

1. Denke an die letzte Woche (Monat): Welche verschiedenen Rollen nimmst Du in den verschiedenen Welten ein? (evtl. Schlüsselrollen und Unterrollen).

   Beispiele für Rollen
   - Organisationswelt: Projektmitglied, Geschäftsführerin, Mitarbeiterin
   - Professionswelt: Psychologin, Bankkauffrau, Finanzmanagerin, Mitarbeitercoach, Weiterbildungsteilnehmerin
   - Privatwelt: Mutter, Vorsitzende im Ortsverband der Grünen, Gymnastiktrainerin, Freundin, Schwester, Teilnehmerin eines Fremdsprachenkurses, politische, religiöse Betätigung etc.

2. Schreibe die Rollen auf. Wie viele Stunden widmest Du jeder Rolle im Durchschnitt pro Woche?

3. Zeichne in einen Kreis den prozentualen Anteil ein, den diese Rolle pro Woche zeitlich einnimmt. Zähle dazu alle Stunden zusammen, dividiere den Anteil der einzelnen Rolle durch die Gesamtstunden und multipliziere mit 100 (= Anteil in Prozent)
   Beispiel
   Freundin 10 Std. x 100 = 20% (ungefähr rechnen reicht)
   → Gesamt 50 Std.

4. Reflektiert still zu folgenden Fragen:
   - Womit im Rollenkuchen bin ich zufrieden, womit unzufrieden? Welche Anteile sollen größer oder kleiner werden?
   - Welche Rollen fülle ich gut aus, wo lerne ich noch?
   - Wie soll der Rollenkuchen in ein oder zwei Jahren aussehen?

5. Bildet Paare und vergleicht Eure Rollenkuchen:
   - Welche Unterschiede und Gemeinsamkeiten der Rollen und Energieanteile fallen Euch auf?
   - Was bedeuten diese bezogen auf Eure Lebensentwürfe?

Beispiel eines Rollenkuchens

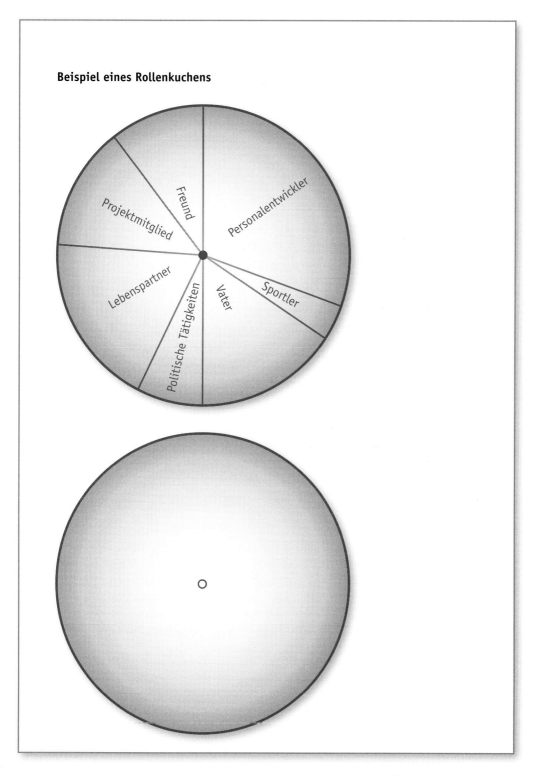

Arbeiten mit analogen Techniken

– Metaphern und Analogien wirkungsvoll einsetzen
Jutta Kreyenberg

> ▶ Kenntnisstand der Teilnehmer: erste Coachingerfahrungen
> ▶ Dauer: 60 Minuten

Kurzbeschreibung

Die Arbeit mit analogen Techniken (Metaphern, Geschichten, Vergleichen, Bildern etc.) im Coaching bietet oft neben digital-systematischen Vorgehensweisen eine neue (rechtshemisphärische) Zugangsweise zu den Fragestellungen des Klienten. Der Coach lernt in dieser Übung mögliche Vorgehensweisen in der Arbeit mit Metaphern und Analogien.

Setting

Die Übung wird in Kleingruppen à drei bis sechs Personen durchgeführt. Dabei gibt es einen Klienten, der ein Anliegen oder Problem mitbringt, sowie zwei bis drei Coachs und einen bis zwei Beobachter. Die Coachs haben die Aufgabe, möglichst viele Metaphern anzubieten.

Gründe für das Tool

Das Denken, Fühlen und Verhalten eines Menschen wird nicht nur durch digitale, logische und bewusste Konzepte bestimmt, sondern darüber hinaus durch bildhafte, subjektive, emotionale, ganzheitliche und im Normalfall nicht bewusste Prozesse. Wenn Coaching erfolgreich sein soll, ist es sinnvoll, beide Bereiche und damit möglichst viele Ressourcen für Bewältigungs- und Lösungsprozesse zu nutzen. Eingesetzt werden kann das Tool in der Weiterbildung

- ▶ wenn es darum geht, verschiedene Interventionsstrategien und -methoden zu beleuchten,
- ▶ zur spielerischen Erweiterung des Interventionsrepertoires,
- ▶ zur Aktivierung nach Theorie-Input-Phasen.

Der Nutzen für die Teilnehmer besteht in folgenden Faktoren:

▶ die eigene Kompetenz im Hören, Entdecken und Erfinden von prägnanten lösungsorientierten Metaphern und Analogien weiterzuentwickeln,

▶ die Wirkung von analogen Methoden (Metaphern, Geschichten, Vergleichen) erleben,

▶ mit analogen Methoden üben, neue Perspektiven zu eröffnen und Erkenntnisse über komplexe Zusammenhänge herbeizuführen,

▶ andere Zugangsweisen zu Problemen zu finden und dadurch Gewohnheitsmuster zu durchbrechen,

▶ positive Metaphern, Geschichten und Vergleiche so einzusetzen, dass sie eine lösungsorientierte Wirklichkeitskonstruktion verankern.

Das Tool erfordert nicht viel Vorbereitung in Form eines theoretischen Inputs. Die Lehrtrainerin erläutert zu Beginn kurz das Setting und die o.g. Zielsetzung. Dann erfolgt die Übung in folgenden Schritten:

Ausführliche Beschreibung

1. Gruppenbildung

Ein Klient und jeweils mehrere Coachs bzw. Beobachter. Es können auch Coach- und Beobachterrollen von den gleichen Personen nacheinander übernommen werden.

2. Schilderung des Anliegens

Der Klient berichtet über ein Anliegen, ein Problem, eine Fragestellung. Coachs und Beobachter schweigen und hören gut zu, welche Bilder der Klient ihnen anbietet. Sie spüren nach, welche Bilder, Vergleiche etc. in ihnen selbst auftauchen.

3. Schweigen

Die Beteiligten schließen kurz die Augen, fühlen in sich hinein und lassen das Gesagte in sich nachwirken. Sie spüren nach, welche Ideen und Assoziationen für Metaphern und Geschichten ihnen kommen.

4. Analogien und Metaphern

Der/die Coachs suchen nach Metaphern, Analogien oder Geschichten. Quellen dafür können z.B. sein: Assoziationen zu Spielen, Filmen, Büchern, Geschichten, Märchen, Gleichnissen, Sprichwörtern, Theaterszenen, Kunstwerken oder Anekdoten.

5. Anbieten von Metaphern/Analogien

Nacheinander teilen die Coachs ihre Metaphern mit. Dabei achten sie während der Erzählung auf Reaktionen des Fallgebers und prüfen seine/ihre Zuhörbereitschaft, denn dem Klienten können Menge, Vielfalt und Geschwindigkeit der Beiträge zu viel werden.

6. Auswertung

Abschließend erfolgt ein Feedback der Beobachter und eine Reflexion über:
► Welche Metaphern waren hilfreich?
► Wodurch haben sie beim Klienten positiv gewirkt?
► Was war ungünstig?
► Welche Schlussfolgerungen ziehen wir für die Arbeit mit
► Metaphern und Analogien?

7. Austausch über Lernerfahrungen

Austausch im Plenum und Input des Lehrtrainers anhand der Checkliste: „Hinweise für die Arbeit mit Metaphern im Coaching".

Checkliste

Hinweise für die Arbeit mit Metaphern im Coaching
► Metaphern, Bilder und Geschichten des Klienten aufgreifen.
► Aufmerksam sein für die emotionale Resonanz auf angebotene Metaphern.
► Bedeutung und Weiterentwicklung der Metaphern erfragen.
► Die in den Problembildern versteckten Lösungsbilder weiterentwickeln oder Lösungsbilder erfragen.
► Metaphern sind am Ende einer Sitzung oder am Ende des Coachings hilfreich für die Verankerung.
► Metaphern am Ende eines Coachings können als weiterwirkende Rituale eingesetzt werden, z.B. kleine Figuren, ein Bild, eine Moderationskarte als „Merkzettel" für die begonnene Veränderung.
► Metaphern müssen nicht abgeschlossen werden. Sie wirken oft erst später weiter, wie offene Gestalten: „Don´t push the river, it flows by itself."

Kommentar   Dieses Tool kann sehr gut zum Beginn der Arbeit mit analogen Techniken eingesetzt werden, da es für die Wahrnehmung und Aufmerksamkeit bezüglich unbewusster Potenziale sensibilisiert. Weiterführende analoge Tools wie z.B. Aufstellungsarbeit, Bilder malen etc. bauen oft darauf auf.

Hinweise auf diese Übung finden sich in Tietze, K.-O.: Kollegiale Be- *Quellen*
ratung. Problemlösungen gemeinsam entwickeln. Reinbeck: Rowohlt
2003, 6. Auflage. Auch in John, R.: Ein Bild sagt mehr als tausend Worte. Verlag Ursel Busch 1995, finden sich weiterführende Möglichkeiten,
mit Bildern zu arbeiten.

Arbeit mit Bildern, Metaphern, Analogien, Geschichten, Lösungsbilder, *Schlagworte*
Ressourcenorientierung, unbewusste Ressourcen, Ankern, Perspektiven
erweitern

Trainingsdesign

▶ 60 Minuten

1. **Plenum:** Gruppenbildung: Ein Klient und jeweils mehrere Coachs bzw. Beobachter. Es können auch Coach und Beobachterrollen von den gleichen Personen nacheinander übernommen werden.

2. 5–10 Min. **Schilderung des Anliegens:** Der Klient berichtet über ein Anliegen, ein Problem, eine Fragestellung. Coachs und Beobachter schweigen und hören gut zu, welche Bilder der Klient ihnen anbietet. Sie spüren nach, welche Bilder, Vergleiche etc. in ihnen selbst auftauchen.

3. 2 Min. **Schweigen:** Die Beteiligten schließen kurz die Augen, fühlen in sich hinein und lassen das Gesagte in sich nachwirken. Sie spüren nach, welche Ideen und Assoziationen für Metaphern und Geschichten ihnen kommen.

4. 10 Min. **Analogien und Metaphern:** Der/die Coachs suchen nach Metaphern, Analogien, Geschichten. Quellen dafür können z.B. sein: Assoziationen zu Spielen, Filmen, Büchern, Geschichten, Werken der Literatur, Märchen, Gleichnissen, Sprichwörtern, Theaterszenen, Kunstwerken oder Anekdoten.

5. 10–15 Min. **Anbieten von Metaphern/Analogien:** Nacheinander teilen die Coachs ihre Metaphern mit. Dabei achten sie während der Erzählung auf Reaktionen des Fallgebers und prüfen dessen Zuhörbereitschaft, denn diesem können Menge, Vielfalt und Geschwindigkeit der Beiträge zu viel werden.

6. | 10 Min. | **Auswertung:** Abschließend erfolgt ein Feedback der Beobachter und eine Reflexion über:
- ▶ Welche Metaphern waren hilfreich?
- ▶ Wodurch haben sie beim Klienten positiv gewirkt?
- ▶ Was war ungünstig?
- ▶ Welche Schlussfolgerungen ziehen wir für die Arbeit mit Metaphern und Analogien?

7. | 10 Min. | Austausch über Lernerfahrungen im Plenum und Input des Lehrtrainers.

▶ Die Checkliste erhalten Sie als vorbereitetes Handout unter den Online-Ressourcen.

Theatermetapher

– Sechs Scheinwerfer auf eine Probleminszenierung
Oliver König

> ▶ Kenntnisstand der Teilnehmer: Fortgeschrittene
> ▶ Dauer: 60 Minuten

Kurzbeschreibung

Die Theatermetapher verwendet die Elemente des Theaters. Sie wird zur Exploration der Fallgeber-Situation eingesetzt. Teilnehmer befragen den Fallgeber im Plenum anhand der Theatermetapher und erarbeiten gemeinsam die unterschiedlichen Ebenen eines Problems. Der Fallgeber kann sich intensiv mit seiner Situation auseinandersetzen. Die fragenden Coachs können ihre Fragetechnik unter einer speziellen Perspektive verfeinern und ihr Repertoire an Fragen zur Ortsbegehung erhöhen.

Setting

Die Theatermetapher ist für alle Formen von Inszenierungen anwendbar, an denen mehrere Personen beteiligt sind. Durch die Formulierung einer Metapher ist es für den Coach sprachlich leicht möglich, an die Beschreibung des Klienten anzuknüpfen und ein Gefühl für die Art der Inszenierung zu bekommen. In diesem Tool gibt es einen Fallgeber, sechs fragende Teilnehmer und den Lehrtrainer, der das Coaching leitet. Der Lehrtrainer gibt den Rahmen vor und die Fragenden explorieren anhand ihrer ausgesuchten Perspektive den Fall des Fallgebers. Zu Beginn muss klar sein, dass keine komplette Beratungssequenz mit dem Fallgeber inszeniert werden kann. Das Tool soll eine mögliche Verwendungsweise demonstrieren und das Verständnis für den Einsatz der Theatermetapher vertiefen.

Gründe für das Tool

Das Tool trainiert die Teilnehmer in ihrer Problemdiagnose-Kompetenz und in ihrer Fantasie. Es eignet sich besonders für die Anfangsphase von Weiterbildungen, in denen die Teilnehmer sich fit machen in der

Bernd Schmid, Oliver König (Hrsg.): Train the Coach: Methoden

Klärung eines Auftrags. Das kann sowohl im Führungsalltag wie auch in der Organisationsentwicklung, im Coaching oder der Teamentwicklung vorkommen. Themen können sein: OE- und Zusammenarbeitsfragen, organisationale Prozesse und individuelle Dynamiken. Durch die bildhaften Elemente des Theaters können komplexe Prozesse spielerisch dargestellt werden.

Die Elemente des Theaters sind:

▶ Das Thema
▶ Die Story
▶ Die Bühne
▶ Der Stil
▶ Die Rollen
▶ Alle Elemente zusammen ergeben das Stück

Durch die individuelle Wortwahl des Klienten ergibt sich ein einzigartiges Bild der Praxissituation. So kann die Theatermetapher auch in weiteren Übungssettings, wie z.B. der Lösungsfindung, eingesetzt werden. Die bildhafte Sprache lädt zum Finden eigener Bilder ein. Das schöpferische Arbeiten kann dazu beitragen, dass der Coach mehr Dimensionen und Qualitäten der Klientensituation erfährt, als wenn er nur die üblichen Daten (Struktur, Prozesse, Kultur) abfragt. Eine Befragung des Klienten anhand der unterschiedlichen Elemente der Theatermetapher kann dem Coach als Leitfaden dienen. Für die Teilnehmer soll die Vielfältigkeit in der Anwendung der Theatermetapher demonstriert werden. Durch die Arbeit im Plenum sind alle Teilnehmer auf den Fall konzentriert und in das Geschehen eingebunden.

Die Theatermetapher wird durch den Lehrtrainer im Plenum vorgestellt und das weitere Vorgehen wird gerahmt. Die Einführung der Theatermetapher durch den Lehrtrainer kann sich an folgenden Punkten orientieren: Die Metapher des Theaters kann in vielfältiger Weise dazu verwendet werden, gedankliche Raster und Orientierung für die Arbeit in Organisationen auszubilden. Sie liefert eine Vorstellung von der Komplexität und den Gestaltungsaufgaben, mit denen Professionelle konfrontiert werden, wenn sie schöpferisch tätig sein wollen und stimuliert Ideen, welche Zusammenhänge dabei beachtet werden müssen. Jeder Prozess kann etwa als ein Stück beschrieben werden, das auf der Bühne inszeniert werden will. Bei dieser Inszenierung können folgende Fragen bedeutsam sein:

Ausführliche Beschreibung

▶ Wer übernimmt die Regie und die Verantwortung für die Art der Inszenierung?
▶ Gibt es ein Drehbuch, das den Schauspielern ihre Rollen und Beiträge zuschreibt?

- ▶ Hat das Theater genügend Ressourcen (Schauspieler, Inventar, Geld), um das Stück auf die Bühne zu bringen?
- ▶ Ist der Intendant bereit, die vorhandenen Ressourcen für dieses Stück auszugeben?
- ▶ Sind die Schauspieler genügend gut qualifiziert, um ihre Rollen zu spielen? Sind sie dafür motiviert?
- ▶ Wie können die unterschiedlichen Inszenierungsebenen (Bühnenbild, Musik, Lichteffekte, Schauspieler) so miteinander kombiniert werden, dass sie sich ergänzen und wie kann dieses Zusammenspiel gesichert werden?

Die Metapher macht deutlich, dass die Wirklichkeit, die auf der Bühne zum Leben erweckt wird, von dem Zusammenspiel und den Beiträgen der unterschiedlichen Rollenträger abhängig ist und welcher Abstimmungs- und Steuerungsbedarf dafür notwendig ist. Sie illustriert auch die Idee, dass das Stück so, aber auch ganz anders gespielt werden könnte. Je nachdem zu welchem Inszenierungsstil Regisseur oder Schauspieler neigen (Tragödie, Komödie ...). In jedem Fall muss jedoch eine Inszenierungslinie entwickelt, beibehalten und in allen Komponenten verwirklicht werden, wenn eine stimmige Aufführung gelingen soll. So können Coachs einiges an Inszenierungs-Know-how aus dem Bereich des Theaters für ihre Gestaltung professioneller Situationen nützen.

Der Trainer teilt das Handout aus und bespricht die Theatermetapher anhand einer selbst erlebten Klientensituation, in der alle Perspektiven der Theatermetapher deutlich werden. Anhand des Trainingsdesigns wird das Drehbuch für die Übung besprochen. Für die Suche des Fallgebers ist es wichtig, zu betonen, dass keine vollständige Beratung erfolgen wird, sondern mit der Theatermetapher eine Art Standortbestimmung gemacht wird, die dann zur Fokussierung in einer längeren Fallarbeit dienen kann. Die Fragenden ordnen sich den sechs unterschiedlichen Perspektiven zu und beginnen mit der Befragung. Dabei kann der Trainer die Fragenden unterstützen, indem er darauf achtet, dass sie den passenden Fokus behalten und hilfreiche Fragen formulieren.

Nach der Befragung formuliert der Lehrtrainer die Situation des Fallgebers aus seiner Sicht und fasst alle Perspektiven zu einem Gesamtbild in der Theatermetapher zusammen. Dabei formuliert er keine „so ist es"-Situation, sondern überprüft seine Beschreibung gemeinsam mit dem Fallgeber. Die Reflexion des Prozesses im Interviewteam dient dem Zusammentragen der positiven Erlebnisse und Hürden im Prozess. Hier steht die persönliche Erfahrung des Fallgebers im Vordergrund. Bei der

Rückmeldung der Beobachter im Plenum kann sowohl das Vorgehen der Fragenden, die Situation des Klienten, der Einsatz der Theatermetapher wie auch der Prozess der Übung Thema sein.

Oftmals schließt sich an diese Übung die Überlegung der Teilnehmer an: Wie kann ich die Theatermetapher in meinem beruflichen Alltag nutzen? Dabei bietet sich ein Dialog in Zweierteams an. Jeder hat zehn Minuten Zeit, über einen Transfer der Theatermetapher zu sprechen. Der Partner hört aufmerksam zu, fragt interessiert nach und hält den Redefluss des Sprechenden am Laufen. So hat jeder Teilnehmer die Möglichkeit, individuell über einen Einsatz der Theatermetapher nachzudenken.

Kommentar

Das Tool ist leicht anwendbar, denn jede Situation eines Fallgebers ist neu und individuell. So wird für die Teilnehmer deutlich, dass jeder gemeinsame Prozess zwischen Auftragnehmer und Auftraggeber eine neue ko-kreative Begegnung ist. Durch die Metapher entstehen schöne Bilder, die dem Fallgeber und den anderen Teilnehmern lange in Erinnerung bleiben. Die intensive Befragung im Plenum hat Mehrwert für den Fallgeber und bietet den anderen Teilnehmern die Möglichkeit, anhand des Fallgeberbeispiels für ihre eigenen Themen zu lernen.

Quellen

▶ Schmid, B.: Die Theatermetapher in der Praxis, 2004.
  Im Internet: www.systemische-professionalitaet.de/isbweb/component/option,com_docman/task,doc_download/gid,535/
▶ Schmid, B.: Sinnstiftende Hintergrundbildung und die Theatermetapher im Coaching, 2005.
  Im Internet: www.systemische-professionalitaet.de/isbweb/component/option,com_docman/task,doc_download/gid,557/
▶ Schmid, B.; Wengel, K.: Die Theatermetapher. Perspektiven für Coaching, Personal- und Organisationsentwicklung, 2000.
  Im Internet: www.systemische-professionalitaet.de/isbweb/component/option,com_docman/task,doc_download/gid,439/
▶ Schmid, B.: Die Theatermetapher, 2009.
  Im Internet: www.systemische-professionalitaet.de/isbweb/component/option,com_docman/task,doc_download/gid,1469/

Schlagworte

Theatermetapher, Bilder, Metaphern, Standortbestimmung, Probleminszenierung, Scheinwerfer, Bühne, Rolle, Story, Inszenierung, Inszenierungsstil, Thema, Stück, Fallarbeit, Plenumsarbeit

Trainingsdesign

► Fallgeber: A
► Interviewerteam: B, C, D, E, F, G

| 1. | 30 Min. | Nacheinander befragen B–G den Fallgeber A: |

  ► (B) Um welches Thema geht es?
  ► (C) Wie ist die Story dahinter?
  ► (D) Auf welchen Bühnen spielst Du?
  ► (E) Welcher Inszenierungsstil ist zu erkennen?
  ► (F) Welche Rollen besetzt Du?
  ► (G) Welches Stück wird gerade inszeniert?

| 2. | 10 Min. | Zusammenfassung und Abrundung durch den Lehrtrainer. |

| 3. | 10 Min. | Reflexion des Prozesses im Interviewerteam. |

| 4. | 10 Min. | Rückmeldung von den Beobachtern im Plenum. |

Handout

Perspektiven der Theatermetapher

▶ Die Theatermetapher bietet viele Unterscheidungen, die hilfreich sein können, um die Situation des Kunden zu beschreiben. In unserer Praxis haben sich folgende Ebenen als nützlich erwiesen:

- Das **Thema**, die Überschrift, die man der Situation geben könnte.
- Die **Story**, die unter dieser Überschrift erzählt wird.
- Die **Bühne**, auf der das Stück aufgeführt wird.
- Der **Inszenierungsstil**, in dem das Stück inszeniert ist, als Ausdruck der Unternehmenskultur.
- Die **Rollen**, die in dem Stück gespielt werden (einschließlich der Beziehungen, die diesen Rollen entsprechen).
- Alle Elemente der Situation und der Geschehnisse werden das **Stück** genannt.

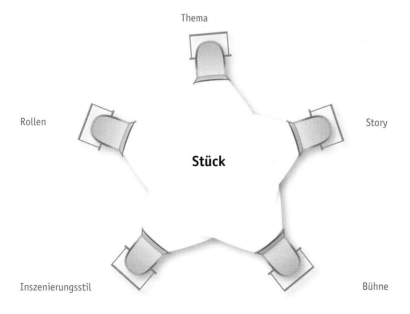

Die Dialogmethode nach David Bohm

– Der Weisheit in mir und anderen neu-gierig lauschen lernen
Dr. Cornelia von Velasco

> ▶ Kenntnisstand der Teilnehmer: Fortgeschrittene
> ▶ Dauer: 60 Minuten

Kurzbeschreibung

Das Tool ist eine Kommunikationsform in Gruppen, die der amerikanische jüdische Physikprofessor David Bohm (1917–1992) in seiner letzten Schaffensperiode in England als Gruppenverfahren entwickelte. Sie wurde am MIT („Massachusetts Institute of Technology") für Themen der „lernenden Organisation" (u.a. von Peter Senge) weiterentwickelt und wird heute im Unternehmenskontext bei Veränderungsprozessen, strategischen Entscheidungen und Führungsgesprächen eingesetzt. Diese Methode hat nur wenige Spielregeln. Entscheidend sind die Haltung und dialogische Schlüsselqualitäten, die sich trainieren lassen.

Setting

Das Tool eignet sich für kleine und größere Gruppen (bis ca. 25 Leute). Da es stark auf die Selbstwahrnehmung und Selbststeuerung der Teilnehmer setzt und diese mit nur wenigen methodischen Hilfen schult, ist es ein sehr anspruchsvolles Tool. Es bedarf einer guten Anmoderation und Auswertung.

Gründe für das Tool

Das Tool kann in der Weiterbildung zu verschiedenen Zeitpunkten immer wieder eingesetzt werden, um systemische Grundhaltungen zu üben. Zu Beginn und in der Auswertung ist es wichtig, auf den Unterschied zur gewohnten Alltagshaltung und auf den immensen Lern- und Übungsbedarf hinzuweisen, um Irritation und Frustration im Erleben dieses Tools als einen für das Lernen einer neuen Haltung notwendigen und produktiven Schritt zu erkennen.

Bernd Schmid, Oliver König (Hrsg.): Train the Coach: Methoden

Dieses Tool fördert die Teilnehmer in der Ausbildung folgender, für professionelles Coaching grundlegender Kompetenzen:

▶ Sich selbst entschleunigen und defokussieren

▶ Sich selbst beim Denken zuschauen (eine Meta-Position sich selbst gegenüber einnehmen)

▶ Gesprächspartnern wertschätzend und erkundend zuhören

▶ Eigene Statements in erkundende Fragen umformulieren

▶ Sich auf Gespräche und Prozesse offen und interessiert für Überraschungen und Neues einlassen

▶ In der Auseinandersetzung mit vertrauten Wegen und dem Ringen um Neues schnellen Ergebnissen und Lösungen entsagen, Übergänge aushalten und auf die schöpferische Kraft des Lebens vertrauen

▶ Im Teamcoaching die Vielfalt von Persönlichkeiten, Kompetenzen, Begabungen und Ideen einer Gruppe zu einem Thema oder zum Umgang miteinander konstruktiv und kreativ nutzen

Anmoderation

Die Zielrichtung der Methode, ihre Infrastruktur und Spielregeln sowie die dialogischen Haltungen werden anhand des Handouts (S. 202 ff. und online) vom Trainer erläutert. Ferner wird Irritation und Frustration als wichtige Lernerfahrung bei Haltungsveränderung gerahmt und Neugier auf eigene Erfahrungen geweckt. Falls es ein Thema für den Dialog gibt, schreibt der Trainer dieses für alle gut sichtbar auf das Flipchart.

Ausführliche Beschreibung

Dialogrunde

Der Trainer startet den Dialog, indem er den Redestab bzw. Redestein in die Mitte des Kreises legt und er beendet die Runde nach 30 Minuten. Ansonsten hat er keine Moderationsaufgaben und nimmt gleichberechtigt am Dialog gemäß den Spielregeln teil. Diese stehen für alle sichtbar auf Flipcharts an den Wänden.

Auswertungsrunde

Hier übernimmt der Trainer wieder die Moderation. Es wird ausschließlich über den Prozess (nicht mehr über das Thema) gesprochen. Erfahrungen während des Prozesses und Einsichten werden ausgetauscht und besprochen.

Dieses Tool hat mich am Anfang extrem irritiert nach dem Motto: Was soll daran eine Methode sein? Und: Wozu braucht es hier überhaupt einen Moderator? Allerdings ist meine Freude und Fähigkeit, dieses

Kommentar

Tool in der Weiterbildung zu nutzen, exponenziell über die Jahre mit meiner eigenen systemischen Grundhaltung gewachsen.

Ich habe es erfolgreich als Türöffner für den Austausch zum Thema Generationendialog in der Senior-Coachingausbildung eingesetzt, zumal die Entwicklung dialogischer Fähigkeiten zu den Entwicklungs-herausforderungen des höheren Erwachsenenalters gehören. Ferner für das Führungscoaching zum Thema Kritik und Weiterentwicklung von Feedback-Kultur.

Quellen   Wesentliche Anregungen für die Beschreibung und das Verständnis dieses Tools verdanke ich neben der Auswertung eigener Erfahrungen einem Vortrag von Christine Geiser: „Der Dialog nach David Bohm. Eine Einführung", Universität Zürich 2000, sowie dem Erleben von Dialogen im Lehrtrainerkreis, die von den von mir hoch geschätzten Lehrtrainer-kollegen Katja Wengel und Markus Schwemmle angeleitet wurden.

▶ Vgl. ferner Bohm, D.: Der Dialog. Das offene Gespräch am Ende der Diskussionen. Stuttgart: Klett-Cotta 1998.

Schlagworte   Dialog, systemische Grundhaltung, Kreativität, Innovation, Zuhören, Gruppenmethode, Veränderung, Wandel, Übergänge, Einstellung, Wahr-nehmen, Neugier, offene Prozesse, Führung, Teamentwicklung, Kon-fliktmoderation

Trainingsdesign

▶ 60 Minuten

1.   15 Min.   Anmoderation.

2.   30 Min.   Dialogrunde.

3.   15 Min.   Auswertung.

Handout

Die Dialogmethode nach David Bohm

Was ist das?

Sie ist eine Kommunikationsform in Gruppen, die der amerikanische jüdische Physikprofessor David Bohm (1917–1992) als Gruppenverfahren entwickelt hat. Sie wurde am MIT („Massachusetts Institute of Technology") für Themen der „lernenden Organisation" (u.a. Peter Senge) weiterentwickelt und wird heute im Unternehmenskontext bei Veränderungsprozessen, strategischen Entscheidungen und Führungsgesprächen eingesetzt. Diese Methode hat nur einige wenige Spielregeln. Entscheidend sind die Haltung und dialogische Schlüsselqualitäten, die sich trainieren lassen.

Zielsetzung

David Bohm störte an der üblichen Gesprächs- und Diskussionskultur in Wissenschaft und Politik sehr, dass man nicht wirklich zuhört und wenn einer zu sprechen anfängt, der andere sofort mit einer Gegenrede beginnt. Bei dieser Art von Austauschbeziehung lernt man als Einzelner und als Gruppe nichts und kommt nicht wirklich weiter.

Sein Ziel war es, hier etwas zu ändern und über das Dialog-Verfahren eine Gesprächskultur zu inszenieren, in der eine Gruppe von Menschen gemeinsam denkt und etwas entwickelt. Im Unterschied zur Alltagssprache versteht Bohm „Dialog" (vom griechischen Dia = durch und logos = Wort) als „freien Sinnfluss, der unter uns, durch uns hindurch und zwischen uns fließt". Dabei geht es ihm um Teilhaben, Sich beteiligen und Miteinander denken.

Infrastruktur und Spielregeln

▶ Zu Beginn: Vereinbarung über Ort, Zweck und Dauer des Dialogs („Container")
▶ Sitzen im geschlossenen Kreis als Ausdruck der Gleichheit: Rollen und Status-Eigenschaften der Teilnehmer sind für die Dauer des Dialogs aufgehoben. Jeder verantwortet und steuert mit.

▶ Keine Tagesordnung und Sitzungsleitung. Ein Dialog muss nicht nützlich sein! Jede Vorstellung von Nutzen basiert auf Annahmen, was nützlich ist und was nicht und schließt von vorneherein eine Offenheit gegenüber unbekannten Ergebnissen aus.

▶ Der „Redestab" ist in der Mitte. Er setzt den Fokus für die Aufmerksamkeit. Nur die Person, die den Redestab in der Hand hält, spricht. Und sie nimmt sich die Zeit, die sie benötigt, um sich auszudrücken.

▶ In der Einführung wird auf die Haltungen hingewiesen, die für den Dialog wesentlich sind.

▶ Es kann ein Fokus gesetzt werden. Es kann aber auch der Gruppe überlassen werden, den Fokus zu bilden. So können, vor allem wenn der Dialog im Rahmen eines Prozesses eingesetzt wird, Themen zum Ausdruck kommen, die für die weitere Prozesssteuerung wesentlich sein können.

Empfehlungen

▶ Für Schnelldenker: Ein bisschen länger zu warten, bis sie den Redestab holen, damit Langsamere auch die Gelegenheit bekommen, zu reden.

▶ Man muss nichts sagen, man kann auch zuhören.

▶ Aber nur, wer (innerlich) teilnimmt, hat etwas vom Dialog. Reine Beobachtung bringt einen selbst und die anderen nicht weiter.

▶ Man kann sich auch darin beobachten, gesprochen zu werden: Das hätte ich auch gerne gesagt. Ich muss es jetzt aber gar nicht nochmals sagen.

▶ Auch Meta-Kommunikation ist im Dialog erlaubt.

▶ Wenn jemand etwas beobachtet und was zum Prozess sagen will, warum nicht!

▶ Es ist nichts nicht erlaubt.

▶ Es gibt kein Richtig oder Falsch, solange wir uns in einer erkundenden Haltung (uns und anderen gegenüber) üben.

▶ Man muss sich nicht auf den Vorredner beziehen und zwanghaft schauen, „wie baue ich zu meinem Vorredner eine Brücke".

▶ Wir sagen das, was für uns wichtig ist, und wie es sich verknüpft, darüber lassen wir uns überraschen.

Dialogische Haltungen

Sich wahrnehmen und eigene Annahmen erkunden

In mich hineinhören und zum Beobachter meines eigenen Denkens werden. Dazu muss ich verlangsamen, hinhören, hinschauen, hinspüren: Was ist alles da? Was finde ich in mir vor? Sätze, innerliche Bilder, Vorstellungen, Körperempfindungen, Gefühle, Stimmungen ...?

Wahrnehmen: Vielleicht gibt's ja mehrere Stimmen in mir. Was will ich jetzt eigentlich sagen und was sagt mir das über mich?

Es ist okay im Dialog, dass eine Zeitlang nichts gesagt wird, weil alle ihrem inneren Dialog lauschen oder ringen: Soll ich jetzt was sagen oder nicht? Zusätzlich zur Wahrnehmung ist als aktive Leistung im Dialog das „Suspendieren" gefordert. Damit meint Bohm: Wir verzichten darauf, das, was wir beim Zuhören unseres inneren Dialogs entdecken, anderen aufzunötigen. Wir unterdrücken es aber auch nicht. Wir lassen es sich entfalten, halten es in der Schwebe, „hängen es wie ein Netz vor uns auf" und formulieren es als offene Frage, die uns und auch andere einlädt, es neu anzuschauen, zu explorieren und weiterzuentwickeln.

Dem anderen zuhören und dessen Annahmen erforschen

Im Unterschied zu dem, was man üblicherweise als Zuhören missversteht – es ist meist defensiv oder strategisch und ein zutiefst egozentrischer Akt (*„People do not listen, they reload"*) –, geht es im Dialog darum: Während ich meine eigenen Überzeugungen und Annahmen in der Schwebe halte, höre ich denen der anderen zu, bemerke und suspendiere meine automatischen Reaktionen und schnellen Antworten, bin interessiert am Anderssein des anderen. Ich höre den Inhalten zu, aber auch den Pausen, der Stimmlage, dem Tonfall.

Bohm empfiehlt, der Person, die spricht, so zuzuhören, als sei sie sehr weise, mit der Bereitschaft, sich auf das Gesagte einzulassen, und sich vom Gesagten beeinflussen zu lassen. Und ich achte auf meine innere Resonanz: Was macht das mit mir? Ziehe ich Schlüsse daraus? Kann ich da etwas daraus lernen? Kann ich etwas Gelerntes zur Verfügung stellen, damit andere daraus etwas lernen können? *„Die erste Bedingung zum Zuhören ist Mut, weil wir dann riskieren, selbst verändert zu werden"* (Carl Rogers). Dabei gilt im Dialog die Aufforderung, die Aufmerksamkeit weniger auf einzelne Personen, sondern eher in die Mitte und auf den gemeinsamen Prozess (das Gruppenganze) zu lenken, den Ball gleichsam weiter in Richtung Tor zu spielen, sodass man gemeinsam einen Schritt weiterkommt.

Achtsam sprechen

Generell gilt, dass es günstig ist, jede schnelle automatisierte Antwort zu suspendieren und in eine untersuchende Frage umzuwandeln. Dies nennt Bohm „Inquiry" (von inquaerere= im Inneren suchen): erkundendes Sprechen, fragen, herausfinden, aufrichtig wissen wollen, interessiert sein. Dialog in diesem Sinne heißt: Das, was im Inneren läuft, wahrzunehmen und zu erkunden und diesen inneren Suchprozess zu einem sinnvollen Zeitpunkt zu veröffentlichen.

Essentials der dialogischen Methode

Mehr lernen, weniger wissen!

Nutzen des Redestabs!

Zuhören: Was ist eigentlich für mich innerlich im Dialog,

und wie kann ich das veröffentlichen,

damit wir insgesamt mit einem Thema weiterkommen?

„Die Kunst des Dialogs besteht darin, dass man den Fluss der Bedeutung spürt und die eine Sache erkennt, die im gegebenen Moment gesagt werden muss."
(Peter Senge)

Vier Dimensionen des Tätigseins

– Ein Modell zur Work-Life-Balance
Dr. Christoph Schmidt-Lellek

▶ Kenntnisstand der Teilnehmer: Fortgeschrittene
▶ Dauer: ca. 80 Minuten

Kurzbeschreibung

Das Tool bietet ein Instrument für die Selbstreflexion zur „Work-Life-Balance" bzw. zur „Lebensbalance". Es basiert auf einem Konzept des Frankfurter Philosophen Martin Seel (1999), wonach gelingendes Leben vier Tätigkeitsdimensionen umfasst: (1) Arbeit, (2) Interaktion, (3) Spiel, (4) Betrachtung. Eine gelingende Lebensbalance setzt voraus, dass alle Dimensionen in irgendeiner Form verfügbar sind. Ein Fragenkatalog soll dazu anregen, die eigene Lebenspraxis zu überprüfen und gegebenenfalls zu modifizieren.

Setting

Das Tool eignet sich für die Arbeit in einem individuellen Coaching ebenso wie für Coachingfortbildungen in Gruppen in beliebiger Größe. Nach einer Einführung durch den Lehrtrainer im Plenum, in der das Konzept erläutert wird, befassen sich die Teilnehmer mit den einzelnen Fragen anhand des vorher ausgehändigten Handouts. Dann tauschen sie sich in Zweiergesprächen darüber aus. Ein abschließender Austausch in der Gesamtgruppe kann einer Meta-Reflexion dienen und ggf. typische Konfliktmuster erkennen lassen.

Gründe für das Tool

Das häufig thematisierte Problem einer „Work-Life-Balance" verlangt eine konkrete Handhabe, zwischen welchen Bereichen oder Tätigkeiten eine Balance herzustellen bzw. aufrechtzuerhalten ist. Da sich eine Balance entsprechend den persönlichen Interessen, Begabungen, Lebensumständen und Altersphasen sehr unterschiedlich gestalten kann, müssen dazu einerseits individuelle Lösungen gefunden werden, für

Bernd Schmid, Oliver König (Hrsg.): Train the Coach: Methoden

die aber andererseits allgemeine, überindividuelle Perspektiven hilfreich sein können. Es ist für Ausbildungsteilnehmer und für Coachees
gleichermaßen geeignet. Die durch das Tool angeregte Selbstreflexion
kann einem Burnout entgegenwirken und die Selbstsorge unterstützen
(vgl. Gussone & Schiepek 2000). Eine Burnout-Gefährdung liegt – sehr
allgemein betrachtet – im Verlust einer Balance, für die allerdings
vielfältige Parameter bedeutsam sein können: z.B. Sorge für andere vs.
Selbstsorge, Fremdbestimmung vs. Selbstbestimmung, Verkauf seiner
Arbeitskraft vs. Selbstverwirklichung, Geben vs. Nehmen, Anspannung
vs. Entspannung, Rollenidentifikation vs. Rollendistanz. Das hier dargestellte Tool, das eine Balance zwischen den verschiedenen Tätigkeitsdimensionen thematisiert, kann auch diese Aspekte implizieren.

1. Einführende Erläuterung

*Ausführliche
Beschreibung*

Gelingende Arbeit ist ein zentraler Aspekt gelingenden Lebens. Arbeit ist dabei nicht nur für den Lebensunterhalt erforderlich, sondern
unterstützt auch die Selbstentwicklung, die Sinnstiftung, das Selbstwertgefühl, eine Stabilisierung der gesellschaftlichen Rollen, die Strukturierung von Lebenszeit usw. Jedoch begegnen wir heute vielfach
einer „Pathologie des Arbeitens. Sie liegt darin, nichts anderes – nichts
anderes von Wert – zu kennen als Arbeit. Damit aber hebt sich der
Wert des Arbeitens für den Vollzug eines gelingenden Lebens auf" (Seel
1999, S. 149). Deshalb hat Seel (1999, S. 139–170) vier verschiedene
„Dimensionen gelingender menschlicher Praxis" beschrieben, von denen Arbeit nur eine ist. Dieses Konzept lässt sich als Leitlinie für eine
bewusste Gestaltung der Lebensvollzüge und auch als Modell für eine
gelingende Lebens-Balance heranziehen (eine ausführlichere Erörte-
rung: Schmidt-Lellek 2008, 2011):

1. **Arbeit:** Zielgerichtetes Handeln zum Erreichen äußerer Zwecke, die
   Behandlung eines Objekts durch ein Subjekt. Arbeit ist ein konsti-
   tutiver Bestandteil gelingenden Lebens; denn „wir eignen uns die
   Welt im arbeitenden Umgang an" (S. 147).
2. **Interaktion:** Umgang mit einem menschlichen Gegenüber, die Begegnung unter Subjekten. Hier geht es um den „Zugang zu einer
   Wirklichkeit, die nicht lediglich zu Zwecken der Aneignung da ist"
   (S. 150). Während wir uns in der Arbeit an der Wirklichkeit eines
   Gegenstandes abarbeiten, lassen wir uns hier auf die Wirklichkeit
   eines Gegenübers ein. Hierbei sind „dialogische" und „instrumentelle" Interaktionen zu unterscheiden; Letztere sind zweckgebun-
   den und in Arbeitskontexten vorherrschend.

3. **Spiel:** Tätigkeit ohne externen Zweck, ein vollzugsorientiertes Handeln, das seinen Zweck in sich selbst trägt. Im Spiel kann die Gegenwärtigkeit des eigenen Lebens stärker erfahrbar werden.
4. **Betrachtung, Kontemplation:** Interaktion mit einem Gegenstand ohne ein personales Gegenüber; auch dies ist primär vollzugsorientiertes Handeln. Betrachtung ist „ein selbstzweckhaft denkendes und anschauendes Verweilen" bei einem Gegenstand (S. 165).

Gelingendes, glückliches Leben bedeutet, eine Balance zwischen diesen Dimensionen zu finden oder sie immer wieder neu zu schaffen. Die Balance ist gefährdet, wenn eine oder mehrere Dimensionen fehlen oder unterentwickelt sind und wenn eine einzelne Dimension allzu sehr dominiert oder absolut gesetzt wird (wie z.B. beim Spielsüchtigen oder beim „Workaholic"), sodass der Wechsel zu anderen Tätigkeitsdimensionen erschwert oder verunmöglicht wird. Die Gewichtung der einzelnen Dimensionen kann individuell sehr unterschiedlich ausfallen: Sie wird sich an den persönlichen Lebensvorstellungen und Entscheidungen sowie an den jeweiligen situativen und altersmäßigen Kontextbedingungen orientieren. Aber alle Dimensionen sollten in irgendeiner Weise zugänglich sein und einen individuell passenden Raum im Lebensganzen einnehmen können, was wir (Buer & Schmidt-Lellek 2008) als Bestandteil eines „Life-Coachings" vorgestellt haben.

Die Tätigkeitsdimensionen können sich jedoch auch gegenseitig beeinflussen und sind nicht völlig voneinander abzugrenzen. So sind in Arbeitsbeziehungen auch dialogische (im Unterschied zu instrumentellen) Interaktionen möglich, wie z.B. in einem vertrauensvollen Mitarbeitergespräch oder in einem offenen kollegialen Austausch über ein gemeinsames Arbeitsprojekt. Sodann können während der Arbeit Augenblicke von „erfüllter Gegenwart" erlebt werden, die sonst den Dimensionen des nicht zweckgebundenen Spiels oder der Betrachtung zugeordnet werden: Ein ganz gegenwartsorientiertes Aufgehen im Tun („Flow-Erlebnis") kann dabei eine besondere Qualität eines Arbeitsprozesses und auch eines Arbeitsergebnisses bewirken. Oder der spielerische Umgang mit einem Gegenstand kann einen Forscher, Ingenieur oder Projektleiter in seiner Arbeit zu überraschenden Erkenntnissen und kreativen Schlussfolgerungen führen. So gesehen kann in jeder Situation eine Balance zwischen den verschiedenen Tätigkeitsdimensionen aufscheinen – und sei es nur momenthaft.

2. Fragen zu den „Dimensionen des Tätigseins"

Die in dem Handout aufgeführten Fragen sollen als Anregung dienen; vielleicht werden sich daraus weitere Fragen ergeben. Insgesamt können Sie überprüfen, ob Sie Ihre gewohnte Gewichtung verändern

sollten, wenn Sie etwa feststellen, dass eine Tätigkeitsdimension über-
bewertet oder eine andere unterentwickelt ist oder ganz fehlt oder
im Laufe des Lebens verloren gegangen ist. Oder Sie können Bereiche
Ihres Lebensalltags, die Sie wie selbstverständlich praktizieren, in ihrer
Bedeutung aber bisher nicht besonders beachtet haben, anders bewerten und dadurch bewusster in Ihr Lebenskonzept integrieren.

Das Modell der vier Tätigkeitsdimensionen kann dazu dienen, einen
inneren Abstand von den als selbstverständlich geltenden Betrachtungsweisen und Lebensgewohnheiten zu erlangen. Dieser Abstand
soll veränderte Wahrnehmungen und Bewertungen des Lebensalltags
ermöglichen – und vor allem den Blick auf das Lebensganze auswei-
ten. Eben dazu lohnt es sich, philosophische Konzepte heranzuziehen,
so wie z.B. Martin Seel in seinem „Versuch über die Form des Glücks"
innere und äußere Bedingungen für ein gelingendes Leben untersucht
hat. Das hier beschriebene Tool soll ein solches Konzept mit dem Fragenkatalog für die Coachingpraxis nutzbar machen.

Kommentar

▶ Buer, F.; Schmidt-Lellek, C.: Life-Coaching. Über Sinn, Glück und
Verantwortung in der Arbeit. Göttingen: Vandenhoeck & Ruprecht
2008.
▶ Gussone, B.; Schiepek, G.: Die „Sorge um sich". Burnout-Prävention
und Lebenskunst in helfenden Berufen. Tübingen: dgvt-Verlag
2000.
▶ Schmidt-Lellek, C.: Vier Dimensionen des Tätigseins. Ein heuris-
tisches Modell zur Work-Life-Balance. In: C. Schmidt-Lellek; A.
Schreyögg (Hrsg.): Praxeologie des Coaching (OSC Sonderheft 2,
S. 157–168). Wiesbaden: VS Verlag 2008. (abrufbar unter: www.
Schmidt-Lellek.de, Seite „Work-Life-Balance").
▶ Schmidt-Lellek, C.: Perspektiven des Lebensganzen. Die Lebens-
spanne und die Lebensbereiche im Life-Coaching. In: C. Schmidt-
Lellek; F. Buer (Hrsg.): Life-Coaching in der Praxis. Wie Coachs
umfassend beraten (S. 27-49). Göttingen: Vandenhoeck & Ruprecht
2011.
▶ Seel, M.: Versuch über die Form des Glücks. Studien zur Ethik.
Frankfurt/M.: Suhrkamp 1999.
▶ Ulich, E.; Wiese, B. S.: Life Domain Balance. Konzepte zur Verbesse-
rung der Lebensqualität. Wiesbaden: Gabler 2011.

Quellen

Work-Life-Balance, Lebensbalance, Selbstmanagement, Tätigkeitsdimensionen, Life-Coaching, Burnout-Prävention

Schlagworte

Trainingsdesign

1.   10 Min.   Erläuterungen zum Konzept durch den Seminarleiter.

2.   30 Min.   Individuelle Beschäftigung mit dem Fragenkatalog (als Handout zu verteilen).

3.   20 Min.   Austausch darüber in Zweiergesprächen.

4.   20 Min.   Abschließende Reflexion in der Gesamtgruppe.

Handout

Fragen zu den „Dimensionen des Tätigseins"

1.

Arbeit
- ▶ Wie weit passt meine berufliche Arbeit zu meinen Interessen, Neigungen und Fähigkeiten?
- ▶ Wie weit erlebe ich meine Berufsrolle als identitätsstiftend?
- ▶ Wie weit erlebe ich meine Arbeit als sinnvoll?
- ▶ Wie weit erlebe ich meine berufliche Arbeit als mühselig, langweilig, belastend, quälend, entfremdend, oder als lustvoll, interessant, befriedigend?
- ▶ Welche Anerkennung erhalte ich durch meine berufliche Arbeit (z.B. durch Kollegen, Vorgesetzte, Kunden, Geschäftspartner, Freunde)?
- ▶ Wie weit bin ich in meiner Arbeit selbstbestimmt?
- ▶ Wie weit erlebe ich meine berufliche Arbeit als erfolgreich (im Sinne eines Erreichens von inhaltlichen Zielen)?
- ▶ Wie erlebe ich andere Arbeitsbereiche (Hausarbeit, Erziehungsarbeit, Fortbildung)?
- ▶ Welche ehrenamtlichen Aktivitäten verfolge ich, und welchen Stellenwert haben diese in meinem Leben?
- ▶ Wie groß ist die Gefahr, dass meine berufliche Arbeit alle anderen Dimensionen dominiert, sodass diese kaum mehr gelebt werden können?
- ▶ Wie weit gelingt es mir, mich von der Arbeitswelt zu lösen und mich für die anderen Lebensdimensionen zu öffnen?
- ▶ Wie weit sind die anderen (z.B. spielerische oder dialogische) Tätigkeitsdimensionen auch in meinen Arbeitsvollzügen erfahrbar?

2.

Interaktion

▶ Welche Freunde habe ich, und welche Bedeutung haben sie für mich?

▶ Wie viel Zeit verbringe ich im Kontakt mit anderen Personen?

▶ Wie stabil und dauerhaft sind meine Beziehungen zu anderen (Familienangehörigen, Verwandten, Freunden, Berufskollegen)?

▶ Welche Aktivitäten unternehme ich, um mit anderen Menschen in Kontakt zu kommen?

▶ Wie weit kann ich mich anderen gegenüber öffnen und auf die Offenheit anderer antworten?

▶ Wie weit kann ich das Anderssein oder die Fremdheit anderer erkennen und anerkennen?

▶ Wie weit kann ich Gespräche, Diskussionen, Auseinandersetzungen mit anderen genießen und als Bereicherung erleben?

▶ In welchem Verhältnis stehen dialogische (selbstzweckhafte) und instrumentelle (zweckgebundene) Interaktionen mit anderen?

▶ Wie steht es mit der Möglichkeit des Alleinseins und des Rückzugs aus zwischenmenschlichen Kontakten?

▶ Wie weit sind die anderen Tätigkeitsdimensionen auch in meinen Interaktionen erfahrbar?

3.

Spiel

▶ Welche Freiräume gibt es in meinem Alltag für spielerische Aktivitäten („Qualitätszeit")?

▶ Welche Formen des Spielens haben für mich Vorrang (allein, Gesellschaftsspiele, Bewegungs- oder Kampfspiele, Computerspiele, ritualisierte oder spontane Spiele usw.)?

▶ Welche sportlichen Aktivitäten betreibe ich?

▶ Welche Bedeutung haben für mich künstlerische Aktivitäten, sei es aktiv oder rezeptiv (Theater, Kunst, Musik)?

▶ In welchen Formen habe ich in früheren Zeiten am ehesten einen „erfüllten Augenblick" erlebt, und wie ist es heute damit bestellt?

▶ Wie gelingt es mir, mich aus spielerischen Aktivitäten herauszulösen und mich wieder anderen Tätigkeitsdimensionen zu widmen?

▶ Wie weit können spielerische Zugänge zur Wirklichkeit und erfüllte Augenblicke auch in den anderen Tätigkeitsdimensionen erfahrbar werden und auf sie einwirken?

4.

Betrachtung, Kontemplation

▶ Welche Freiräume gibt es in meinem Alltag für Muße und Kontemplation?

▶ Welche Formen der Betrachtung oder Versenkung sind mir zugänglich oder haben für mich Vorrang (Betrachtung der Natur, von Kunstwerken, Hören von Musik, religiöse Betrachtung, wissenschaftliche oder philosophische Überlegungen usw.)?

▶ In welchen Formen habe ich in früheren Zeiten kontemplative Erfahrungen machen können, und wie ist es heute damit bestellt?

▶ Wie intensiv oder flüchtig sind meine kontemplativen Erfahrungen?

▶ Wie gelingt es mir, aus einer kontemplativen Versenkung zurückzufinden zu den vollbringenden und interaktiven Aufgaben des Alltags?

▶ Wie weit können kontemplative Zugänge auch in den anderen Tätigkeitsdimensionen erfahrbar werden und auf sie einwirken?

Konfliktressourcen

– *Konflikte als Ressource nutzen*
Dr. Michael Loebbert

> ▶ Kenntnisstand der Teilnehmer: Basiskompetenzen im Coaching
> ▶ Dauer: 90 Minuten

Kurzbeschreibung

Dieses Tool hilft, Konflikte in ihrem funktionalen Beitrag für persönliche und organisationale Entwicklung zu würdigen. Die Teilnehmenden werden mit Wahrnehmungsübungen in das Konfliktcoaching eingeführt. Sie lassen sich von der Coachinghaltung, Konflikte in erster Linie als Ressourcen für Entwicklung zu adressieren, irritieren und finden daraus eine eigene Vorstellung und Position als Coach im Umgang mit Konfliktanliegen von Klienten.

Setting

Der Ablauf ist konzipiert, um eine Seminargruppe mit 15 oder 18 angehenden Coachs in Haltung und Methoden des Konfliktcoachings einzuführen. Die abwechslungsreiche Folge unterschiedlicher aufeinander abgestimmter Settings ist geeignet, eigene Positionen als Perspektiven im Erfahrungslernen einer Seminargruppe einzuüben.

Gründe für das Tool

Das Tool fördert das Aha-Erlebnis der angehenden Coachs, Konflikte als Ressource für die Entwicklung von Personen und Organisationen und damit für die persönlichen Anliegen von Klienten zu nutzen. Es fokussiert auf die spezifische Kompetenz von Coachs, den Leistungsprozess der konstruktiven Konfliktbearbeitung zu unterstützen. In der ersten Phase (Stellübung), erfahren die Teilnehmenden unterschiedliche Einschätzungen und Perspektiven zu Konflikten. In der zweiten Phase (Lerncoaching), fokussieren die Rollen Coach, Coachee und Beobachter auf jeweils hilfreiche und funktionale Gefühle, Wahrnehmungen, Gedanken und soziale Kontexte für eine konstruktive Bewältigung von

Konflikten. In der dritten Phase der Gruppenarbeit entwickeln die Teilnehmenden eine Vorstellung über Merkmale einer konstruktiven Konfliktkultur und über die kulturelle Verantwortung des Coachs dafür. Dieses Tool fördert die Teilnehmenden in der Ausbildung folgender Kompetenzen:

▶ Ein ressourcenorientiertes Konfliktverständnis heranbilden, bei dem Ressourcen für konstruktive Konfliktbearbeitung und Konflikte als Ressourcen für Entwicklung erkannt werden

▶ Perspektivität als Voraussetzung und Bedingung von Entwicklung erfahren

▶ Ressourcenorientiertes Fragen nach den verschiedenen Dimensionen: Wahrnehmen, Fühlen, Denken, sozialer Kontext

▶ Eine eigene Haltung und Rolle als Coach in Konflikten für sich klären und die eigene Person als Intervention wahrnehmen

▶ Sich selbst in der Gruppenbildung wahrnehmen, ohne dass dies hier thematisiert wird

Einführung

Ausführliche Beschreibung

Fachinput des Dozierenden zum Wert von Konflikten als Entwicklungsressourcen: Entwicklung verläuft „dialektisch" über Widersprüche und Gegensätze. Als Modell dafür wird seit G. W. F. Hegel der Blick auf eine liegende Spirale gebraucht: Der Widerspruch bzw. Konflikt führt an den „Rändern" entweder zu einem nächsten Entwicklungsschritt durch eine Innovation, systemtheoretisch „Musteränderung", oder zum Rückfall in eine frühere Entwicklungsstufe (siehe Abbildung auf der nächsten Seite).

Das gilt sowohl für Personen als auch für Organisationen (Beispiele: typische Adoleszenskonflikte, typische Konflikte beim Übergang vom Pionierzyklus zum Differenzierungszyklus einer Organisation). Konflikte konstruktiv bewältigen heißt, Konflikte als Entwicklungsressourcen für Innovation nutzen. Auf der anderen Seite: Konflikte werden als lästig, ärgerlich und bedrohlich wahrgenommen. Wir haben negative Erfahrungen mit Konflikten gemacht, die nicht oder mit großem Aufwand zu einem nächsten Entwicklungsschritt geführt haben.

Stellübung im Raum

a) *„Wie nehmen Sie in der Regel Konflikte wahr? Welche Erfahrungen haben Sie bisher mit Konflikten gemacht? Eher positive oder eher negative?"* – Auf der rechten Seite des Raumes treffen sich diejenigen, die eher negative Erfahrungen gemacht haben, auf der linken Seite die Kollegen mit positiven Konflikterfahrungen.

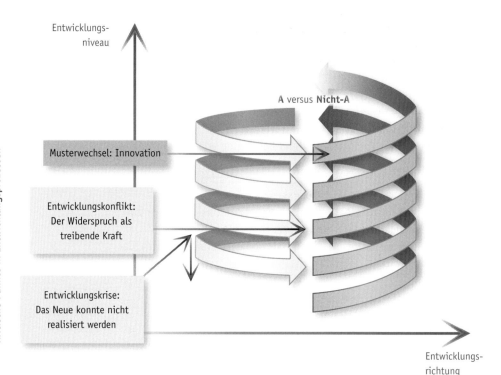

Abb.: Modell für personale und organisationale Entwicklung

b) „*Tauschen Sie sich bitte zuerst in den Gruppen aus. Gruppe 1: Was finden Sie für sich besonders schwierig im Umgang mit konflikthaften Situationen? Gruppe 2: Welchen Entwicklungsschritt konnten Sie einmal mit einem Konflikt realisieren?*"

c) „*Erzählen Sie jeweils der anderen Gruppe über die Ergebnisse Ihrer Diskussion.*"

Die Gruppe mit den „positiven Konflikten" ist nach meiner Erfahrung etwas kleiner. Wichtig ist es, in der Moderation den positiven Fokus zu halten und die negativen Erfahrungen wertzuschätzen, da sie uns helfen, Konflikte überhaupt adäquat wahrzunehmen und ihre Bedrohlichkeit einzuschätzen.

Lerncoaching in Dreiergruppen Coachee, Coach, Beobachter

„*Das wäre doch schön, wenn es uns gelänge, aus positiven Erfahrungen zu lernen, welche Ressourcen uns dabei unterstützen können, Konflikte positiv zu bewältigen. Sie erinnern sich an ,die Frage nach Ausnahmen' oder das Vorgehen der ,wertschätzenden Erkundung'.*" – An dieser Stelle kann man noch mal die berühmte Reisgeschichte der vietnamesischen Mütter als Basisgeschichte für die Ressourcen erschließende Ausnahmefrage erzählen (s. S. 221). – „*Bitte stellen Sie aus der „positiven"*

Gruppe sich als Coachee zu Verfügung. Ihr Anliegen ist es, herauszufinden, welche Ressourcen Sie bei der positiven Bewältigung des Konfliktes unterstützt haben. Was war anders als sonst? Was war noch hilfreich und nützlich für die positive Gestaltung des Konfliktgeschehens? – Vielleicht haben Sie die Idee, damit für künftige Konfliktsituationen noch besser gewappnet zu sein. Suchen Sie sich einen Coach und einen Beobachter. Der Beobachter schreibt eine Liste der vom Coachee genannten Ressourcen mit. In den letzten zwei Minuten spiegelt der Beobachter die von ihm notierten Ressourcen."

Auswertung/Vertiefung im Plenum

Ressourcen zur konstruktiven Konfliktbearbeitung werden kurz vorgestellt. Der Coachee wird gefragt: *„Welche Gefühle und Gedanke haben Sie mit der Rückmeldung Ihrer Ressourcen durch die Beobachterin wahrgenommen?"*

Gruppenarbeit

Wie gut und nützlich wir Konflikte bewältigen und konstruktiv bearbeiten, hängt nicht nur von unseren persönlichen Ressourcen ab. Auch der organisationale Kontext, seine kulturellen Merkmale, spielen eine wichtige Rolle. Als Coachs unterstützen wir Organisationen, eine konstruktive Konfliktkultur zu entwickeln schon allein dadurch, dass wir diese besonderen Merkmale wertschätzen und würdigen: „Ich freue mich für Sie arbeiten zu dürfen und schätze Ihren Mut, diesen Konflikt zu thematisieren und nicht einfach unter den Teppich zu kehren." Fügen Sie bitte je zwei Ihrer vorherigen Dreiergruppen in Sechsergruppen zusammen. Notieren Sie auf Ihrem Flipchart bitte zehn Merkmale einer leistungsfähigen Konfliktkultur. Welche kulturellen Merkmale einer Organisation halten Sie für besonders geeignet, um die mit Konflikten verbundenen Entwicklungschance zu nutzen?

Präsentation

Die drei Plakate werden nebeneinander aufgehängt und kurz vorgestellt.
– Eine mögliche ketzerische Frage der Moderation ist: *„Welche Kulturmerkmale verhindern eine positive Bearbeitung von Konflikten?"* Es folgt ein Rundgespräch: *„Was kann ich als Coach noch tun, um Merkmale einer konstruktiven Konfliktkultur zu stärken?"*

Abschluss der Sequenz

Für meine Wirksamkeit als Coach in Konflikten ist es für den Erfolg entscheidend, den positiven Fokus der Wertschätzung und Ressourcenorientierung sowohl für meine direkten Coachees als auch für die Organisation zu halten. Lasse ich mich von meinem Coachee in seine negative Sichtweise der Organisation hineinziehen („Gegenübertragung") ist diese Wahrnehmung ein guter Anlass, auch meinen Coachee nach positiven Ausnahmen und Ressourcen zu befragen. Klar gibt es Situationen, die eine konstruktive Bearbeitung eines Konfliktes nicht zulassen. Dann kann es eine sinnvolle Kontraktgrundlage sein, dem Klienten einfach dabei zu helfen, möglichst unbeschadet rauszukommen oder auch zu gewinnen. In der Regel erzeugen aber Verlierer neue Verlierer. Organisationen, die es nicht lernen, Konflikte als Ressourcen zu nutzen, verlieren auf Dauer ihre Daseinsberechtigung. *„Welche Fragen sollten wir noch diskutieren, damit diese Sequenz für Sie zu einem guten Abschluss kommt?"*

Kommentar	Eine Weiterbildungssequenz zum Thema Konflikte spiegelt in gewisser Weise Konflikte, sie ist selbst konflikthaft. Der Arbeitsrhythmus der Seminargruppe ist geprägt durch den Takt von Zustimmung und Ablehnung. Je besser es der Seminarleitung gelingt, auf diesen Rhythmus zu achten und in der Abfolge der Arbeitsschritte zu folgen, desto besser wird auch der Lernprozess der Teilnehmenden unterstützt. Das Trainingsdesign gibt daher eine deutliche Struktur, es wird aber nicht als Handout ausgegeben, sondern Schritt für Schritt in der Moderation entwickelt.

Für einige Teilnehmende bedeutet diese Arbeitssequenz eine heftige Irritation, wird doch ihr Vorverständnis von Konflikten gestört. Für den Lernprozess der Seminargruppe ist diese Irritation von großem Wert. Daran entwickelt sich das, was wir Coachinghaltung nennen. Dafür ist die dozierende und moderierende Person Rollenmodell und Vorbild. Von den Teilnehmenden wird erwartet, dass sie ihre Wahrnehmungsperspektiven aus der Stellübung in die Rollen im Lerncoaching einbringen. Das bedeutet insbesondere auch für am Anfang skeptische Teilnehmende, mit ihren Erfahrungen einen positiven Beitrag zum gemeinsamen Lernprozess leisten zu können. In dieser Weise machen die Teilnehmenden Erfahrung mit der ganzen Bandbreite von Coachinginterventionen, von der einzelnen Fragetechnik bis zur Präsenz und Haltung als Coach.

Quellen	Fachhochschule Nordwestschweiz: Institut Beratung, Coaching und Sozialmanagement, www.coaching-studies.ch. Autor: Michael Loebbert.

Schlagworte	Coachinghaltung, Entwicklungskonflikte, Konfliktcoaching, Konfliktkompetenz, ressourcenorientiertes Fragen

Trainingsdesign

- ▶ 90 Minuten
- ▶ Plenum: Aufteilung in Untergruppen und Einnehmen der Rollen des Fallgebers A und der Berater B, C und D. Evtl. Besetzen der Rolle des Moderators/Zeitwächters E und des Beobachters F. Die Einführung dauert ca. 10 Minuten.

1.	15 Min.	**Stellübung im Raum**

1. *„Wie nehmen Sie in der Regel Konflikte wahr? Welche Erfahrungen haben Sie bisher mit Konflikten gemacht? Eher positive oder eher negative?"* – Auf der rechten Seite des Raumes treffen sich diejenigen, die eher negative Erfahrungen gemacht haben, auf der linken Seite die Kollegen mit positiven Konflikterfahrungen.

2. Austausch in den Gruppen
- ▶ Gruppe 1: „Was finden Sie für sich besonders schwierig im Umgang mit konflikthaften Situationen?"
- ▶ Gruppe 2: „Welchen Entwicklungsschritt konnten Sie einmal durch einen Konflikt realisieren?"

3. „Erzählen Sie jeweils der anderen Gruppe über die Ergebnisse Ihrer Diskussion."

2.	15 Min.	**Lerncoaching in Dreiergruppen**

(Coachee, Coach, Beobachter)
Die Coachees finden heraus, welche Ressourcen sie bei der positiven Bewältigung des Konfliktes unterstützt haben. Die Coachs unterstützen beim Finden von Antworten. Der Beobachter schreibt eine Liste der vom Coachee genannten Ressourcen mit.

3.	2 Min.	**Spiegelung**

Der Beobachter spiegelt dem Coachee die notierten Ressourcen.

4.	10 Min.	**Plenum**

Vorstellung der konstruktiven Ressourcen im Plenum.

5.	15 Min.	**Jeweils zwei Dreiergruppen fusionieren**

Sie arbeiten zusammen ihre zehn Merkmale einer leistungsfähigen Konfliktkultur aus.

„Welche kulturellen Merkmale einer Organisation halten Sie für besonders geeignet, um die mit Konflikten verbundenen Entwicklungschancen zu nutzen?"

6.	10 Min.	**Präsentation**

Die Plakate werden nebeneinander aufgehängt und kurz vorgestellt.

7.	10 Min.	**Rundgespräch**

Was kann ich als Coach noch tun, um Merkmale einer konstruktiven Konfliktkultur zu stärken?

Handout

Nahrung für Vietnam

Seit dem Ende des Vietnamkrieges 1975 war es immer wieder das Gleiche gewesen. Immer neue Reisprogramme hatte die UNESCO aufgelegt, um die verbreitete Unterernährung von Kindern einzudämmen. Aber kaum war ein Programm beendet, zeigten sich schon wieder Zeichen des Mangels und hungernde Kinder. Ende der 80er-Jahre übernahm der Sozialpsychologe Jerry Sternin die Leitung des Büros in Saigon – Hotschiminstadt. Er hatte auch seine Frau mit zwei kleinen Kindern mitgebracht, die ihn bei seiner Arbeit unterstützen wollten. Auf einer ausgedehnten Rundreise mit vielen Gesprächen insbesondere von Mutter zu Mutter fanden sie heraus, dass in vergleichbaren Situationen nicht alle Kinder Hungermerkmale zeigten. Es gab Ausnahmen! Weitere Nachfragen und Vergleiche ergaben, dass die Mütter dieser Kinder wie scheinbare Rabenmütter handelten. Sie ließen ihre Kinder hungrig ausharren! Statt wie in anderen Familien den Kindern Reis zu geben, bis sie satt waren, teilten diese Mütter die Reisration in vier Mahlzeiten am Tag ein. Und sie nahmen das Schreien der Kinder in Kauf. Sie taten noch mehr: Mütter der besser ernährten Kinder sammelten Gräser und Insekten, die sonst auch in Vietnam nicht auf der Speisekarte stehen, und kochten diese mit dem Reis.

Noch weitere Merkmale bzw. Ausnahmen besserer Ernährung wie zum Beispiel, dass auch schon ältere Kinder von ihren Müttern oder Geschwistern „gefüttert" wurden, bildeten die Grundlage für ein groß angelegtes Schulungsprogramm der Frauenschule. In unermüdlicher Kleinarbeit gab es fast in jedem Dorf Frauen, die das Wissen um eine effizientere Ernährung weitergaben. Die Hungermerkmale gingen spürbar zurück und die Reisproduktion konnte gesteigert werden, da jetzt auch mehr Saatgut zur Verfügung stand.

Diese Basisgeschichte für ressourcenorientiertes Fragen und Erkundung von Ausnahmen gibt es in mehreren Überlieferungen. Diana Whitney hat sie in ihren Seminaren zur „wertschätzenden Erkundung" erzählt. Eine verfügbare Fassung findet sich bei Chip und Dan Heath: Switch. How to change things when change is hard. London: Random House 2010, S. 27 bis 32.

Menschliche Grundbedürfnisse am Arbeitsplatz

– Frust oder Erfüllung?
Dr. Hans Jellouschek

> ▶ Kenntnisstand der Teilnehmer: Fortgeschrittene
> ▶ Dauer: 3 Stunden (mit Input, Test und Austausch)

Kurzbeschreibung

Das Tool fokussiert auf die Frage, ob und in welchem Ausmaß zentrale menschliche Grundbedürfnisse am Arbeitsplatz und durch die gegebenen Arbeitsbedingungen erfüllt oder nicht erfüllt sind – und welche Auswirkung dies auf Arbeitszufriedenheit und Gesundheit hat. Es wird deutlich, in welchen Bereichen – wenn möglich – Veränderungen nötig sind. Es konfrontiert die Teilnehmer selber mit dieser Frage und ermöglicht auf diese Weise einen persönlichen Zugang zu dieser Problematik, bevor die Teilnehmer mit anderen daran arbeiten. Das Tool kann auch unmittelbar in der praktischen Coachingarbeit eingesetzt werden.

Setting

Das Tool eignet sich sowohl für Einzelarbeit im Coaching selbst als auch als Tool für Coachingfortbildungen. Da die Hauptarbeit einzeln und in kleinen Untergruppen stattfindet, kann es auch in größeren Gruppen gut durchgeführt werden. Nach einer Einführung durch den Lehrtrainer, in der die einzelnen Grundbedürfnisse erläutert werden, testen die einzelnen Teilnehmer in der Gruppe anhand des schriftlichen Tests (Handout auf S. 226 sowie online), wie es an ihrem eigenen Arbeitsplatz um die Erfüllung ihrer Grundbedürfnisse steht. Dann tauschen sie sich in kleinen Untergruppen darüber aus. Es folgt schließlich ein Gesamtaustausch im Plenum, in dem der Lehrtrainer noch ergänzende Informationen geben kann.

 Bernd Schmid, Oliver König (Hrsg.): Train the Coach: Methoden

▶ Das Tool kommt zum Einsatz, um die Frage zu klären: Inwiefern werden wesentliche menschliche Grundbedürfnisse durch die Arbeitssituation erfüllt oder frustriert?

▶ Es wird ein Problembewusstsein dafür geschaffen, welche Bedeutung die konkreten Arbeitsbedingungen für Arbeitszufriedenheit, Gesundheit und die Erfahrung von Sinn in der Arbeit haben.

▶ Es ergeben sich Hinweise, in welchen Bereichen Veränderungen vorgenommen werden sollten, entweder durch individuelle Maßnahmen oder auch durch Einflussnahme im Betrieb in Richtung Veränderung dieser Arbeitsbedingungen.

▶ Die Teilnehmer werden ermutigt, diese Fragen ins Auge zu fassen und konkrete Veränderungsschritte zu unternehmen.

Gründe für das Tool

Der Lehrtrainer beginnt anhand des Arbeitsblattes „Grundbedürfnisse am Arbeitsplatz" (S. 226 sowie online) mit einer inhaltlichen Einführung. Er stellt das Arbeitsblatt mit dem Test zur Bewertung der Erfüllung oder Nichterfüllung der Grundbedürfnisse am eigenen Arbeitsplatz der Teilnehmer vor. Dann erfolgt Einzelarbeit: Jeder Teilnehmer bewertet auf einer Skala von eins („kaum gegeben") bis zehn („voll gegeben") die Erfüllung der jeweiligen Grundbedürfnisse an seinem persönlichen Arbeitsplatz.

Ausführliche Beschreibung

Danach gehen die Teilnehmer in kleine Untergruppen zu dritt oder viert und tauschen anhand des zweiten Arbeitsblattes „Gesichtspunkte für die Auswertung" (S. 227 sowie online) ihre jeweiligen Ergebnisse darüber aus, was ihnen und den anderen in der Gruppe besonders auffällt und in welchen Bereichen der dringendste Veränderungsbedarf wäre bzw. ob es auch in anderen Bereichen Kompensationsmöglichkeiten dafür gäbe.

Im anschließenden Plenum wird noch einmal ausführlich auf die aufgeworfenen Fragen eingegangen. Daraus entstehen nicht nur ganz konkrete Anregungen für die Coachingarbeit, sondern oft auch das Bedürfnis nach persönlicher Einzelarbeit im Kurs, in der dann an Fragen nach Veränderung an der eigenen Arbeitssituation gearbeitet wird.

Der Nutzen dieses Tools besteht vor allem darin, dass die Fortbildungsteilnehmer ein Problembewusstsein dafür bekommen, dass die vom Coachee eingebrachte Frage (z.B.: Wie gehe ich in dieser beruflichen Situation vor? Wie schaffe ich dieses Arbeitspensum? usw.) oft nicht lösbar ist, ohne den Kontext zu beachten, in dem seine Arbeit geleistet werden muss. „Hinter" der konkreten Fragestellung verbirgt sich

Kommentar

oft eine Arbeitssituation, die destruktiv und dysfunktional ist. Es gilt dann, einerseits dem Coachee zu helfen, Verständnis und Einfühlung für sich selbst zu entwickeln und andererseits danach zu fragen, welche Veränderungs- oder Kompensationsmöglichkeiten er selber hat, bzw. welche Möglichkeiten, auf die Veränderung der vorgegebenen Arbeitsbedingungen in seinem Betrieb einzuwirken.

▶ Angestellte bekommen durch die Durchführung dieses Tools „am eigenen Leib" oft überhaupt erst ein Problembewusstsein dafür, wie kontraproduktiv die Bedingungen an ihrem Arbeitsplatz sind – das gilt übrigens auch für Coachs, die realisieren, wie destruktiv in dieser Hinsicht sie selber als Selbstständige in ihrer Arbeit mit sich umgehen.

▶ Für die Durchführung des Tools braucht es kaum technischen Aufwand: die Arbeitsblätter sind dazu hilfreich bzw. nötig (S. 226–227 sowie als Online-Ressource).

▶ Von mir wird das Tool eingesetzt, wenn die Teilnehmer bereits über methodische Grundkenntnisse über die Gestaltung eines Coachingprozesses und über das Vorgehen bei häufig vorgebrachten Fragestellungen im Coaching verfügen.

▶ Ich verwende das Tool bevorzugt in einem Aufbaukurs einer Fortbildung in Coaching unter dem Generalthema „Existenzielle Themen im Coaching". Das Tool ist besonders dann sinnvoll einsetzbar, wenn es um das Thema „Arbeitszufriedenheit" oder „typische Berufskrankheiten", „Burnout", „Frustration am Arbeitsplatz" und dergleichen geht.

Quellen   Das Tool, so wie hier beschrieben, ist von mir selber entwickelt worden. Dabei habe ich als Literatur hauptsächlich verwendet:

▶ Maslow, A. H.: Motivation und Persönlichkeit. Reinbek: Rowohlt, Reinbeck 1981.

▶ Schlegel, L.: In der Transaktionalen Analyse hervorgehobene psychologische Grundbedürfnisse. In: Ders. (Hrsg.): Die Transaktionale Analyse. Tübingen: Francke 1995, S. 101–114.

▶ Stauß, K.: Bonding und Psychotherapie. München: Kösel 2006.

▶ Thomann Ch.; Schulz von Thun, F.: Klärungshilfe. Reinbeck: Rowohlt 1991.

Schlagworte   Menschliche Grundbedürfnisse, Arbeitszufriedenheit, Berufskrankheiten

Trainingsdesign

1.   Inhaltliche Einführung.

2.   Einzelarbeit: Arbeitsblatt 1 mit Test.

3.   Untergruppen zu dritt oder viert tauschen sich aus: Arbeitsblatt 2 „Gesichtspunkte für die Auswertung.

4.   Plenumsdiskussion.

Handout

	Grundbedürfnisse am Arbeitsplatz	kaum gegeben	voll gegeben
1.	Ausreichend Zeit für die Aufgabe(n) haben	1 2 3 4 5 6 7 8 9 10	
2.	Klar wissen/erfahren, was zu tun ist	1 2 3 4 5 6 7 8 9 10	
3.	Eigene Gestaltungsmöglichkeiten haben, selbstbestimmtes Tun, etwas bewirken können, darum wichtig sein	1 2 3 4 5 6 7 8 9 10	
4.	Interessante Aufgabe(n) haben, Abwechslung erleben	1 2 3 4 5 6 7 8 9 10	
5.	Gute wechselseitige Beziehungen haben	1 2 3 4 5 6 7 8 9 10	
6.	Sicherheit und Kontinuität am Arbeitsplatz	1 2 3 4 5 6 7 8 9 10	
7.	Sinn in der Arbeit erleben	1 2 3 4 5 6 7 8 9 10	

Bernd Schmid, Oliver König (Hrsg.): Train the Coach: Methoden

Gesichtspunkte für die Auswertung

▶ Wie ist die Gesamtbilanz?

▶ Gibt es einzelne Bereiche, die besonders negativ sind?

▶ Wie bedeutsam sind jeweils diese Minus-Bereiche für mich?

▶ Gibt es/Habe ich Veränderungsmöglichkeiten?

    ● meiner Einstellung?

    ● der äußeren Situation?

▶ Habe ich Kompensationsmöglichkeiten?

    ● entweder am Arbeitsplatz selbst?

    ● oder außerhalb? (Familie, andere Tätigkeit, Hobbys)

Die Lebensuhr

– Ein Kompass für Lebensreisende und ihre Begleiter
Dr. Cornelia von Velasco

> ▶ Kenntnisstand der Teilnehmer: Fortgeschrittene
> ▶ Dauer: 130 Minuten (180 Minuten)

Kurzbeschreibung

Das Tool ermöglicht einen raschen persönlichen Zugang zum Thema Persönlichkeitsentwicklung und Standortbestimmung im Lebenslauf. Es stimuliert die Fokussierung auf Wesentliches und macht Lebensentwürfe und den persönlichen Stil im Umgang mit existenziellen Herausforderungen sichtbar und besprechbar.

Setting

Das Tool ist auch für große Gruppen geeignet, da in Untergruppen mit vier Teilnehmern gearbeitet wird. Es erfordert erfahrene Teilnehmer, die innerhalb der Gruppen die Selbsterkundung und den Austausch miteinander entsprechend der Instruktion zeitlich und inhaltlich selbst steuern. Wichtig ist auch der wechselseitig achtsame und vertrauliche Umgang mit persönlich bedeutsamen Lebenserfahrungen. Als Materialien braucht es ein Flipchart im Plenum, für jeden Teilnehmer als Handout das Paper „Lebensuhr" und die Instruktion (unter den Online-Ressourcen und auf S. 233) sowie für jede Untergruppe einen Raum oder ungestörten Platz zum Austausch.

Gründe für das Tool

Das Tool ist einsetzbar, wenn die Gruppe miteinander und mit Selbsterfahrung und Biografiearbeit vertraut ist. Es regt dazu an, sich und andere mit dem Blick auf den Standort im Leben vertieft zu verstehen und ein Gefühl für persönliche und altersspezifische Varianzen von Lebenserzählungen zu entwickeln. Das Tool erleichtert es, achtsam mit dem Lebensalter eines Coachees umzugehen und diese Perspektive als relevant und inspirierend für Coaching zu entdecken.

Bernd Schmid, Oliver König (Hrsg.): Train the Coach: Methoden

Dieses Tool fördert die Ausbildung folgender Kompetenzen:

▶ Achtsam werden für Lebensalter und Lebensentwurf im Einzel- und Teamcoaching und eine erkundende Haltung und Frageperspektiven dazu entwickeln

▶ Sich der Notwendigkeit bewusst werden, die eigene Identität in verschiedenen Lebensphasen neu zu adjustieren

▶ Bei sich und anderen Sensibilität entwickeln für zentrale Lebensthemen sowie für persönliche Stile von Lebenserzählungen und Varianten von Lebensdrehbüchern

▶ Respekt fördern vor dem eigenen Gewordensein und dem eines anderen sowie vor dem Ringen um Entwicklung angesichts der Herausforderungen des eigenen Lebens

▶ Inneres Interesse wecken an theoretischen Konzepten und Modellen zur Persönlichkeitsentwicklung

▶ Perspektivwechsel (Protagonist, Resonanzgeber) schulen

▶ Höhere Achtsamkeit und Wertschätzung innerhalb der Ausbildungsgruppe

Anmoderation im Plenum

Ausführliche Beschreibung

Anhand einer großen Lebensuhr auf einem Flipchart wird der Ablauf der Selbsterkundung erklärt: Mit dem Bleistift werden wie mit einer Wünschelrute an der Lebensuhr entlang von der Geburt bis zu dem gefühlt voraussichtlichen eigenen Tod markante Punkte in der eigenen Biografie und Zukunft markiert. Die Teilnehmer sollen sich einfühlen und Notizen machen. Das Handout wird ausgeteilt und Vierergruppen mit freiwilliger Zusammensetzung werden gebildet.

Arbeit in Untergruppen

Die ersten 30 Minuten: Stillarbeit im Rahmen der Selbsterkundung. Danach viermal 20 Minuten Präsentation und Austausch in der Untergruppe: Jeder Gruppenteilnehmer bekommt ein Zeitfenster von 20 Minuten, in dem er seine Lebensuhr präsentiert und dafür kurz (!) von den anderen Gruppenmitgliedern Resonanz bekommt. Wichtig dabei ist es, sich sowohl in der Präsentation als auch bei der Resonanz (keine Beratung!) auf Wesentliches zu beschränken. Nach den vier Durchgängen gibt es noch ein Zeitfenster von 10 Minuten, um im Quervergleich der Lebensuhren Übereinstimmungen und Unterschiede zu erkennen.

Ein Beispiel für eine Lebensuhr sehen Sie auf der nächsten Seite. Die auszufüllende Lebensuhr als Handout erhalten Sie unter den Online-Ressourcen.

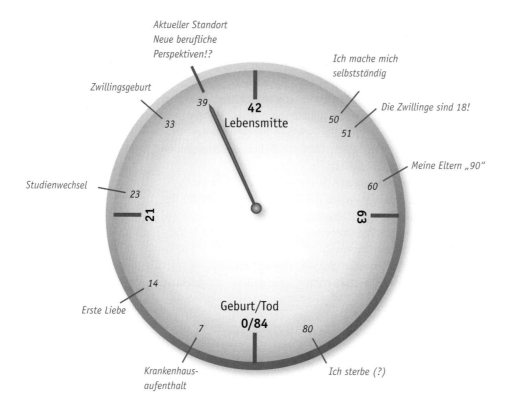

Kommentar Die Lebensuhr ist ein sehr effektives und nachhaltiges Tool, an das sich Kollegen und Coachees oft noch nach Jahren erinnern. Es ist mein Lieblingstool, sowohl als Lehrtrainerin als auch im Einzelcoaching und Teamcoaching. Es eröffnet anschaulich und blitzschnell den Fokus „Lebensspanne" und gibt einen starken Impuls zur Orientierung. Und das Tool ankert diese Perspektive und den Reichtum der darin inne liegenden Impulse visuell. Im Rahmen der Anmoderation kann das Alter der Gruppenteilnehmer in die Lebensuhr eingetragen werden und damit blitzschnell die Altersverteilung in der Gruppe sichtbar gemacht werden. Wichtig ist die Freiwilligkeit in der Zusammensetzung der Untergruppen, da dies die Offenheit und das Vertrauen in die Vertraulichkeit der zum Teil intimen biografischen Informationen erhöht.

Der Zeitrahmen für die Selbsterkundung und den Austausch in den Untergruppen ist sportlich und für in Selbsterfahrung und Biografiearbeit bereits erfahrene Teilnehmer ausgelegt. Ansonsten empfiehlt es sich, für die Selbsterkundung 45 Minuten und für den Austausch pro Teilnehmer 30 Minuten anzusetzen. Damit erhöht sich der Zeitrahmen der Übung auf drei Stunden.

Das Tool ist als Einstieg in das Thema „Lebensphasen/Lebensentwürfe"
konzipiert und will für diese Perspektive sensibilisieren, die dann in
Vorträgen und Beratungsübungen weiter thematisiert und differenziert
wird. Insofern braucht es nicht zwingend unmittelbar nach der Übung
eine Plenumsrunde. Es ist aber eine Plenumsrunde möglich, in der die
Erfahrungen und Einsichten aus den Untergruppen zusammengetragen
und besprochen werden.

Quellen

Die Übung mit der Lebensuhr habe ich selbst im Rahmen meiner
Lehrtrainertätigkeit in Wiesloch entwickelt und seit 1996 vielfach erprobt und weiterentwickelt. Ursprünglich wurde ich durch die Übung
„Lebenspanorama" aus der Gestalttherapie inspiriert, die ich im Alter
von Ende 20 auf einem gerontologischen Kongress in Kassel – angeleitet als Fantasiereise von Hilarion Petzold – selbst erlebt habe. Für mich
war es sehr produktiv, als junge Erwachsene darüber nachzudenken,
wann mein Leben endet. Damals entschloss ich mich, alt werden zu
wollen. Eine weitere Anregung war Carl Gustav Jungs Metapher vom
Leben als Tag (In: Ders.: Die Lebenswende, vgl. Franz Alt (Hrsg.): Das
G. G. Jung Lesebuch. Ostfildern: Patmos 1994, S. 144 –164) und die
verbreitete, bis auf Hippokrates zurückgehende Phaseneinteilung des
Lebens in Siebener-Schritten.

Schlagworte

Lebensalter, Lebensphasen, Lebensentwurf, Identitätsentwicklung,
Persönlichkeitsentwicklung, Generationen, existenzielle Erfahrungen,
Lebensübergänge, Developmental Tasks, Entwicklungskrisen, Le-
bensthemen

Trainingsdesign

▶ 130–180 Minuten

1.	10 Min.	Anmoderation im Plenum und Austeilen des Handouts.
2.	30 Min.	Stillarbeit in Untergruppen. Selbsterkundung mit Bleistift und Lebensuhr.
3.	4 x 20 Min.	Präsentation in der Untergruppe A, B, C, D: A präsentiert seine Lebensuhr und bekommt dazu Resonanz (keine Beratung!) von B, C, D: Was fällt mir auf? Was löst das in mir aus? (Kurz und wesentlich!) Jeder Teilnehmer hat einen Zeitrahmen von 20 Minuten, danach erfolgt die kurze Resonanz der anderen Teilnehmer.
4.	10 Min.	Untergruppe A, B, C, D: Quervergleich der Lebensuhren. Übereinstimmungen und Unterschiede

Handout

▶ Standortbestimmung: Lebensuhr
▶ 2 Sunden

Instruktion für die Selbsterkundung

Nutzen Sie den Bleistift wie eine „innere Wünschelrute".

Sie beginnen den Lebenskreis nachzuzeichnen ausgehend von Ihrer Geburt. Und spüren Sie nach: „Wo gab es markante Erlebnisse, die mich innerlich bewegt und berührt haben (Hoch-, Tief-, Wendepunkte in meiner 'Inneren', gefühlten Biografie)?"

Markieren Sie der Reihe nach diese Einschnitte auf Ihrer Lebensuhr. Halten Sie an jedem Einschnitt ein Weilchen inne und spüren Sie nach, welche Bilder, Situationen und Gefühle dabei in Ihnen auftauchen. Notieren Sie wichtige Stichworte.

Fahren Sie in dieser Weise fort bis zu dem Ort, wo Sie im Moment im Leben stehen. Machen Sie hier eine dicke Markierung.

Und gehen Sie dann mit Ihrer Wünschelrute in die Zukunft. Markieren Sie wichtige Einschnitte und Ereignisse, die Sie planen oder die vorhersehbar sind (z.B.: 18. Geburtstag der Kinder). Auch hier halten Sie inne und spüren nach, welche inneren Bilder und Gefühle dabei auftauchen und machen sich stichwortartig Notizen.

Und schließlich markieren Sie die Stelle in der Lebensuhr, wo Sie glauben, dass sie voraussichtlich sterben werden.

▶ Dieses Handout sowie eine freie Vorlage der Lebensuhr erhalten Sie online.

Kapitel V

Profilbildung und Persönlichkeitsentwicklung der Coachs unterstützen

Überblick über das Kapitel

Wie kann ich persönlich und als Coach wachsen, mich entwickeln und „professionell" werden? Diese Frage ist Fokus im folgenden Kapitel. Die Entwicklung der einzelnen Teilnehmer steht im Mittelpunkt jeder Übung. Dabei unterstützen die Tools die Selbstreflexion der eigenen Motive und Handlungsmuster. Es werden Methoden vorgestellt, die den Marktauftritt der Coachs verbessern und mit denen sie sich durch Spiegelung ein stimmiges Profil erarbeiten.

Überblick über die Tools

Der Beitrag **der Weg zum Klienten** von **Christopher Rauen** bringt die Teilnehmer dazu, Instrumente des Marketings und der Akquisition kennenzulernen und in eine für sie passende Reihenfolge zu bringen.

Birgit Minor stellt mit dem **Genius** eine Kleingruppenübung vor, in der die Teilnehmer sich gemeinsam auf die Suche nach ihrer wesentlichen Kernkompetenz machen.

Im Tool **Selbstbildnis** beschreibt **Dr. Walter Spreckelmeyer** eine Vorgehensweise, bei der die Teilnehmer der Frage „Wer bin ich?" nachgehen und im Plenum Rückmeldung auf ihre Präsentation bekommen.

Cornelia Seewald bietet den Teilnehmern ein Reflexionssetting, um über ihre **4 Zukünfte** nachzudenken. Hier steht die Einzelreflexion im Vordergrund.

Passung ist das Thema des Tools **die Passungsformel im Wertekreuz** von **Thorsten Veith und Fred F. Schmidt**. Sie zeigen, wie man Coachs Orientierung geben kann, indem für jeden Teilnehmer eine individuelle Passungsformel entwickelt wird.

Der Umgang mit sich selbst in Stresssituationen wird von den Teilnehmern erzählt und von anderen in der **Spiegelungsübung Self Care** von **Dr. Andreas Kannicht** gespiegelt.

Dirk Strackbein lädt in der Spiegelungsübung **Ladenmetapher** die Teilnehmer zur bildhaften Beschreibung ihrer Lernpartner ein. Das Bild des Ladens charakterisiert die Eigenarten und Stile des Gegenübers.

In der **Spiegelungsübung** von **Dr. Cornelia von Velasco** sinnieren die Teilnehmer über die persönliche und professionelle Entwicklung entlang der aktuellen und der kommenden **Lebensphasen**.

Die Übung **Flyer-Arbeit** von **Oliver König** stellt die Selbstempfehlung der eigenen Dienstleistung in der Vordergrund. Die Teilnehmer arbeiten eine Selbstempfehlung aus und bekommen Resonanz für eine stimmige Präsentation.

In der **Portfolio-Arbeit** von **Thorsten Veith und Susanne Ebert** schärfen und verdichten die Teilnehmer ihre eigenen Kompetenzen anhand von Lernerfahrungen.

Der Weg zum Klienten

– Erkennen, welche Instrumente für Marketing und Akquisition eingesetzt werden können
Christopher Rauen

> ▶ Kenntnisstand der Teilnehmer: Anfänger
> ▶ Dauer: ca. 30 bis 60 Minuten je Durchgang

Kurzbeschreibung

Das Tool hilft im Bereich Marketing und Akquisition unerfahrenen Coachs, eine Übersicht über einsetzbare Instrumente zu gewinnen und verdeutlicht den damit verbundenen Aufwand. Dabei zeigt sich häufig, dass der Aufwand deutlich unterschätzt wird. Weiterhin hilft das Tool beim Erkennen, welche Teilnehmer der Weiterbildungsgruppe über welche Kompetenzen beim Marketing und bei der Akquisition verfügen und wo mögliche Synergien entstehen können.

Setting

Die Übung ist geeignet für Gruppengrößen zwischen 8 und 20 Personen. Bei kleineren Gruppen besteht die Gefahr, dass zu wenig Erfahrungswissen vorhanden ist. Bei größeren Gruppen wird der Prozess zu unübersichtlich und es kann zu Redundanzen kommen.

Gründe für das Tool

Der Erwerb von Coachingkompetenz ist für sich genommen nicht ausreichend, um als Coach arbeiten zu können, denn ein Coach benötigt Klienten. Dabei haben insbesondere Anfänger oft nur vage bzw. unrealistische Vorstellungen davon, wie sie Klienten gewinnen können. Das Tool hilft dabei, diese Vorstellungen zu konkretisieren und individuelle Wege zum Klienten zu finden. Neben der Handreichung konkreter Instrumente wird den Coachs dabei bewusst gemacht, dass es eine lange Kette aus vielen einzelnen Gliedern sein kann, die den Markterfolg ausmachen. Sie lernen dadurch auch, den Aufwand für die Gewinnung von Klienten realistisch einzuschätzen.

Bernd Schmid, Oliver König (Hrsg.): Train the Coach: Methoden

Außerdem macht das Tool die bereits vorhandene Marketing- und Akquisitionskompetenz der Teilnehmer sichtbar. Oft ergeben sich auf diese Weise fruchtbare Kooperationen zwischen den Teilnehmern.

Das Tool beginnt mit der Einführung des Lehrcoachs, dass der Weg zum Klienten kein „Klinkenputzen" darstellen muss, sondern aufeinander aufbauende Marketing- und Akquisitionsinstrumente erfordert, die über längere Zeit systematisch eingesetzt werden müssen. Dabei gibt es keine universell gültige Lösung, sondern es müssen individuelle Wege gefunden werden, die zu dem jeweiligen Coach passen. So fällt es z.B. manchen Coachs leicht, auf Kongressen für sich zu werben, andere bevorzugen die Konzepterstellung im „stillen Kämmerlein" und mögen sich nicht gerne übergroß nach außen darstellen.

Ausführliche Beschreibung

Im nächsten Schritt erhalten alle Teilnehmer der Weiterbildungsgruppe einen Stapel Moderationskarten und einen Stift. Sie werden dann aufgefordert, einen Halbkreis zu bilden und auf die Karten alle ihnen bekannten Marketing- und Akquisitionsinstrumente zu schreiben.

▶ **Marketinginstrumente** dienen dabei primär dazu, den Coach sichtbar zu machen. Dazu zählen Instrumente wie Prospekte, Internetauftritt, Datenbankeinträge, Vorträge, Artikel, Bücher, Anzeigen, Social Media, Newsletter, Netzwerke, Verbände, Messestände, Kooperationen, Sponsoring u.v.m.
▶ **Akquisitionsinstrumente** dienen hingegen dem Verkauf, d.h., sie sollen einem potenziellen Klienten verdeutlichen, dass der Coach einen Nutzen bietet. Dazu zählen Instrumente wie Empfehlungen, Referenzen, Fallbeispiele mit Nutzendarstellung, eine aussagekräftige Biografie, Präsentation, Telefonakquise, Mailings, Verkaufsgespräche, Kundenveranstaltungen und vieles mehr.

Diese Instrumente können vom Lehrcoach auch exemplarisch genannt werden, damit die Aufgabe für die Teilnehmer leichter umgesetzt werden kann.

Pro Karte soll dabei ein Instrument genannt werden. Die Karten werden dann so in den Halbkreis gelegt, dass jeder Teilnehmer sie lesen und sich davon inspirieren lassen kann. Dies dauert ca. zehn Minuten. Währenddessen legt der Lehrcoach ein ca. fünf bis zehn Meter langes Seil in leichter Schlangenlinie auf den Boden.

Wenn der Gruppe keine Instrumente mehr einfallen, fordert der Lehrcoach die Teilnehmer nun auf, die Karten in eine Reihenfolge zu bringen und an das Seil zu legen. An den Anfang des Seils sollen dabei die Instrumente gelegt werden, die im Marketing- und Akquisitionsprozess möglichst früh eingesetzt werden können. Das Ende des Seils symbolisiert dabei die Auftragserteilung. Sind Instrumente in verschiedenen Phasen einsetzbar, sollten sie an der Stelle an das Seil gelegt werden, wo sie sinnvollerweis zum ersten Mal eingesetzt werden können; alternativ können sie auch an die Stelle des Seils gelegt werden, wo sie eine möglichst große Hebelwirkung erwarten lassen.

Nun liegt vor den Teilnehmern ein Weg zum Klienten mit zahlreichen möglichen Marketing- und Akquisitionsinstrumenten. Der Lehrcoach geht nun gemeinsam mit den Teilnehmern vom Anfang bis zum Ende die Instrumente durch, fragt eventuell nach, was damit gemeint ist und wer mit welchem Instrument schon welche (guten oder schlechten) Erfahrungen gesammelt hat. In diesem Prozess kann es vorkommen, dass den Teilnehmern noch weitere Instrumente einfallen. Diese können dann ebenfalls auf Karten geschrieben und noch ergänzt werden.

Ist das Ende des Seils erreicht, sollte allen Teilnehmern deutlich geworden sein, dass es sehr viele Instrumente gibt und dass für jeden – auch bei unterschiedlichen Interessen und Talenten – zahlreiche Instrumente einsetzbar sind. Der Weg zum Klienten und der damit verbundene Aufwand wird deutlich. Als Hausaufgabe kann der Lehrcoach die Instruktion geben, ein konkretes Konzept samt Marketing- und Akquisitionsinstrumenten und Zeitplan zu erarbeiten, wie der individuelle Weg zum Klienten aussehen soll.

Kommentar	Häufig wird bei der Übung klar, dass manche Teilnehmer in bestimmen Bereichen über Erfahrung und Stärken verfügen, die anderen fehlen. Darüber entstehen dann oft Kooperationen.
Quellen	Das Tool ist aus der Praxis heraus entstanden und kombiniert bekannte Visualisierungsübungen mit dem Themenbereich Marketing und Akquisition.
Schlagworte	Marketing, Akquisition, Kundengewinnung

Trainingsdesign

1.   5 Min.   Einführung.

2.   10 Min.   In einem Halbkreis notieren die Teilnehmer Marketing- und Akquisitionsinstrumente.

3.   5–10 Min.   Die Teilnehmer bringen die Karten in Prozessreihenfolge. Sie orientieren sich an einem Seil auf dem Boden.

4.   5–30 Min.   Begehen des Weges entlang des Seils.

Genius

– Wo die Bedürfnisse der Welt mit Deinen Talenten zusammentreffen – dort liegt Deine Berufung! (Aristoteles)
Birgit Minor

▶ Kenntnisstand der Teilnehmer: Anfänger
▶ Dauer: Einzelcoaching ca. 120 Min./mit Gruppe 30–120 Min.

Kurzbeschreibung

Bei dieser Übung lernen die Teilnehmer, ihren Blick konsequent auf die positiven Kräfte und Ressourcen eines Menschen zu lenken. Sie trainieren ihre Wahrnehmungs- und Beobachtungsgabe und ihre Intuition. Sie üben, sich auf die Wirklichkeit des anderen einzulassen, den Blick zu weiten und Möglichkeiten zu ahnen. Zusätzlich üben sich die Teilnehmer darin, mit Sprache Wesentliches zu verdichten, Bilder zu kreieren, zu paraphrasieren und auch positiv zu konnotieren.

Setting

▶ Einzelcoaching
▶ Seminargruppe beliebiger Größe, wenn genügend Räume zur Untergruppenarbeit zur Verfügung stehen

Gründe für das Tool

▶ Die Geniusberatung fokussiert auf die Stärken und Talente der Menschen – unabhängig von deren beruflichen und privaten Rollen. Sie werden sich ihrer Einzigartigkeit und Unverwechselbarkeit bewusst und bringen sie in Sprache. Der Genius fördert ihr Selbst-bewusst-Sein in allen Rollen und gibt Halt.

▶ Der Genius kann die persönliche/berufliche Identität klären und im Umgang mit Krisen dienlich sein. Viele Menschen stellen sich gelegentlich die Frage: Passe ich mit meinem Rollenverständnis zu dem Unternehmen, in dem ich arbeite? Stimmen mein Selbstverständnis, meine Werte und meine Kompetenzen mit denen meines Unternehmens überein? Passen wir (noch) gut zusammen? Mit dem Genius

242 Bernd Schmid, Oliver König (Hrsg.): Train the Coach: Methoden

können sich die Teilnehmer (oft auch in bestehenden Systemen) wieder so ausrichten, dass die Passung für sie stimmt.

▶ Mit dem eigenen Genius können die Teilnehmer ihre persönlichen Kompetenzen mit den gelernten Seminarinhalten verknüpfen. Sie nehmen mit dem Genius ihre individuelle Ausrichtung in den Blick. Was ist mein Alleinstellungsmerkmal? Was ist meine eigene *Art* (= Kunst), es zu tun?

▶ Mit dem Genius schärfen sie ihr persönliches Profil. Sie wissen, wofür sie stehen und was sie von anderen unterscheidet. Das ist wichtig bei Bewerbungen, beim Aufbau einer individuellen Internetpräsenz und bei der (Neu-)Gestaltung eigener Geschäftsunterlagen – und zwar jenseits der üblichen Marketing-Nutzen-Sprache.

▶ In der Gruppe werden sich die Teilnehmer ihrer unterschiedlichen Perspektiven und Fähigkeiten bewusst. Dies fördert die Akzeptanz und Integration auch sehr heterogener Gruppenmitglieder untereinander.

▶ Die Genius-Arbeit sensibilisiert die Teilnehmer für die Kraft und das Potenzial von Lebensentwürfen und -zugängen, die sich von ihren eigenen unterscheiden.

Nach der Einführung in das Geniuskonzept bilden die Teilnehmer Kleingruppen à drei Personen und führen die Geniusberatung durch. Anschließend folgt eine gemeinsame Reflexion der Erfahrung im Plenum.

Ausführliche Beschreibung

1. Einführung in das Geniuskonzept im Plenum

Zunächst werden Hintergründe und Nutzen des Genius erklärt. (Der Ursprung liegt in der griechisch-römischen Mythologie, in welcher der Genius einen Schutzgeist bezeichnete, der eine Person durch das ganze Leben leitet und die zwei Funktionen Schutz und Orientierung hat. Zugleich bestimmt er Kraft, Persönlichkeit und damit auch Individualität einer Person.) Ziel der Beratung ist es, Geniusspuren zu finden bzw. den Genius in zwei bis drei Worten zu verdichten. Der Genius findet sich in allen Rollen, die jemand ausübt.

Hilfreiche Rahmungsgedanken in wörtlicher Rede

„Mit dem Genius formulieren wir Ihren Markenkern! Lassen Sie sich für zwei Stunden *probehalber* auf den Geniusgedanken ein."

Tipps für den Kontrakt, um den „Erfolgsdruck" der Berater zu mildern

Niemand kann garantieren, in der vorgesehenen Zeit den Genius zu finden und zu verdichten. Machen Sie der Gruppe klar, dass sie in der folgenden Untergruppenarbeit vielleicht „nur" Genius*spuren* finden wird. Es wird sicher gelingen, dem Genius näher zu kommen, ihn zu umkreisen und ein Gefühl für seine Qualitäten zu bekommen. Informieren Sie die Teilnehmer, dass die eindeutige Formulierung manchmal erst nach Tagen, Wochen oder auch erst nach ein paar Monaten gelingt. Jeder Teilnehmer kann für sich alleine weiter sinn-ieren. Plötzlich ist ein Gedanke, ein Bild, eine Formulierung da und es fügt sich! *„Der Genius wirkt wie eine dritte Instanz, er lässt sich finden!"* (Jokisch)

Hinweise zur Verdichtung des Genius

▶ Jeder Mensche hat einen Genius – und nur einen

▶ Der Genius enthält *ein* Verb und *ein* Substantiv

▶ Das Verb endet in der Verlaufsform „-en", da der Genius weiterhin wirkt – also nicht „Brückenbauer", sondern „Brücken bauen"

▶ Der Genius wird immer positiv formuliert – also „Wärme erzeugen" statt „Kälte reduzieren"

---

2. Durchführung der Geniusberatung in Untergruppen

Kleingruppen à drei Personen: **Berater (B)**, **Klient (K)** und **Beobachter (C)**. Die Übung erfolgt in drei Durchgängen à 40 Min.

2.1 Gemeinsames „Driften"

Der Berater unterstützt den Klienten bei folgenden Fragen:

▶ Was geht mir so leicht von der Hand, dass ich kaum merke, dass es etwas Besonderes ist?

▶ Wofür bedanken sich andere immer wieder bei mir und ich denke: Das war doch selbstverständlich/nicht der Rede wert!?

▶ Was tue ich gern *und* gut?

▶ Wofür schlägt mein Herz/Was lässt mein Herz höher schlagen?

▶ Inwiefern bin ich derselbe wie vor 5 – 10 – 15 Jahren?

▶ Was war mein erster Berufswunsch als Kind?

▶ Angenommen, ich hätte eine Milliarde Euro zur Verfügung: Wofür würde ich das Geld ausgeben? Worin investieren?

Didaktisch-methodische Hinweise und Tipps zum gemeinsamen Driften:

▶ Achten Sie als Leiter darauf, dass sich B (= Berater) und K (= Klient) gegenübersitzen. C sitzt als Beobachter etwas abseits und wird nicht angeschaut. C nimmt quasi eine Meta-Perspektive ein und achtet auf die Zwischentöne, auf einzelne Worte, die der Klient oft und meist unbewusst benutzt, auf Gestik und die Atmosphäre, die bei den Fragen/Antworten entsteht.

▶ B macht sich als Coach Notizen und sammelt die Essenzen.

▶ B fragt immer nach der ganzen Person in ihrer Organisations-, Professions- und Privatwelt (Drei-Welten-Modell). Auch selbstverständliche Kleinigkeiten aus dem Alltag können bedeutsam sein. B ist auf der richtigen Fährte, wenn K bei einer Frage oder Antwort:
  • glänzende Augen hat
  • ins Schwärmen kommt
  • lächelt und sich gut fühlt mit dem Gedanken an bestimmte Ereignisse/Dinge
  • bewegt ist
  • innehält
  • losprudelt und Energie entwickelt

▶ Dort, wo seelische Kraft ist, fragt B achtsam nach:
  • An was denkst Du gerade?
  • Was bewegt Dich?
  • Was ist es genau, was Dir gut tut und Dich beflügelt?
  • Was noch?
  • Warum tust Du das?
  • Welche Bedeutung hat das für Dich?

2.2 Impulse, Einschätzungen, Ideen von C

▶ Wie lassen sich die gefundenen Antworten zusammenschauen?
▶ Welche roten Fäden finden sich?
▶ Welches Muster wird erkennbar?

2.3 Gemeinsames Tüfteln von B, K und C

▶ Wie lautet eine erste Arbeitsformulierung meines Genius in einigen Sätzen/in einigen Worten?
▶ Wie lautet meine gegenwärtige Antwort auf die Frage:
  Auf welche Weise bin ich ein einzigartiges Geschenk an mich und die Welt zugleich?
▶ Worauf gibt es eine gesamt-persönliche Resonanz?

Didaktisch-methodische Hinweise und Tipps zum gemeinsamen Tüfteln: Die Geniusformulierung ist eine Verdichtung komplexer innerer Vorgänge und Erfahrungen. Vordergründig können sich Geniusformulierungen ähneln oder sogar seicht und beliebig wirken. Hintergründig weiß nur der jeweilige Coachee, was sich für ihn persönlich dahinter verbirgt und welche Qualitäten er damit bündelt. Hinter diesen wenigen Worten verbirgt sich für ihn seine Eigenart, seine ganz besondere Quelle, aus der er sprudelt. Hier einige Geniusbeispiele:

▶ *„das Feld bestellen"*
▶ *„Menschen bereichern"*
▶ *„Räume öffnen"*
▶ *„tiefer graben"*

2.4 Resonanz von C, K für B

▶ Wie dienlich/öffnend waren seine Fragen?
▶ Wie fokusstabil war er?
▶ An welchen Stellen hat er gut nachgefragt?
▶ Wie war er im Kontakt? Etc.

Dann **Wechsel der Rollen**, sodass jeder reihum seine Geniusberatung erhält.

Didaktisch-methodische Hinweise und Tipps zur Resonanz für den Berater:

Die Kleingruppenteilnehmer geben dem Berater Resonanz zu seiner Beratungsleistung – unabhängig davon, ob er einen Genius in der Beratung herausschälen konnte oder nicht. Es erfolgt keine Weiterberatung mehr. Die Teilnehmer nehmen nur Bezug zu seiner Berater-Rolle hinsichtlich Kontakt – Kontrakt – Fokus – Sprache – Haltung und Abschluss der Sequenz.

3. Abschluss im Plenum

Als Leiter können Sie im Anschluss mit der Gruppe im Plenum „gute" Beraterfragen sammeln und auch mögliche „heikle" Phasen der Beratung ansprechen und klären, wie bspw.:

▶ Der Klient eröffnet Nebenbühnen, weil ihn ein spezielles Ereignis bewegt oder weil er Wesentlichem ausweichen will.
▶ Der Klient formuliert das als Genius, was er sich als Ergänzung wünscht!

Für den Nachklang und die Nachbearbeitung können Sie der Gruppe folgende Fragen mitgeben oder im Anschluss in **Zweier-Murmelrunden** besprechen lassen:

Empfehlungen zum Nach-Sinnieren

▶ Wer oder was nährt meinen Genius?

▶ Welche meiner bisherigen Tätigkeiten dient meinem Genius?

▶ In welchen Rollen, bei welchen Themen lebe ich meinen Genius schon?

▶ Wo gibt es Chancen, den Genius noch mehr zu leben, ohne in „Schwarzmärkte" zu gehen? (Mit Schwarzmärkte meine ich berufliche Nebenbühnen, auf denen ich meine ganze Energie einsetze, die jedoch nicht zu meinen Kernaufgaben gemäß der Geschäftsprozesse gehören.)

▶ Wie wird wer und in welchen Rollen in einem Jahr bemerken, dass ich meinen Genius stärker lebe?

▶ Was wäre der Preis? Worauf werde ich dann verzichten?

▶ Was wären erste konkrete Schritte in kleinen Beispielsituationen (Besprechungen, Gespräche), meinen Genius mehr zur Geltung zu bringen?

Kommentar

▶ Das Geniuskonzept ist ein stärkendes und bereicherndes Tool für jede Gruppe.

▶ Coachingerfahrung hilft dabei, ein Gespür zu entwickeln, bei welchen Fragen der Coachee seelische Kraft entwickelt – und dann auch dranzubleiben.

▶ Hilfreich ist es, wenn die Teilnehmer bereits Erfahrungen mit Spiegelungs- und Reflexionsübungen haben.

Quellen

▶ Richards, D.: Weil ich einzigartig bin, Freiburg i. Br.: Herder Verlag 1999.

▶ Sinnierkarten „Genius" von Wolfram Jokisch, www.sinnier-karten.de

▶ Text „Das Genius-Projekt" vom isb Wiesloch

▶ Reflexionsübung „Geniusspuren" 30–120 Min. Autor: Wolfram Jokisch (2005), erweitert 2009 von Marc Minor, Quelle: isb

▶ „3-Welten-Modell" vom isb Wiesloch

Schlagworte

Genius, Dick Richards, Wolfram Jokisch, Sinnierkarten, Persönlichkeitsentwicklung, Stärken, Talente, Identitätsentwicklung, Potenzialanalyse, Drei-Welten-Modell

Trainingsdesign

▶ Die Übung erfolgt in drei Durchgängen à 40 Minuten
▶ Kleingruppen à 3 Personen: Berater (B), Klient (K) und Beobachter (C)

1.	10 Min.	Einführung

2.	20 Min.	**Driften:** B unterstützt K
	5 Min.	**Impulse:** Einschätzungen und Ideen von C
	10 Min.	**Gemeinsames Tüfteln:** von B, K und C
	5 Min.	**Resonanz:** von C, K für B

3.		Abschluss

▶ Das Handout mit den Fragen des Tools erhalten Sie unter den Online-Ressourcen.

Selbstbildnis

– Wie sehe ich mich selbst in der Welt? Überraschendes und
Erstaunliches in der Begegnung mit sich selbst
Dr. Walter Spreckelmeyer

▶ Kenntnisstand der Teilnehmer: Anfänger und Fortgeschritten
▶ Dauer: nach Gruppengröße pro Person ca. 60 Minuten

Das Tool richtet den Blick auf die Individualität der Teilnehmer. Diese stellen sich mit einem Bild vor, das sie in Einzelarbeit und mit Bezug zu bestimmten Fragen gemalt haben. Ziel ist, sich selbst mit Mitteln der Malerei zu präsentieren und über die Auseinandersetzung mit sich selbst einen Zugang zum Verständnis der eigenen und der menschlichen Identität zu finden. Der Wert des Tools entsteht aus der Kombination von Bild, Wort und Tat. Es bietet einen authentischen Ausdruck der Teilnehmenden und erlaubt einen aktuellen Einblick in das Selbstverständnis der handelnden Personen. Die Konfrontation mit sich selbst erzeugt eine konstruktive Spannung in einem geschützten Raum. Sie stärkt das Selbstvertrauen, fördert die Selbsterkenntnis und einen wertschätzenden Umgang der Lernenden miteinander.

Kurzbeschreibung

Die Gruppenmitglieder, nicht mehr als zehn Personen, die sich noch nicht oder erst kurz kennen, arbeiten nach erfolgter Anleitung des Tools zunächst allein. Anschließend präsentieren sie sich vor der Gesamtgruppe mit Videoaufzeichnung und Gruppen-Feedback. Der Lehrtrainer steuert den Prozess mit klaren Formatvorgaben. Er achtet darauf, dass alle mitmachen. Er greift Widerstände auf, ermutigt und sorgt für eine vertrauensvolle und wertschätzende Lernatmosphäre.

Setting

Das Selbstbildnis in der Kunst ist die Darstellung des Menschen im Bild. Das Tool „Selbstbildnis" erweitert den Blick auf konkretes menschliches Sein in der Welt im aktuellen lebendigen Vollzug in Wort,

Gründe für das Tool

Bild und äußerer Erscheinung. Es sensibilisiert die Teilnehmer für das komplexe Thema Identität. Ausgehend vom Alltagserleben macht es das eigene Selbstverständnis bewusst und bietet die Ausgangsbasis für weitere Klärungsprozesse der persönlichen Identität, für die Erarbeitung des Rollenverständnisses als Coach und einen Zugang zum Selbstverständnis des Klienten. Es wird deutlich, dass Coaching sich auch mit dem Selbstbild der Klienten in seinem System auseinandersetzt. Das Tool konfrontiert mit den Selbstwirksamkeitserwartungen, zeigt die Vielfalt lebensweltlicher Bezüge und die Einzigartigkeit des Selbstseins. Es zeigt die Arbeit an der eigenen Identität als eine ständige Aufgabe. Das Tool schafft insbesondere in der Kennlernphase eine vertrauensvolle Arbeitsatmosphäre und einen wertschätzenden Umgang der Teilnehmenden miteinander. Es fördert das Kennenlernen und baut Vertrauen in der Gruppe auf.

Insbesondere werden folgende Kompetenzen gestärkt:
▶ Erkennen systemischer und systemdynamischer Zusammenhänge
▶ Den Prozess der Selbstexploration fördern
▶ Verdeutlichen, dass das Selbstbildnis eine Momentaufnahme und Ausdruck einer aktuellen Beziehungsqualität ist und dem subjektiven Auffassungssinn folgt
▶ Zugang gewinnen zum Selbstverständnis des Klienten als Ausgangspunkt der Coachinginterventionen
▶ Den Blick öffnen für die individuellen Bedeutungszuschreibungen und die Struktur der Identität
▶ Schlummernde Kompetenzen reaktivieren und im Kontext der aktuellen Situation zielgerichtet nutzen
▶ Selbstbewusstsein und Selbstwertgefühl stärken auch durch Überwindung von Selbstzweifeln hinsichtlich der eigenen Fähigkeiten bspw. der eigenen Malfertigkeiten

Ausführliche Beschreibung

Die Einführung in das Tool und die Zielsetzung erfolgt im Plenum durch den Lehrcoach. Sie dauert etwa fünf bis zehn Minuten. Er stellt das Thema, seine Bedeutung und Funktion im Kontext der Coachingweiterbildung dar und erläutert das Design und den Ablauf der Prozessschritte. Er stellt sich auf Widerstände aus der Gruppe ein, nimmt die Sorgen und Bedenken ernst, entproblematisiert und ermutigt die Teilnehmenden, sich auf die Übung einzulassen. Er schafft durch eine offene wohlwollende Arbeitsatmosphäre die Voraussetzung dafür, dass alle mitmachen

Die leitende Fragestellung wird am Flipchart aufgeschrieben und der Auftrag formuliert. Zum Beispiel auf die folgende Weise.

„Stellen Sie sich uns mit einem Bild von sich dar, mit dem Sie auf die folgenden Fragen antworten:

- ▶ *Wer bin ich?*
- ▶ *Wen/was liebe ich?*
- ▶ *Was brauche ich?*
- ▶ *Was erstrebe ich?*
- ▶ *Was tue/arbeite ich?*

Was Sie jetzt hinsichtlich der leitenden Fragen malen und wie Sie sich im Bild darstellen bspw. figürlich oder abstrakt, steht Ihnen frei."

Die Teilnehmer erhalten ein Flipchart-Blatt und einen Satz Wachsmalstifte, genügend Raum und etwa 30 Minuten Zeit.

Nachdem alle ihr Bild gemalt haben, präsentieren sie sich in freiwilliger Reihenfolge einzeln stehend vor der Gruppe mit Videoaufzeichnung. Das dauert pro Person ca. zehn Minuten. Die Fragen an den Präsentierenden lauten:
- ▶ *„Wer sind Sie?"*
- ▶ *„Welches Bild von sich möchten Sie uns zeigen?"*

Die Zuhörenden werden gebeten, der Darbietung zu folgen und für sich dabei die Fragen zu beantworten: *Wie wirkt Herr … /Frau … auf mich?* (mindestens drei Begriffe während der Präsentation aufschreiben) und *Was gefällt mir?*

Nach der Präsentation nimmt der Teilnehmende vorne Platz und beantwortet gegebenenfalls Verständnisfragen. Die Gruppe würdigt den persönlichen Auftritt und jeder nennt mit der Rückmeldung ihre Begriffe. („warmer Regen"). Das dauert je nach Gruppengröße etwa zehn Minuten. Der Lehrcoach achtet hierbei auf wertschätzendes Feedback und auf die Vermeidung von Interpretationen und möglichen Deutungen.

Nach Beendigung und möglicher Pause werden nacheinander die Videoaufzeichnungen abgespielt. Diese konfrontiert jeden mit sich selbst und den Fragen: *„Wie wirken Sie auf sich? Was finden Sie gut und wo sehen Sie Veränderungs- bzw. Optimierungsbedarf?"* Der Lehrcoach achtet darauf, dass nicht diskutiert wird. Das dauert pro Person ca. zehn Minuten.

Am Ende erfolgt die gemeinsame Auswertung der Übung in etwa zehn Minuten. Es wird übergeleitet zur allgemeinen Frage nach der Identität, deren Struktur und Erlebnisdimensionen. Es wird aufgezeigt, wie die Selbstbildnisse den Selbstverhältnissen anschauliche Fülle geben. Der Lehrcoach zeigt auf, dass das Selbstbildnis als Ausdruck/Abbild der Persönlichkeit u.a. sowohl die physische Gestalt (das Aussehen) als auch die Wort- und Leibsprache, die Verwendung von Metaphern, Zeichen und Symbolen umfasst. Ebenso sind Form, Farbe und Gestalt in systemisch einzigartiger Weise eingeschlossen. Er weist darauf hin, dass sie taugliche Ausdrucksmittel der Persönlichkeit sind und im Coachingprozess vielfältige Anwendung und Beachtung finden können.

Kommentar

Die Übung geht die Teilnehmenden unmittelbar an. Sie bleibt nicht äußerlich, sondern fordert die Teilnehmenden auf, sich mit sich selbst auseinanderzusetzen. Das ist für viele ungewohnt. Sie sollen sich offenbaren, was Mut verlangt und auch Selbstüberwindung. Dies erfordert eine hohe Sensibilität, Empathie und die didaktische Kompetenz des Lehrtrainers. Die Leistung, sich in der selbst gemäßen Weise darzustellen und das gemeinsame Erleben fördern das eigene Selbstvertrauen sowie Achtung und Wertschätzung für sich und andere.

Die Komplexität und Tiefe der Fragestellung verführt leicht zu akademischen Diskussionen und erfordert vom Lehrcoach Zurückhaltung. Er muss sich auf die leitende Fragestellung fokussieren und bewusst auf Deutungen und Erklärungen der Bilder als Innenansichten der Psyche verzichten.

Das vielfältige Spektrum der Betrachtungsweisen, die Problemebenen und Fragestellungen zur Identität können, falls die Teilnehmer dies thematisieren, aufgegriffen und angesprochen werden. Jedoch sollten sie vor und während der Übung nicht erörtert werden. Wichtig ist, sich auf die konkrete Aufgabe zu konzentrieren. Mit der Übung erhält die Thematik einen Bezugs- und Ordnungsrahmen, den systemischen Kontext, der aus der Lebenspraxis erwächst und für spätere Lehreinheiten vielfältige Anknüpfungspunkte liefert. Die Teilnehmenden sind oft überrascht über sich selbst und die Vielfalt der Darstellungs- und Vorstellungsweisen. Sie erleben die Schwierigkeit, nicht wie gewohnt Wertungen und Analysen vorzunehmen, sondern nur einen Eindruck des Erlebten mitzuteilen. Um solche und andere Erfahrungen der Teilnehmer aufzugreifen, zu vernetzen und sowohl für die Weiterentwicklung der Teilnehmer als auch für den Gesamtprozess nutzbar zu machen, wird vom Lehrcoach erwartet, dass er die Übung sinnvoll in den Gesamtprozess der Weiterbildung integriert. Das Tool schließt die

Bernd Schmid, Oliver König (Hrsg.): Train the Coach: Methoden

Teilnehmenden für sich selbst, für einander und für das Thema in lebendiger Weise auf. Es bedarf keiner Vorkenntnisse.

Teile und Varianten dieser Übung werden in verschiedenen Formaten und Kontexten bspw. zur Selbstpräsentation im Rahmen von AssessmentCenter (AC) genutzt. Es findet sich eine Fülle an Veröffentlichungen zu Selbstbild, Selbstverständnis und Selbstbildnis. Eine genaue Quelle der Übung ist nicht bekannt. Das Tool in dieser Form wurde in der CA Coaching Akademie für die Coachingausbildung Ende der 90er-Jahre entwickelt.

Quellen

Identität, Selbstbild, Selbstpräsentation, Selbstverständnis, Selbsterkenntnis, Selbstreferenz, Selbstporträt

Schlagworte

Trainingsdesign

- ▶ 60 Minuten pro Person
- ▶ Plenum: Aufteilung in Untergruppen und Einnehmen der Rollen des Fallgebers A und der Berater B, C und D. Evtl. Besetzen der Rolle des Moderators/Zeitwächters E und des Beobachters F.

1.	30 Min.	Einzelarbeit: Stellen Sie sich uns mit einem Bild von sich dar, mit dem Sie auf die folgenden Fragen antworten: ▶ Wer bin ich ? ▶ Wen/was liebe ich? ▶ Was brauche ich? ▶ Was erstrebe ich? ▶ Was tue/arbeite ich?
2.	10 Min. pro Person	Präsentation des Selbstbildnisses im Plenum mit Videoaufzeichnung. Zuhörende schreiben auf: ▶ Wie wirkt Herr... /Frau ... auf mich? ▶ Was gefällt mir?
3.	10 Min. pro Person	Rückmeldung der aufgeschriebenen Begriffe im Plenum = warmer Regen
4.	10 Min. pro Person	Nach allen Präsentationen werden die Videoaufzeichnungen abgespielt.
5.	10 Min.	Gemeinsame Auswertung der Übung im Plenum.

- ▶ Das Handout mit den Fragen des Tools erhalten Sie in den Online-Ressourcen.

4 Zukünfte

*– Scharf daneben ist auch daneben: Was ist,
wenn aus Lebensplänen nichts wird?*
Dr. Cornelia Seewald

▶ Kenntnisstand der Teilnehmer: beliebig
▶ Dauer: Kurzfassung: 60 Min., Langfassung bis zu 180 Min.

Das Tool fokussiert erfolgreiche und misslingende Zukunftsperspektiven. Die Teilnehmer lernen, mit Befürchtungen konstruktiv umzugehen, eigene Ängste transparent zu machen und zu relativieren, Dilemmata zu erkennen und aufzulösen. Die Übung fördert Fantasie, Kreativität und Antizipationsvermögen. Teilnehmer entwickeln starke Visionen für ihre Wunschvorstellungen und ebenso Bewältigungsstrategien für Zukunftsentwürfe, die von ihren Wunschvorstellungen deutlich abweichen. Sie erweitern visionär das eigene Handlungsrepertoire.

Kurzbeschreibung

Das Tool eignet sich für
▶ die Einzelarbeit (Coach und Coachee),
▶ die Arbeit in kleinen Gruppen (drei bis fünf Teilnehmer) mit einem gemeinsamen Austausch im Plenum und
▶ die Arbeit in größeren Gruppen bis ca. zwölf Teilnehmern (Austausch in Trios).

Setting

In jeder der drei Varianten beginnt die Übung mit einer Instruktion zu Sinn und Zweck des Tools und des Ablaufs. Dann folgt eine erste Phase, in der die Teilnehmer individuell für sich allein arbeiten. Danach erfolgt der Austausch mit Feedback entsprechend der Gruppengröße.

Wunschvorstellungen und Annahmen über Ursache-Wirkungsketten entstammen der eigenen Motivation, den individuellen Bedürfnissen. Sie werden im Sinne der selektiven Wahrnehmung zugespitzt und nicht

Gründe für das Tool

ohne Weiteres auf Realitätsangemessenheit hin geprüft. Die Übung zielt darauf ab, sich der antizipierten eigenen Problemlösefähigkeit bewusst zu werden, wenn *die Dinge anders kommen als gewünscht.* Ziel ist, dass sich die Teilnehmer *allen vier Zukünften gewachsen fühlen und lernen, ihr Leben in Alternativen zu denken.*

Das Tool kann in jeder Ausbildungsphase eingesetzt werden. Die Teilnehmer können eigene Zukunftserwartungen erweitern, sie entwickeln und bewerten die Bedingtheiten für die von ihnen gewünschten Perspektiven. Sie üben auch, sich mit unerwünschten Zukunftsperspektiven konstruktiv und problemlösungsorientiert auseinanderzusetzen und das Undenkbare zu denken.

Die Teilnehmer lernen:
- ► eigene Plausibilitäten zu hinterfragen,
- ► Grundannahmen über „Wenn dann"-Ereignisketten aufzulösen,
- ► ihr Kompetenzprofil für verschiedene Lebens-/Berufssituationen zu entwerfen
- ► über Erfolg und Misserfolg differenziert nachzudenken,
- ► die Grenzen ihres Vorstellungsvermögens auszuloten.

Sie trainieren die Fähigkeit zu visionieren und selbstreflexiv Bewältigungsstrategien zu entwickeln. Achtung: Das Thema ist frei wählbar, es muss nicht im Zusammenhang mit der Ausbildung zum Coach stehen.

....

Ausführliche Beschreibung

Instruktion vor der Einzelarbeit

„In dieser Übung geht es darum, zu hinterfragen, was eigentlich passiert, wenn unsere Wunschvorstellungen, Ziele und Erwartungen sich nicht erfüllen. ‚Erstens kommt es anders und zweitens als man denkt'. Beispiel: Manche von Euch machen diese Ausbildung, um ein guter Coach zu werden, andere, um gutes Geld zu verdienen, wieder andere, um in der Rolle als Manager besser führen zu können oder jemand möchte einfach nur gut unterstützen können. Dann wäre eine gewünschte Zukunft z. B. in dem Satz beschrieben: ‚Wenn ich die Coachausbildung mache, werde ich ein guter Coach.' (Das wäre die Zukunft 1) Nun kann es aber auch ganz anders kommen, z.B. ‚Ich mache die Ausbildung und werde aber kein guter Coach' (Das wäre die Zukunft 2) Oder ‚Wenn ich die Ausbildung – aus irgendwelchen Gründen - nicht mache, werde ich dennoch ein guter Coach.' (Zukunft 3) und auch noch Zukunft 4: ‚Ich mache die Ausbildung nicht und werde auch kein guter Coach.' Zukunft 1 ist also die Wunschvorstellung, das Ziel in einer Wenn dann-Beziehung. Die anderen drei Zukünfte kehren die Wunschvorstellung um, postulieren Ursache-Wirkungszusammenhänge in anderen Konstellationen, mit anderen Ergebnissen."

Um das Prinzip noch einmal darzustellen

1. Ich heirate bald und werde glücklich: Wie sieht dann mein Leben aus?!
2. Ich heirate bald und werde nicht glücklich: Wie sieht dann mein Leben aus?!
3. Ich heirate nicht und werde glücklich: Wie sieht dann mein Leben aus?!
4. Ich heirate nicht und werde auch nicht glücklich: Wie sieht dann mein Leben aus?!

„Bitte überlegt jeder für sich, welche Wunschvorstellungen, Erwartungen oder Ziele Ihr in dieser Art der Kausalverknüpfung habt und bearbeiten wollt. Es darf jeden Lebensbereich betreffen: Beruf, Familie, Gesundheit, Alter, Freundschaften, Reisen etc. Und wählt dann eine Zukunftsperspektive aus, die Ihr bearbeiten wollt. Für jedes dieser vier Zukunftsbilder entwerft ihr dann ein möglichst konkretes, plastisches Szenario.“

Reflexionsfragen für jede der vier Zukünfte können sein

- ▶ Wodurch ist die Situation gekennzeichnet?
- ▶ Wie kam es dazu? Was war förderlich? Was hinderlich?
- ▶ Was genau passiert?
- ▶ Wer ist beteiligt?
- ▶ Wie geht es mir?
- ▶ Wie verhalte ich mich?
- ▶ Wie verhalten sich andere?
- ▶ Was tue ich, damit es mir gut geht?
- ▶ Wer unterstützt mich, und wodurch?
- ▶ Welche Entscheidungen stehen an?
- ▶ Welche Gefühle bewegen mich?
- ▶ Wie kann ich die Situation akzeptieren?
- ▶ Welche Fähigkeiten und Qualitäten habe ich?
- ▶ Welche weiteren Ziele und oder Überzeugungen habe ich?
- ▶ Wie kann ich die Situation weiter verbessern?
- ▶ Welche Ressourcen finde ich?

„Für die Einzelarbeit habt Ihr ca. 30 Minuten Zeit. Dokumentiert Eure vier Zukünfte. (Varianten: Notizen; Bild malen; Collage aus Illustriertenschnipseln) Wir werden nach einer halben Stunde wieder zusammenkommen und uns darüber austauschen.“

Austausch

▶ **Variante allgemeiner Austausch:** Hier ist wichtig, dass jeder Teilnehmer in jedem Fall seine Wunschvorstellung, seine präferierte Zukunft vorstellt und von den anderen Teilnehmern dafür weitere Unterstützung erhält. Das geschieht dadurch, dass Teilnehmer vom Trainingsleiter aufgefordert werden, zu fantasieren, welche weiteren Ressourcen hilfreich sind, wie genau der Erfolg oder das Glück oder der Reichtum oder der Einfluss – was auch immer – in der gewünschten Zukunft aussieht. Sie fantasieren, was der Kandidat selbst alles dafür getan hat, es zu ermöglichen und sie assoziieren, welche Umstände dabei hilfreich waren.

▶ **Variante Austausch im Setting Coach und Coachee:** Der Coachee berichtet eine oder mehrere Zukünfte. Er entscheidet, welche er mit dem Coach reflektieren möchte. Der Coach unterstützt den Coachee, den jeweiligen Zukunftsentwurf zu vertiefen und seine Ressourcen zu aktualisieren. Letztlich ist das Ziel, dass sich der Coachee allen vier Zukünften gewachsen fühlt und lernt, seinen weiteren Lebensentwurf in Alternativen zu denken.

▶ **Variante Austausch in der Kleingruppe:** Der Trainingsleiter bittet die Teilnehmer, sich zu überlegen, welchen Zukunftsentwurf sie gern in der Kleingruppe vorstellen und weiter reflektieren möchten. Der Teilnehmer, der einen Zukunftsentwurf vorstellt, wird von den anderen Teilnehmern darin unterstützt, die Szenerie noch plastischer zu sehen, noch mehr Details zu erkennen, verborgene Umstände wahrzunehmen, Chancen und Potenziale zu entdecken. Alle Teilnehmer tragen mit ihrer Fantasie und ihren Assoziationen dazu bei, den Entwurf sehr komplex und differenziert auszubauen. Ziel ist, einen für den Kandidaten bestmöglichen Entwurf zu kreieren. Die Vorstellungen der Zukunftsentwürfe gehen reihum. Es wird immer nur eine Zukunft vorgestellt, dann ist der Nächste dran, solange bis alle Teilnehmer genug haben. Der Trainingsleiter achtet darauf, dass die Teilnehmer nicht ermüden und hilft, das rechte Maß zu finden.

▶ **Variante Austausch in Trios:** Der Trainingsleiter weist darauf hin, dass jeweils eine Zukunft vorgestellt wird, dann ist der nächste Teilnehmer dran. Der Teilnehmer entscheidet, welche Zukunft er vorstellen möchte. Es gibt keine bestimmte Reihenfolge. Der Trainingsleiter gibt nur die Zeit vor.

Gemeinsame Abschlussrunde nach dem Austausch

Der Trainingsleiter fragt danach, was die Übung für den Einzelnen gebracht hat.

▶ Was war wesentlich?

▶ Was war überraschend?

▶ Gab es angenehme/unangenehme Gefühle beim Erarbeiten der vier Zukünfte oder bei der gemeinsamen Reflexion?

Der Trainingsleiter sollte darauf achten, dass die Teilnehmer möglichst essenzielle Themen finden, die ihnen wirklich sehr am Herzen liegen. Die Übung lebt davon, dass das jeweilige Thema hohe Relevanz für das eigene Leben hat. Im zeitlichen Ablauf richtet sich der Trainingsleiter am besten flexibel nach dem Gruppentempo. Wichtig dabei ist, im Laufe des Austausches immer wieder die Supportfunktion der anderen Teilnehmer hervorzuheben. Ihr Engagement ist zeitgleich eine Übung in Empathie. Durch den Austausch kommt es häufig zu tief gehenden, persönlichen Begegnungen, sodass Anteilnahme und Bindung unter den Teilnehmern gestärkt werden.

Kommentar

Denise Linn, www.deniselinn.com

Quellen

Zukunftsperspektive, Perspektivwechsel, Selbsterfahrung, Vision, Feedback, Problemlösekompetenz, Kreativität

Schlagworte

Trainingsdesign

▶ 60–180 Minuten

| 1. | 5 Min. | Instruktion durch den Trainingsleiter |

▶ Vorstellen der Methode
▶ Darstellung des Ablaufs
▶ Fokus auf Bedeutung des Themas

| 2. | 10 Min. | Teilnehmer suchen nach ihrem spezifischen Thema für diese Übung. |

| 3. | 30 Min. | Einzelarbeit: Entwicklung der vier Zukünfte. |

| 4. | 10 Min. | Austausch. |

Bernd Schmid, Oliver König (Hrsg.): Train the Coach: Methoden

Handout

Beispiel für das Prinzip der vier Zukünfte

1. Ich heirate bald und werde glücklich: Wie sieht dann mein Leben aus?!
2. Ich heirate bald und werde nicht glücklich: Wie sieht dann mein Leben aus?!
3. Ich heirate nicht und werde glücklich: Wie sieht dann mein Leben aus?!
4. Ich heirate nicht und werde auch nicht glücklich: Wie sieht dann mein Leben aus?!

Reflexionsfragen für jede der vier Zukünfte

▶ Wodurch ist die Situation gekennzeichnet?
▶ Wie kam es dazu? Was war förderlich? Was hinderlich?
▶ Was genau passiert?
▶ Wer ist beteiligt?
▶ Wie geht es mir?
▶ Wie verhalte ich mich?
▶ Wie verhalten sich andere?
▶ Was tue ich, damit es mir gut geht?
▶ Wer unterstützt mich, und wodurch?
▶ Welche Entscheidungen stehen an?
▶ Welche Gefühle bewegen mich?
▶ Wie kann ich die Situation akzeptieren?
▶ Welche Fähigkeiten und Qualitäten habe ich?
▶ Welche weiteren Ziele und oder Überzeugungen habe ich?
▶ Wie kann ich die Situation weiter verbessern?
▶ Welche Ressourcen finde ich?

Die Passungsformel im Wertekreuz

– Ein Design zur Stärkung der Selbstkompetenz und persönlichen Orientierung in der Coach-/Beraterrolle.
Thorsten Veith und Fred F. Schmidt

▶ Kenntnisstand der Teilnehmer: Anfänger & Fortgeschrittene
▶ Dauer: 60–90 Min. Einzelpers./3–6 Std. je nach Gruppengröße

Kurzbeschreibung

Fragen der persönlichen Passung beziehen sich auf das Zusammenspiel von Person und Organisation und damit auf den Kontext einer dynamischen Arbeits-, Berufs- und Lebenswelt, in der wir uns bewegen und zurechtfinden wollen. Grundlegende Fragen zur Selbststeuerung und stärkenfokussierten Orientierung in der Coach-/Beraterrolle lassen sich mit der Passungsformel im Wertekreuz bearbeiten. Die Passungsformel dient dabei als Ausgangspunkt, um Fragestellungen und Perspektiven in Bezug auf präferierte Rollen-, Kontext- und Lebensstil-Vorstellungen abzuleiten:

▶ *Passung = Rolle x Kontext x Lebensstil*

Diese bewusst gemachten Faktoren haben miteinander multipliziert einen entscheidenden Einfluss auf die persönlich erlebte Passung in unterschiedlichen Arbeitswelten und Organisationsformen.

Setting

Das Design erlaubt sowohl die Durchführung mit einer Einzelperson als auch mit einer Gruppe. Eine Gruppenarbeit kann mit bis zu 16 Personen erfolgen. Die Übung ist aufgeteilt in zwei Durchführungsphasen. Nachdem die einzelnen Faktoren der Passungsformel mithilfe des Wertekreuzes verständlich gemacht wurden, geht es an die Bearbeitung der individuellen Passungsformel. Bei einer Durchführung mit einer Gruppe findet diese individuelle Bearbeitung je nach Gruppengröße in Untergruppen statt.

Bernd Schmid, Oliver König (Hrsg.): Train the Coach: Methoden

Die Übung basiert auf einem systemisch geprägten Verständnis von Mensch und Organisation. Die Autoren gehen davon aus, dass jeder Berater/Coach, der sich auf seine vorhandenen, einzigartigen Kompetenzen und Präferenzen fokussiert, sein Kraftfeld gegenüber Kunden und Partnern optimal entwickeln kann und so Zufriedenheit im Beruf durch Passung erreicht.

Gründe für das Tool

Der Beruf und die tägliche Arbeit stellen einen wesentlichen Teil unseres Lebens dar. Wir verbringen die meiste Zeit des Tages im Vollzug unserer Arbeit und zusammen mit unseren Kollegen und Kunden. Zeitlich betrachtet ist dieser Anteil häufig höher als die Zeit mit dem Partner, der Familie oder Freunden. Da der Beruf einen solch zentralen Faktor für uns darstellt, ist es naheliegend, dass man die eigenen, individuellen Einstellungen und Werthaltungen kennt, wenn man sich mit dem eigenen beruflichen Weg als Berater und Coach beschäftigt. Vor dem Hintergrund unserer eigenen Beratungserfahrung zeigt sich, dass viele Menschen, auch wenn sie einige Jahre Berufserfahrung mitbringen, sich immer wieder Fragen stellen, die sich auf den eigenen beruflichen Weg, den Schwerpunkt professionellen Wirkens im Feld von Coaching und Beratung und auf die eigene Entwicklung beziehen.

*Was sind (heute schon) meine **Stärken**, was ist **mein „USP"** und wo liegt meine persönliche **Passung**?*

Beruflicher Erfolg, berufliches Fortkommen, die passende Rolle mit Coachingqualitäten in Unternehmen (als Interner oder Externer), die Zufriedenheit und die Umsetzung sowie die Verwirklichung eigener Ideen in Beruf und anderen Lebenswelten müssen sich nicht behindern, sondern passen zueinander und ergänzen sich im Idealfall. Die viel zitierte Formulierung „Work-Life-Balance" legt nahe, dass die Arbeit außerhalb des Lebens stattfindet und dass wir nun versuchen, beides in eine Balance zu bringen. Treffender scheint der Begriff der Whole-Life-Balance: Balance zwischen unterschiedlichen Lebenswelten sowie Balance über Lebensphasen hinweg.Die Frage der Balance ist aus unserer Sicht als Frage der Passung, d.h. der zueinander komplementären und ineinandergreifenden Teile zu verstehen – wie ein Puzzle. Mit der Passungsformel und dem Wertekreuz werden eigene Talente und Kompetenzen, der eigene Zugang zu Typen von Organisationen als Kontext und Berufsfeld sowie das eigene Werte- und Sinnsystem reflektiert. Die Beschäftigung mit der Passungsformel erweist sich sowohl bei erfahrenen Professionellen als auch bei Teilnehmern in Übergangsphasen nach Ausbildung, Studium oder Weiterbildung als wirkungsvoll. Sie erhalten eine Standortbestimmung und einen Kompass zur eigenen beruflichen Entwicklung und Ausrichtung der beruflichen Lebenswelt.

Im Rahmen eines Drehbuchs widmen sich die Teilnehmer den folgenden Fragen nach den eigenen Stärken. Dies geschieht sehr persönlich und in der Auseinandersetzung mit anderen, für sie relevanten Dritten.

> ▶ Welche Kompetenzen und Präferenzen schreibe ich mir selbst zu und welche sehen Dritte bei mir als wirksam?
> ▶ Welche Feldkompetenz und Neigung zu Organisationsformen und -kulturen bringe ich aufgrund meines Berufsweges, meiner Berufserfahrung sowie meiner Sozialisation und meines Milieus mit?
> ▶ Wie sieht dies in unterschiedlichen Lebens- und Übergangsphasen aus?
> ▶ Wie sieht für mich ein zu mir persönlich passendes Arbeitsumfeld als Coach und Berater aus?
> ▶ Für welche nicht direkt intrinsisch geprägten, mir nicht „in die Wiege gelegten" Kompetenzbereiche, Skills und Qualitäten sollte ich mich beginnen zu interessieren (kognitive/seelische Lernfelder zur weiteren Professionalisierung)?

Ausführliche Beschreibung

1. Schritt

Im ersten Schritt wird das *Wertekreuz* mit seinen Polen „Wandel- vs. Stabilitätsorientiert" bzw. „Themen- vs. Personenorientiert" erläutert.

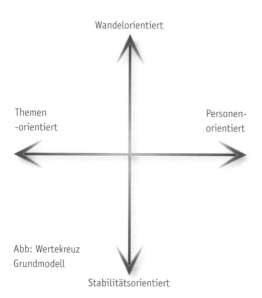

Abb: Wertekreuz Grundmodell

2. Schritt

Der/die Teilnehmer positionieren sich in ihrer „Wohlfühlzone" und ihrem „seelischen Heimatgebiet" (Stahl 2002). Das heißt, sie verorten sich auf dem im Raum ausgelegten Wertekreuz auf einer für sie passenden Position.

3. Schritt

Bevor die Passungsformel (Passung = Rolle x Kontext x Lebensstil) selbst vorgestellt wird, werden zwei ihrer Faktoren in das Wertekreuz eingebracht und erläutert. Zunächst wird das Wertekreuz um Rollen ergänzt, die in ihrer ganz eigenen Art einen spezifischen Beitrag in das Gesamtbild eines funktionierenden Netzwerks im Sinne der „Intelligent Many" leisten. Der Faktor „Rolle" wird erklärt.

   Bernd Schmid, Oliver König (Hrsg.): Train the Coach: Methoden

Rollen beschreiben das Feld unseres beruflichen Handelns und Wirkens in Organisationen. Mit den Teilnehmern fokussieren wir das Beherrschen einer bestimmten Rolle und die kompetente und komplementäre Ausgestaltung dieser präferierten Rolle im Sinne einer Gesamtinszenierung.

Jeder Mensch hat ganz bestimmte Rollenpräferenzen, er besitzt Neigungen und Talente in einer ganz eigenen Kombination, die diesen Menschen einzigartig machen und die ihm in die Wiege gelegt scheinen. Andere Kompetenzen und Säulen beruflicher Rollen erwirbt er im Sinne eines Handwerks. Sie sind „transferable", sie können auf viele verschiedene Arbeitskontexte übertragen werden. Sowohl Rollenqualitäten und

Abb: Wertekreuz
mit Rollen

-präferenzen als auch berufliche Kompetenz werden das ganze Leben lang genutzt und weiterentwickelt. Das passiert im Beruf, in der Freizeit – es geschieht durch das Zusammenspiel mit anderen, die, jeder für sich betrachtet, ebenso kompetente Rollenträger in ihren Präferenzen sind oder sein wollen (= in „ihrem Kraftfeld").

Nun werden die vier Quadranten des Wertekreuzes aus der Perspektive einer jeweils eigenen Organisationsgestaltung und -kultur zur Durchsetzung von Interessen ergänzt. (*„Welches Systemverständnis setzt sich am wahrscheinlichsten durch?"*) Der Faktor „Kontext" wird erläutert.

Mit dem Begriff des **Kontextes** wird betont, dass Professionelle eine Neigung zum Arbeiten in bestimmten Organisationskulturen haben und auch eine Vorstellung, wie sie dazu einen Beitrag leisten wollen und können. Arbeite ich lieber in einer beziehungsorientierten, auf Loyalität beruhenden Struktur, vergleichbar mit einer Familienkultur, oder bewege ich mich ohne viel Mühe eher in einer auf Unabhängigkeit beruhenden Leistungskultur? Bevorzuge ich ein eher prozessgetriebenes oder ein tendenziell unverbindlicheres Arbeitsumfeld? Lege ich z.B. Wert auf ein offenes Büro mit flexiblen Arbeitsplätzen und -themen und „netten Leuten"? In Bezug auf das Berater-/Coachdasein betrifft „Kontext" einerseits die Art und Weise, wie und unter welchen Rahmenbedingungen beispielsweise die Arbeit verteilt und organisiert

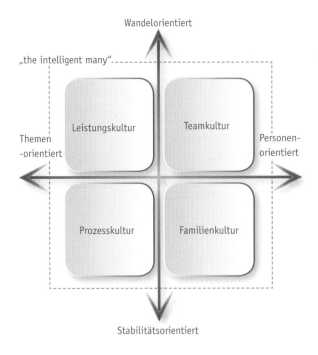

Wandelorientiert

„the intelligent many".

Themen
-orientiert

Leistungskultur

Teamkultur

Personen-
orientiert

Prozesskultur

Familienkultur

Stabilitätsorientiert

Abb: Wertekreuz
mit Kontext

wird. Auf der anderen Seite geht es hier in einer stärkenorientierten Betrachtung um: Das persönliche Portfolio passt zu welcher Organisationskultur? Diese Kontextbetrachtung dient der Definition von Zielkunden. „Passen" kann dabei auch „komplementär sein" bedeuten, im Sinne des eigenen Beitrags als notwendige oder hilfreiche Ergänzung.

So ist der Markt von Telekommunikationsunternehmen (Technik, schneller Wandel und Veränderungen) ein anderer und funktioniert nach anderen Logiken, Mechanismen und Geschwindigkeiten als das Feld von Sozialberatungseinrichtungen (tragende Traditionen, gewachsene Strukturen, verzahnt mit Politik und Sozialverbänden). Wieder anders funktioniert der industrielle Bereich, etwa der der Produktion und Fertigung von Maschinen (lange und aufwendige Entwicklungszeiten von Produkten, hoher Kostenaufwand zur Produktion, viel technisches Know-how). Es kommt also durchaus auf die Branche und die Erfahrungen damit an, auch wenn man von der einen Branche für die andere lernen kann. Wer seine Grundpräferenz für Organisationskulturen und Arbeitskontexte kennt, kann sich gezielter anbieten und wirksam werden. Sich auf davon abweichende Herausforderungen einzustellen und anzupassen, fällt ebenfalls erfahrungsgemäß leichter, wenn man seine eigene Kulturpräferenz kennt und verorten kann.

4. Schritt

Im nächsten Schritt wird nun an einem Flipchart die Passungsformel vorgestellt. Die zuvor eingeführten Begriffe „Rolle und Kontext" sind schon erklärt. Jetzt geht es um den letzten Faktor: den individuellen Lebensstil.

Mit **Lebensstil** ist gemeint, dass es darauf ankommt, die eigenen Sinn- (*„will gerne …"*, *„steht für …"*) und Wertvorstellungen (*„was mir wichtig ist …"*) zu kennen und diese zu verfolgen. Man kann sich diese wie übergeordnete Prinzipien vorstellen, nach welchen wir handeln und Entscheidungen treffen. Sie sind uns bewusst oder treiben uns unbewusst an. Sie beeinflussen unser tägliches Handeln und unsere langfristigen Wünsche und Ziele und sind immer wieder mit den dynamischen Rahmenbedingungen abzugleichen (*„Was ist mein Auftrag?"*, *„Was will, darf, kann und muss ich?"*). Wer sein Werte- und Sinnsystem kennt, für den stehen die Chancen gut, einen persönlich passenden Stil zu leben – jeder für sich und in seiner Art und Weise. Dabei geht es auch um den Blick für das Machbare und das Anerkennen der Idee, nicht immer tatsächlich das tun zu dürfen/können, was man will. Wie immer hat alles zwei Seiten, die in einem „Sowohl als auch"-Gedanken und als tragbare Kompromisslinie in Balance gebracht werden wollen.

5. Schritt

In der nun folgenden Arbeitsphase werden die bisher gewonnenen Erkenntnisse in Bezug auf Rollen und Kontexte um den letzten Faktor, den Lebensstil, angereichert und die Passungsformel ausformuliert.

Berater/Coachs haben ihre eigenen Präferenzen/Kompetenzen zur Ermittlung der mit dem Faktor „Lebensstil" gemeinten eher emotionalen Bedarfe. Wir nutzen hier bspw. Motivanalysen, das TA-Konzept zu Antreiber-Dynamiken, kollegiale Beratung und/oder ein klassisches Einstiegsdesign analog zu einem Beratungsgespräch in einem Coachingkontext. Da es uns hier nicht um eine umfassende Persönlichkeitsdiagnostik, sondern vielmehr um eine Orientierung gebende Hilfestellung geht, ist in dieser Arbeitsphase oft weniger komplexer Tiefgang mehr wert.

Die Arbeit in der Gruppe ist es, die „Formel" zusammen mit anderen oder im Zweier-Setting zu befüllen und auszuformulieren. Wir empfehlen hier ein einfaches Flipchart pro Person mit den wesentlichen Faktoren, Verdichtungen und Perspektiven. Daraus ergibt sich ein Kompass zur Orientierung zu Fragen wie: *Was kann ich gut, was liegt mir? Wo kenne ich mich aus, wovon verstehe ich etwas? Welcher Kontext passt zu mir und ist mein „Feld"? Wie will ich leben, was ist mir im Leben wichtig und welchen Lebensstil strebe ich an?* Der Outcome und das Ergebnis für jeden Teilnehmer ist die individuelle Passungsformel mit Anreicherungen aus der Gruppe/des Beraters und Verortungen der persönlichen Qualitäten im Wertekreuz.

6. Schritt

Anschließend findet eine dialogische Reflexion des Gesamtprozesses im Plenum statt.

Kommentar Es ist hilfreich, anhand einiger Beispiele zu erklären, wofür die einzelnen Ausprägungen und Dimensionen des Wertekreuzes stehen und wie das Modell entwickelt wurde.

In der Gruppendurchführung verortet sich wie beschrieben jeder Teilnehmer auf einem im Raum ausgelegten Kreuz. Diese analoge Arbeitsform macht einen besonderen Reiz in der Anwendung des Modells aus, es ist eine plastische Arbeit in der Gruppe und eröffnet Sichtweisen auf sich und andere. Der Berater/Moderator kann in der Gruppe Fragen zu den einzelnen Positionierungen stellen und Fragen untereinander anregen. Dabei geht es uns mehr um einen „sowohl-als-auch"-Umgang mit Unterschieden als darum, „Entweder oder"- Herangehensweisen zu diskutieren. Aus unserer Erfahrung bleibt gerade die Position im Wertekreuz und die damit verbundenen Qualitäten den Teilnehmern nachhaltig und langfristig im Gedächtnis, was auf die körperliche Verortung im Raum zurückgeführt werden kann.

Quellen Die Passungsformel wurde von den Autoren entwickelt in Anlehnung an die Kompetenzformel von Dr. Bernd Schmid: Professionelle Kompetenz = Rollenkompetenz x Kontextkompetenz x Passung (bzw. Sinn). Das Übungsdesign wie auch die Formel wurde von den Autoren mit Impulsen aus folgenden Quellen ausgearbeitet:

▶ Fittkau, B.: Dilemmatamanagement von Werten, 2009. In: www.forum-humanum.eu/fh_archiv/component/option,com_docman/task,doc_download/gid,120/

▶ Stahl, E.: Dynamik in Gruppen: Handbuch der Gruppenleitung. Weinheim: Beltz Verlag PVU 2002.

▶ Schmid, B.: Systemische Beratung jenseits von Tools und Methoden. Köln: EHP-Verlag 2012.

Schlagworte Passung, Passungsdialog, Passungsformel, Werte- und Sinnsystem, Präferenzen und Motive in Beruf, Organisationswelt und Privatwelt, Kompass zu Berufsentwicklung, Professionsentwicklung, Lebensstil-Analyse, persönlicher USP, Kraftfeld, Selbstkompetenz, Selbststeuerung, stärkenfokussierte Orientierung als Berater und Coach, Potenzialraum, Potenzialentwicklung

Trainingsdesign

▶ ca. 3–4 Stunden

1.	15 Min.	Rahmung der Arbeitssession und Einführung in die Ziele der Arbeit mit dem Wertekreuz und der Passungsformel. Einführung und Vorstellung des Wertekreuzes mit den Polen wandel- vs. stabilitätsorientiert bzw. themen- vs. personenorientiert.
2.	30 Min.	Der/die Teilnehmer positionieren sich in ihrer „Wohlfühlzone" und ihrem „seelischen Heimatgebiet", d.h., sie verorten sich auf dem im Raum ausgelegten Wertekreuz auf einer für sie passenden Position. Gegebenenfalls gegenseitige Befragung und Feedback zu den individuellen Positionen.
3.	15 Min.	Der Berater erläutert zwei der Begriffe der Passungsformel: das Wertekreuz mit den vier Quadranten wird einerseits um Rollen und andererseits um Organisationskulturen ergänzt und angereichert. Austausch zu den Ausprägungen mit den Teilnehmern.
4.	15 Min.	Der Berater führt an einem Flipchart die Passungsformel ein: *Passung = Rolle x Kontext x Lebensstil.* Er erläutert insbesondere den Faktor Lebensstil und den Charakter der Passungsformel als Multiplikation von individuellen Faktoren.

| 5. | 60–120 Min. | Die Gruppe im Plenum befüllt für jeden Teilnehmer die Passungsformel und formuliert diese aus (auf einem Flipchart pro Person) – mit wesentlichen Faktoren, Verdichtungen und Perspektiven. Alternativ kann das auch im Zweier-Setting geschehen. Ein Kompass zur Orientierung entsteht zu: |

▶ Welche Rolle(n) passt zu mir, welche Präferenzen habe ich?
▶ Was kann ich gut, was liegt mir?
▶ Wo kenne ich mich aus, wovon verstehe ich etwas? Welcher Kontext passt zu mir und ist mein „Feld"?
▶ Wie will ich leben, was ist mir im Leben wichtig und welchen Lebensstil strebe ich an?
▶ ...

Outcome und Ergebnis für jeden Teilnehmer ist die individuelle Passungsformel mit Anreicherungen aus der Gruppe/des Beraters und Verortungen der persönlichen Qualitäten im Wertekreuz.

| 6. | 15 Min. | Dialogische Reflexion des Gesamtprozesses im Plenum. |

Spiegelungsübung Self Care

– Wie nutze ich meine Ressourcen im Umgang mit Stress?
Dr. Andreas Kannicht

▶ Das Tool ist für jeden Ausbildungsstand geeignet, bedarf
wenig Vorbereitung und dauert 60 Minuten.

Häufig kommen die Teilnehmer einer Fortbildung aus beruflich herausfordernden und anstrengenden Situationen. Die Überlastung der
Teilnehmer wird in der Übung aufgegriffen und in Ressourcenbilder
transformiert. Dies kann als Modell dienen, wie mit Kunden in ähnlichen Situationen umgegangen werden kann.

Kurzbeschreibung

Die Übung wird in Kleingruppen durchgeführt und eignet sich deshalb
für Gruppen jeder Größe. Die Zusammenstellung der Gruppen kann je
nach Gruppendynamik nach dem Zufallsprinzip erfolgen oder durch
Selbstorganisation. Wichtig ist eine Einstimmung der Gruppe, damit
ein seelischer Schwenk entsteht: weg von analytischem Denken hin in
die Welt von Selbstreflexion und metaphorisch-intuitivem Erleben.

Setting

Das Tool fokussiert auf eigenes Erleben der Teilnehmer. Selbsterleben
und Spiegelung der Wirkung der Person auf andere Seminarteilnehmer
sind der Träger dieser Übung. Wie geht es mir, wenn ich mich überfordert fühle, wie gehe ich mit diesen Situationen um und was hilft mir,
mein inneres Gleichgewicht wiederzufinden? Und welche Bilder ruft
meine Selbstdarstellung im Gegenüber hervor?

Gründe für das Tool

Diese Übung ergänzt die Methoden des Referierens und Anbietens von
Beratungsübungen um die Ebene der Selbstreflexion und des intuitiven
Wahrnehmens. Dies kann die Atmosphäre und das Einbringen per-
sönlicher Themen in der Gruppe fördern. Zudem kann es Erschöpfung

vorbeugen und schlummernde Kräfte der Teilnehmer ins Bewusstsein rufen. Schließlich macht es darauf aufmerksam, dass die Themen unserer Kunden manchmal den eigenen nicht fremd sind und wir unsere eigenen Erfahrungen zur Selbststabilisierung auch für unsere Kunden nutzen können. Besonders eignet sich die Übung zum Ausklang eines Fortbildungstages.

Ausführliche Beschreibung

Bei dieser Übung ist die atmosphärische Einstimmung durch den Lehrtrainer entscheidend. Eventuell kann er auf Befindlichkeiten aus der Eingangsrunde des Seminars zurückgreifen, in der häufig auch Belastungssituationen genannt werden. Oder er leitet in das Thema etwa folgendermaßen ein: *„Wir erleben im beruflichen Alltag oder auch in privaten Situationen neben entspannten Phasen auch belastende Momente. Unseren Kunden geht es hier nicht anders. Ich möchte Ihnen zum Ausklang des Tages eine Übung anbieten, die Ihre Belastung in den Vordergrund stellt und dazu Formen, mit denen es Ihnen gelingt, sich wieder zu stabilisieren."* Neben dieser thematischen Einleitung erfordert die Übung eine Sensibilisierung für die metaphorische Arbeit: *„Während einer der Teilnehmer seine Geschichte anhand von Leitfragen erzählt, lauschen die anderen aus einer Haltung, die nahe am eigenen Erleben bleibt. Vielleicht ähnlich dem Zuhören eines Konzertes, das zwischendurch zum gedanklichen Abdriften in eigene Welten einlädt. Die Aufmerksamkeit ist somit gleichsam beim Gegenüber wie beim inneren Erleben. In diesem Zustand lassen Sie Ressourcenbilder anlässlich der Erzählung aufsteigen."* Diese inneren Bilder werden der Person, die ihre Erfahrungen geschildert hat, von der Gruppe zur Verfügung gestellt.

Nun erzählen die anderen aus der Gruppe nacheinander ihre Geschichten, die ebenso durch Spiegelungen aus der Gruppe ergänzt werden. Pro Person stehen 10–15 Minuten zur Verfügung, für die gesamte Übung eine Stunde. Danach werden die Leitfragen benannt und möglichst in Kopie als Übungsblatt ausgeteilt (als vorbereitetes Handout finden Sie die Fragen online):

1. Wenn ich im Stress bin, hilft mir am meisten, wenn ich …
2. In Stresssituationen kann man an mir folgende unangenehmen Seiten entdecken …
3. Um Stress vorzubeugen ist es für mich gut, wenn ich …
4. Nach anstrengenden Phasen hilft mir zur Erholung, wenn ich …

Nach der Übung können im Plenum die persönlichen Erfahrungen ausgewertet und auf ihre Bedeutung für Coachingprozesse übertragen werden. Alternativ kann der Seminarleiter die Teilnehmer einladen, jene während der Übung geschenkten Metaphern zu benennen, die sie als hilfreich erlebt haben. Eine Variante, die eher auf der bildhaften Ebene verbleibt und die Atmosphäre in den Abend trägt.

Aus dieser Übung gehen die Teilnehmer in der Regel gestärkt hervor. Das Verbinden von persönlich erlebten Überforderungen mit den persönlichen Kräften und Kompetenzen bringt häufig eine kraftvolle Atmosphäre hervor. Die Erfahrung am „eignen Leib" bzw. der eigenen Seele, wie der Fokus auf Ressourcen gerade dort stärken kann, wo die Hoffnung zu schwinden beginnt, vermittelt den Teilnehmern die Wirkung des ressourcenorientierten Ansatzes auf besonders intensive Weise. Außerdem fördert diese selbstreflexive Übung den Zusammenhalt in der Gruppe. Sie lässt Teilnehmer gerade auch dann bestehen, wenn sie sich als Menschen mit eigenen Begrenzungen schildern. Insofern stellt dieses Tool – gleichsam als gewünschte Nebenwirkung – ein kleines Gegenmittel gegen zu viel Selbstdarstellung und Konkurrenz in der Gruppe dar.

Kommentar

Dieses Tool wurde vom Verfasser gemeinsam mit Kurt Hahn in Ausbildungsgruppen entwickelt.

Quellen

Self Care, Ressourcenarbeit, Selbstreflexion, Metaphernarbeit

Schlagworte

Trainingsdesign

▶ 60 Minuten
▶ Vierergruppen: A, B, C, D

1.	5 Min.	Jeder verfasst eine skizzenhafte Selbstbeschreibung (Fragen 1–4, offen für welchen Bereich seines Lebens).
2.	ca. 3–5 Min.	A trägt die Selbstbeschreibung vor.
3.	7–10 Min.	B, C und D spiegeln ihre Reaktionen, geben eigene Intuitionen und Beobachtungen hinzu und suchen ein Ressourcenbild (Metapher, Lied, Geschichte, Symbol etc.) für die Fähigkeiten von A zur inneren Stabilisierung und Regeneration …
4.	3 x 13 Min.	Rollenwechsel.
5.	5 Min.	A, B, C und D tauschen sich über die gemachten Erfahrungen aus.

▶ Das Handout mit den Fragen des Tools erhalten Sie in den Online-Ressourcen.

Spiegelungsübung Ladenmetapher

– Würdigende Spekulation durch implizierte Bilder des Gegenübers
Dirk Strackbein

▶ Kenntnisstand der Teilnehmer: Fortgeschrittene
▶ Dauer: 60 Minuten

Kurzbeschreibung

Das Tool schult die Intuition und Kreativität. Besonders reizvoll ist: Hier steht das „Ladengeschäft" mit all seinen Ausstattungen, dem Schaufenster, seiner Lage und der Branche, für die charakteristischen Persönlichkeitsstile. Es kann ein Bezug zur Vergangenheit, zum Hier und Jetzt und zur Zukunft spekulativ hergestellt werden.

Setting

Diese „Spiegelungsübung" wird in Kleingruppen zu je vier Teilnehmern bearbeitet und eignet sich auch für größere Gruppen. Diese Spiegelungsperspektive ist für ungeübte Teilnehmer ungewöhnlich, Erfahrungen in der Arbeit mit Bildern und Intuitionsübungen sind von Vorteil. Die Teilnehmer arbeiten nach Anleitung selbstständig und sorgen dafür, dass die Spielregeln eingehalten werden. Es sollte darauf geachtet werden, dass alle Spekulationen immer positiv und persönlich wertschätzend kommuniziert werden.

Gründe für das Tool

In dieser Übung wird durch die Spiegelungsgruppe der Zugang und der Umgang mit intuitiven Urteilen geschult. In jeder Begegnung haben wir Wahrnehmungen voneinander, die uns in der Regel nicht bewusst sind, die aber die Kommunikation wesentlich beeinflussen. In den Spiegelungsübungen werden die Teilnehmer eingeladen, sich gegenseitig ihre Spekulationen und Bilder übereinander offen und doch taktvoll auszutauschen.

Dieses Tool fördert die Teilnehmer in der Ausbildung folgender Kompetenzen:

▶ Intuitive Fähigkeiten, Abstraktionsvermögen, Arbeit mit Spekulationen

▶ Das Erleben der Faszination von Selbst- und Fremdbild

▶ Welche Spekulationen und Intuitionen löse ich bei anderen aus?

▶ Welche Spekulationen und Intuitionen lösen andere bei mir aus?

▶ Eigene Stärken erkennen und reflektieren

▶ Perspektivenwechsel – Spiegelung geben und nehmen

▶ Wertschätzende Akzeptanz anderer Sichtweisen

Ausführliche
Beschreibung

Anmoderation im Plenum

Der Trainer erläutert den Sinn von Spiegelungsübungen als Begegnung von Menschen, die offen, wertschätzend und taktvoll Bilder austauschen, um jeweils durch persönliche Reflexion Entwicklungspotenziale aufzuzeigen. Es ist sinnvoll, darauf hinzuweisen, dass hier nicht nach Wahrheiten gefragt und gesucht wird, sondern spekulative Bilder als Angebot und Idee dem anderen zur Verfügung gestellt werden. Hierzu wird der Vergleich mit einem Laden genutzt, der in Bezug auf Ausstattung, Dekoration, Branche etc. viele Möglichkeiten für Analogien bietet. Die Instruktion wird vorgelesen und verteilt, Verständnisfragen geklärt. Die Gruppenbildung erfolgt entweder auf freiwilliger Basis oder nach anderen, vorher geklärten Kriterien.

Arbeit in den Untergruppen

Gemäß der Instruktion bekommt jeder der Teilnehmer seine Spiegelung durch die anderen. Wer als Erster gespiegelt wird, bestimmt die Gruppe. In den ersten drei bis fünf Minuten betrachten die anderen Teilnehmer den zu Spiegelnden und konzentrieren sich auf die Fragen, die Spekulationssphären. Nun teilen sie dem Protagonisten in einem Zeitraum von zehn Minuten ihre Spekulationen nacheinander mit. Wichtig ist dabei: wertschätzend, positiv, taktvoll, kreativ, intuitiv und spekulativ. Der Protagonist hört aufmerksam zu, kommentiert nichts und muss auch nichts auf sich beziehen. Nach den eigentlichen Spiegelungen haben die Teilnehmer noch einen Zeitraum von 15 Minuten zur Verfügung, um sich auszutauschen, über ihre Gefühle zu reden und gegebenenfalls Irritationen zu kommunizieren. Hier geht es in keiner Weise darum, Spekulationen zu fördern oder zu entkräften.

Kommentar

In der Einleitung dieser Übung ist es sinnvoll, insbesondere bei Menschen, die mit solchen oder ähnlichen Übungen noch keine Erfahrung haben, zuerst in die Bilderwelt von unterschiedlichsten Kaufläden einzusteigen – vom Baumarkt bis hin zum Bistro ist eine große Palette möglich und der Kreativität sind keine Grenzen gesetzt. Für die Professionalität von Coachs ist es sehr wichtig, sich mit den in einer Begegnung aufscheinenden Bildern und Beschreibungen auseinandersetzen zu können. In Spiegelungsübungen kann reflektiert werden, dass der Blickwinkel des eigenen Beurteilens intuitiv ist – und auch, wie es ist, intuitiv beurteilt zu werden. Auch wenn Intuitionen über mich nicht zutreffend oder ungenau sein können, so erzeugen sie doch Wirklichkeit. Es ist deshalb schon sehr wichtig, diese zu erfahren und zu reflektieren. Der professionelle Umgang mit Intuition stellt eine Grundkompetenz im Umgang mit Komplexität in vielfältigen professionellen Situationen dar.

▶ Schmid, B; Caspari, S.: Beziehung und Begegnung. Institut für systemische Beratung Studienschriften: Nr. 022/2002. (www.isb-w.de) *Quellen*
Die Spiegelungsübung „Laden" wurde von der Lehrtrainerin Dörthe Verres entwickelt und ist am ISB fester Bestandteil des Curriculums.

Laden, Metaphern, Spekulationen, Intuition, Spiegelung, Ladenbesitzer, Standort, Schaufenster, Kunde, Gegenüber, Entwicklungsmöglichkeiten *Schlagworte*

Trainingsdesign

- ▶ 60 Minuten
- ▶ Anmoderation im Plenum (ca. 10 Minuten).
- ▶ Arbeit in Vierergruppen (A, B, C, D)

| 1. | 2–3 Min. | B, C und D betrachten A und die Fragen (Spekulationssphären) still. Haltung: entspannt, unzensiert, doch taktvoll und den anderen würdigend. |

| 2. | 10 Min. | B spekuliert in lockerer Folge den Fragen entlang über A. A hört zu, muss nichts auf sich beziehen und gibt keinen Kommentar. Dann spekuliert C, danach D. B kann auch an C oder D weitergeben und ergänzen. |

| 3. | 3 x 10 Min. | Nun ist B, danach C bzw. D an der Reihe, sich bezüglich der Fragen betrachten zu lassen (Schritte wie oben). |

| 4. | 15 Min. | A, B, C und D tauschen sich über die gemachte Erfahrung bei der Übung aus (innere Vorgänge und Beziehungserleben). Dabei geht es *nicht* vorrangig darum, Spekulationen zu bestätigen oder zu korrigieren. |

Handout

Spekulationssphären

Wichtig: Nicht nur die Sätze ergänzen, sondern die impliziten Bilder vom Gegenüber und von sich selbst deutlich machen.

1. Wenn Du ein Laden wärst:

▶ wärst Du am ehesten ...

▶ wäre Dein Standort ...

▶ könnte ich im Schaufenster sehen ...

▶ sieht es drinnen etwa so aus ...

▶ fühle ich mich als Kunde ...

▶ würde ich auch einen weiteren Weg nicht scheuen, weil ...

▶ ...

2. Als Coach des Ladenbesitzers sehe ich folgende Entwicklungsmöglichkeiten ...

Spiegelungsübung Lebensphasen

– Vernetzt mit dem Bilderreichtum zum gelingenden Leben
Dr. Cornelia von Velasco

> ▶ Kenntnisstand der Teilnehmer: Fortgeschrittene
> ▶ Dauer: 80–100 Minuten

Kurzbeschreibung

Das Tool schult die Intuition in der persönlichen Arbeit mit Visionen und Zukunftsbildern. Es aktiviert und differenziert Bilder vom Gelingen und Misslingen des Alterns/Lebens sowie Ideen von persönlichen Fallstricken, und macht all dies der Selbstreflexion zugänglich. Das Tool erweitert ferner das professionelle Repertoire für Feedback und schöpferische Impulse im Coaching.

Setting

Die Übung ist auch für eine große Gruppe geeignet, da in Untergruppen mit vier bzw. fünf Teilnehmern gearbeitet wird. Sie ist anspruchsvoll in Bezug auf Spiegelungsperspektiven und setzt daher bei den Teilnehmern Erfahrung mit Intuitionsübungen und von Trainerseite eine motivierende Anmoderation voraus.

Gründe für das Tool

Das Tool macht die komplexen Zieldimensionen eines gelungenen Lebens – Integration (C. G. Jung) und Integrität (Erik Erikson) – sowie die eigene Verantwortung für das Gelingen ohne großen Theorieaufwand als Reflexions- und Interventionsperspektive praktisch nutzbar. Und es schärft den Blick für Inszenierungsmuster von Lebensphasen (Jugend, Alter) und persönliche Spielräume für Entwicklung und Veränderung. Es ist zu einem späteren Zeitpunkt der Weiterbildung sinnvoll, wenn bereits Erfahrungen mit biografischer Arbeit und Spiegelung vorhanden sind.

Dieses Tool fördert die Teilnehmer in der Ausbildung folgender Kompetenzen:

▶ Intuitive Fähigkeiten, Bilderreichtum und Perspektivenvielfalt in der Arbeit mit Zukunftsbildern und Lebensentwürfen

▶ Vertiefte Selbstwahrnehmung: Achten auf Intuitionen und Bilder, die ich bei anderen auslöse

▶ Erweitertes systemisches Beratungsrepertoire für Feedback, Hypothesenbildung und Intervention: Achten auf die Intuitionen, die andere bei mir auslösen

▶ Entdecken von Integrität/Stimmigkeit und Integration als Entwicklungsdimensionen des Alterns/Lebens

▶ Inneres Interesse für theoretische Konzepte zu Lebensphasen und Persönlichkeitsentwicklung

▶ Verantwortung und Achtsamkeit für persönlich relevante Trigger und Weichenstellungen für ein gelingendes Leben bei sich und anderen

▶ Perspektivenwechsel (Spiegelung geben, empfangen)

▶ Vertiefung von Respekt und Achtsamkeit für die Einzigartigkeit und Verantwortung jedes Menschen für sein Leben

Anmoderation im Plenum

Ausführliche Beschreibung

Der Trainer macht kurz auf den Sinn von Spiegelungsübungen (Anreicherung durch Fremdbilder) und den intuitiven Charakter dieser Übung (blitzschnelle Assoziationen, Bilder, Körperempfindungen) aufmerksam. Er verteilt und liest die Instruktion vor und erläutert sie gegebenenfalls kurz. Es werden Vierer- oder Fünfergruppen entweder freiwillig oder nach anderen Kriterien gebildet.

Arbeit in Untergruppen

Entsprechend der Instruktion bekommt nacheinander jeder der Teilnehmer eine Spiegelung: Zunächst wird der ausgewählt, der jetzt die Spiegelung bekommt. Sodann konzentrieren sich für drei bis fünf Minuten die restlichen Gruppenmitglieder still auf ihn. Unter den drei Spiegelungssphären (s. Handout S. 284 und online) lassen sie in sich Bilder, Gedanken, Filmtitel, Musikstücke, Szenen, Empfindungen ... aufsteigen. Sodann teilen sie diese Intuitionen nacheinander dem Protagonisten in einem Zeitfenster von zehn Minuten mit.

Nach allen Durchgängen gibt es noch ein Zeitfenster von zehn Minuten, um die verschiedenen Erfahrungen und Erlebnisse (z.B. Überraschungen, Irritationen ...) bei der Spiegelung in der Untergruppe auszutauschen.

Kommentar In der Anmoderation hat es sich bewährt, die Instruktion vorzulesen und Rückfragen zu beantworten. Ferner darauf hinzuweisen, dass es nicht darum geht, alle Perspektiven „intellektuell abzuarbeiten", sondern in sich hineinzuspüren, welche Bilder und Assoziationen intuitiv (das heißt schnell) aufsteigen. Und wenn zu einer Frage nichts kommt, dann ist es auch gut.

Die Untergruppen sollten mindestens vier Teilnehmer haben, damit ausreichende und unterschiedliche Spiegelungen möglich sind. Man kann die Untergruppen sich freiwillig bilden lassen oder Kriterien vorgeben, wie z.B. einen möglichst großen Mix aus verschiedenen Lebensphasen. Dieses Tool wird von den Teilnehmern in der Anmoderation oft als anspruchsvoll und komplex kommentiert und im Rückblick als sehr intensiv und inspirierend beschrieben.

Ich nutze das Tool ganz bewusst als inspirierenden Abschluss eines Moduls zum Thema Lebensphasen und lasse die Erfahrungen der Untergruppen nicht mehr im Plenum gemeinsam auswerten. Das kann man aber mit entsprechend mehr Zeitressourcen und gegebenenfalls an einer anderen Stelle im Baustein selbstverständlich auch tun.

Quellen Die Übung habe ich selbst im Rahmen meiner Lehrtrainertätigkeit entwickelt und seit 1996 vielfach erprobt und weiterentwickelt. Wichtige Anregungen dazu verdanke ich Dr. Bernd Schmid am Anfang meiner Lehrtrainertätigkeit.
- ▶ Zum Konzept der Integrität vgl. Erikson, E. H.: Identität und Lebenszyklus. Frankfurt a. M.: Suhrkamp, 1973, S. 118 ff.
- ▶ Zum Konzept der Integration vgl. C. G. Jung, rezipiert von Verena Kast, u.a. „Das Menschenbild C. G. Jungs" in: Kast, V.: Mit Leidenschaft für ein gelingendes Leben. Stuttgart: Kreuz 2008, S. 207–211.

Schlagworte Jugend, Alter, Lebensphasen, Generationen, Verantwortung, Muster, Intuition, Persönlichkeitsentwicklung, Veränderung, Schicksal, Lebensentwürfe, Lebensdrehbuch

Trainingsdesign

- ▶ 70–90 Minuten
- ▶ Anmoderation im Plenum (ca. 10 Min.)
- ▶ Vierer- oder Fünfergruppen: A, B, C, D, (E)

1.	2–3 Min.	B, C und D betrachten still A und die Fragen (siehe „Spekulationssphären"). Haltung: entspannt, unzensiert, doch taktvoll und den anderen würdigend.
2.	10–15 Min.	B spekuliert in lockerer Folge den Fragen entlang über A. A hört zu, muss nichts auf sich beziehen und gibt keinen Kommentar. Dann spekuliert C, danach D. B kann auch an C oder D oder E weitergeben und ergänzen.
3.	4 x 10–15 Min.	Nun ist B, danach C, D und E an der Reihe, sich bezüglich der Fragen betrachten zu lassen (Schritte wie oben).
4.	10 Min.	A, B, C und D tauschen sich über die gemachte Erfahrung bei der Übung aus (innere Vorgänge und Beziehungserleben). Dabei geht es nicht vorrangig darum, Spekulationen zu bestätigen oder zu korrigieren.

Handout

Spekulationssphären

Wichtig: Nicht nur die Sätze ergänzen, sondern intuitive Bilder vom Gegenüber deutlich machen.

1. Von den Eigenarten, die ich bei Dir beobachte, stelle ich mir als Altersversionen vor …?

2. Wenn ich meine Fantasie spielen lasse, wie Du Dein Alter inszenieren wirst und wie sich das unterscheiden wird von der Jugend, die Du inszeniert hast, fällt mir ein …?

3. Wenn ich in mir Bilder und Assoziationen aufsteigen lasse, wie Du im Laufe Deines Lebens all das, was Du erfahren hast, was Dir wertvoll ist und was Du brauchst, unter einen Hut bekommst und das zu Dir passend, dann:

    ▶ stelle ich mir folgende Negativ-Szenarien vor, wenn es bei Dir auseinander- oder von Dir weglaufen sollte: …

    ▶ stelle ich mir folgende Positiv-Szenarien vor, wenn es sich integriert und mehr und mehr zu Dir passt: …

    ▶ könnte Dich Folgendes verleiten, mehr in die eine oder mehr in die andere Richtung zu gehen?

Bernd Schmid, Oliver König (Hrsg.): Train the Coach: Methoden

Flyer-Arbeit

– Selbstempfehlung und Resonanz bezüglich einer Dienstleistung
Oliver König

▶ Kenntnisstand der Teilnehmer: Fortgeschrittene
▶ Dauer: 85 Minuten

Kurzbeschreibung

Jeder Teilnehmer beschreibt anhand seines „Flyers" sein professionelles Verständnis als Coach. Darauf bekommt er Resonanz und kann selbst wählen aus welcher Perspektive er sie bekommen möchte. Dies schärft sowohl Präsentationskraft als auch Profil des Präsentierenden.

Setting

Der Lehrtrainer leitet ein, indem er über die Wirkung und Stimmigkeit von Rollenverständnis und Selbstpräsentation spricht. Danach teilt er die Gruppe in Kleingruppen zu je vier Personen ein. Jeder Teilnehmer kann wählen, welche Produkte oder Dienstleistungen er in der Selbstempfehlung darstellt. Auch seine Rolle ist nicht festgelegt. Er kann als Projektmanager, Organisationsentwickler, Führungskräftetrainer, Coach, Berater, Therapeut, Moderator oder Führungskraft seine Rolle benennen und bekommt Feedback zur Stimmigkeit seines Angebots.

Gründe für das Tool

Je weiter die Professionalisierung von Selbstständigen voranschreitet, desto mehr trauen sie sich, in ihren Kontexten die neu erlernte Rolle und ihre dazu passende Dienstleistung zu präsentieren. Auch bei internen Mitarbeitern im HR-Bereich ist eine stimmige Positionierung bedeutsam, um in der Organisation sichtbar zu werden. Mit der Flyer-Arbeit wird diese Situation unterstützt und die stimmige Profilierung der Teilnehmer gefördert. Das Tool eignet sich eher in einer späteren Phase einer Weiterbildung. Meist treten in der Mitte oder zum Ende einer längeren Weiterbildung erste Meldungen von Teilnehmern auf, die sich selbstständig machen wollen oder gerade dabei sind.

Die Übung fördert die Teilnehmer in vielfältiger Hinsicht:

▶ Mit der Selbstempfehlung üben die Teilnehmer das Formulieren und Beschreiben von stimmigen Figuren und Bildern bezüglich ihrer Dienstleistung.

▶ Die Resonanzen in der Kleingruppe schärfen den Blick des Selbstempfehlers für die Wirkung seiner Präsentation und ergänzen sie um relevante Perspektiven.

▶ Die Resonanzen der anderen Teilnehmer „stärken den Rücken" und motivieren den Teilnehmer zum selbstbewussten Repräsentieren seiner Fähigkeiten.

▶ Teilnehmer von Weiterbildungen reflektieren ihre in der Weiterbildung erlernte Rolle und die damit verbundenen Produkte und Dienstleistungen in Bezug auf den Markt und das beteiligte Umfeld.

▶ Die Resonanz-Gebenden üben sich darin, Feedback aus einer gewünschten Perspektive zu geben. So wird auch die Rollenflexibilität der Feedback-Geber trainiert.

Ausführliche Beschreibung

Zu Beginn rahmt der Lehrtrainer die Übung. Er beschreibt die Bedeutung eines professionellen Selbstverständnisses und das Formulieren von Dienstleistungen und Produkten für den Marktauftritt. Hier in Stichpunkten eine mögliche thematische Heranführung:

▶ Die Herausforderung, bei Kunden und Auftraggebern in kurzer Zeit einen stimmigen Eindruck zu hinterlassen.

▶ Das Einüben neuer Rollen ist verbunden mit der Suche nach passenden Worten für die eigene Dienstleistung. Die Resonanz des Umfelds ist bedeutsam, um ein Gefühl für Stimmigkeit zu gewinnen.

Beispiele für nicht passende Beschreibungen

▶ Die Beschreibung einer Dienstleistung als reine Produktbeschreibung mit wenig Eigenleben. („Durch meine OE-Maßnahmen wird Change gesteuert.")

▶ Sehr metaphorisch beschriebene Dienstleistungen wie „Ich bin Hebamme für die Lösungen meiner Klienten" können Bilder auslösen, die eine andere Zielgruppe als die eigentlich gewünschte anspricht.

▶ Die Selbstbeschreibung oder die Fantasie weicht deutlich ab von dem, womit man andere gewinnen könnte und was man gespiegelt bekommt. Menschen meinen sich aufpolieren oder sich mit modischen Attributen schmücken zu müssen und verlieren gerade dadurch an Überzeugungskraft. So kann der

Flyer unseriös wirken, wenn die tatsächliche Entwicklung noch nicht stattgefunden hat.

▶ Die Selbstbeschreibung hinkt einer tatsächlichen Entwicklung hinterher. Es ist, als würden veraltete Flyer ausgeteilt und der Repräsentant wundert sich dann, dass er nicht auf dem Stand seiner Entwicklung wahrgenommen wird.

Hilfreich sind Meta-Besprechungen, um solche Dinge aufzudecken und Aufmerksamkeit auf die richtige Lernebene zu richten. Für eine gelungene Selbstbeschreibung braucht es deshalb Stimmigkeit nach innen wie nach außen. Nach innen ist es wichtig, mit einem passenden Selbstverständnis zu antworten, sollte man in bestimmten Rollen und Kompetenzen angesprochen werden. Dies drückt sich in der eigenen Beschreibung zu sich selbst und den eigenen Produkten aus. Mit dem Auftreten am Markt wird die Selbstbeschreibung sichtbar für eine Reihe von Beteiligten: Die potenziellen Kunden und am Prozess Beteiligte, die eigenen Kollegen und Empfehlende und die Partner im privaten Umfeld.

Der Lehrtrainer teilt die Gruppe in Kleingruppen zu je vier Personen ein und kündigt das Trainingsdesign an die Teilnehmer aus. Er geht mit ihnen die einzelnen Schritte der Übung durch:

1. Einzelarbeit

In der Einzelarbeit bereitet jeder Teilnehmer eine Selbstempfehlung vor. Er wählt dafür eine Situation, die fiktiv oder schon einmal erlebt sein kann. In der Situation präsentiert er bei einem internen/externen Kunden oder bei einem neuen Arbeitgeber seine Selbstempfehlung. Er orientiert sich dabei an einem Flyer. Der Flyer soll die Fragen „Wofür stehe ich? Wofür steht meine Organisation?" beantworten. Dazu werden in ihm folgende Punkte berücksichtigt:

▶ Person bzw. Organisation
▶ Selbstverständnis und Rolle
▶ Fähigkeit(-en)
▶ Produkte
▶ Möglichkeiten und Energien
▶ Motto/Bild/Symbol für die Person bzw. Organisation
▶ Zukunftsideen (drei bis fünf Jahre): Was wird sich in Deiner Professionslandschaft anders zeigen, was wird sich verschieben/verändern?

Für die Einzelarbeit stehen 15 Minuten zur Verfügung. An dieser Stelle ist es gut, wenn der Lehrtrainer den Teilnehmern die Illusion von Vollständigkeit nimmt und darauf hinweist, dass eine skizzenhafte Beschreibung vollkommen ausreichend ist. Dies nimmt den Teilnehmern den Druck, in 15 Minuten einen fertig designten Flyer zu präsentieren. Falls bei einem Teilnehmer schon ein real existierender Flyer besteht, kann er diesen als Selbstbeschreibung mit in die Übung nehmen. An dieser Stelle schickt der Lehrtrainer die Teilnehmer nach der Besprechung der Übungsstruktur in die Kleingruppen und kann selbst wählen, ob er in den Kleingruppen beobachten oder auch selbst Resonanz geben möchte. Je nach Entscheidung teilt er dies den Teilnehmern mit.

2. Gruppenarbeit

In der Gruppe einigen sich die Teilnehmer auf eine Reihenfolge der Präsentationen. Der erste Teilnehmer startet, indem er bestimmte Rollen/Perspektiven vergibt, von denen er sich Rückmeldung wünscht. Er kann entweder jedem Feedback-Geber eine Rolle auferlegen oder alle Feedback-Geber bitten, alle genannten Rollen zu berücksichtigen. Die Rollen sind:

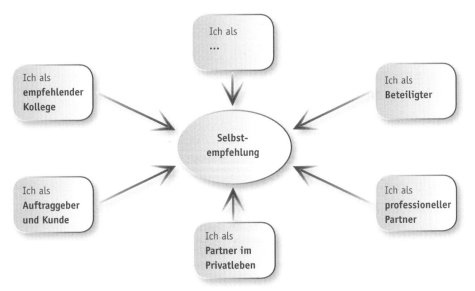

A beschreibt den Kontext seiner Situation und trägt seine Selbstempfehlung vor. Dafür hat er zehn Minuten Zeit.

3. Resonanz

Die Zuhörer geben ihre individuelle Resonanz aus der ihnen zugesprochenen Perspektive. Dabei achten sie auf eigene innere Reaktionen und die Stimmigkeit der Präsentation aus der Sichtweise heraus. Sie verstärken dabei stimmige Beschreibungen und geben Ideen zur Verbesserung der Beschreibung ab. Sie können dabei auch blinde Flecken ansprechen und haben insgesamt fünf Minuten Zeit. Dabei können sie sich gegenseitig ergänzen oder nacheinander ihr Feedback geben.

4. Wiederholung Schritt 2+3

Die anderen drei Teilnehmer durchlaufen das gleiche Verfahren wie der erste Präsentierende. Jeweils 15 Minuten.

5. Reflexion

A, B, C und D tauschen sich zehn Minuten über ihre Erlebnisse und den Prozess der Übung aus.

Nach der Übung kommen die Teilnehmer im Plenum zusammen und berichten über ihre Erfahrungen und Erkenntnisse. Diese kann der Lehrtrainer aufgreifen und verfeinern. Gleichzeitig kann er auf den Transfer der Übung aufmerksam machen. Dies kann sowohl im Einsatz des Tools als Produkt (z.B. bei einem Coaching mit einem Kunden, der sich selbstständig machen möchte) oder durch die Erstellung eines Flyers für die eigenen Dienstleistungen geschehen.

Kommentar

Viele Teilnehmer kommen aus dieser Übung gestärkt und motiviert heraus. Sie wollen ihre Beschreibung direkt in der Praxis ausprobieren oder weiter daran feilen. Besonders der unterschiedliche Stand der Teilnehmer macht das Tool so bereichernd für alle. Dabei sind die Levels der Versprachlichung von Dienstleistung sehr unterschiedlich ausgeprägt. Die einen sind schon selbstständig und haben schon oft über diese Themen nachgedacht. Sie wollen die Stimmigkeit der vorhandenen Beschreibung überprüfen, ihre Skulptur ist schon erkennbar und braucht noch Feinschliff. Andere stehen am Anfang und tun sich schwer die passenden Worte für ihr Selbstverständnis zu finden. Sie bekommen Ideen zur Weichenstellung und können den Marmorstein ihrer Selbstbeschreibung grob bearbeiten und erste Konturen schaffen.

Quellen

Schmid, B.: Pragmatische Konzepte im Coaching, 2009.
Im Internet: www.systemische-professionalitaet.de/isbweb/component/option,com_docman/task,doc_download/Itemid,999999/gid,1394/

Schlagworte

Positionierung, Flyer-Arbeit, Selbstempfehlung, Marktauftritt, Profil, Selbstbeschreibung, Kunden, Marketing

Trainingsdesign

▶ 85 Minuten
▶ Plenum: Aufteilung in Untergruppen à 4 Teilnehmer (A, B, C, D)

1.	15 Min.	Einzelarbeit: Vorbereitung einer Selbstempfehlung: „Mein Flyer"
2.	10 Min.	A legt fest, welche Art der Rückmeldung er jeweils von B, C und D haben möchte (s. Grafik). A trägt B, C und D seine Selbstempfehlung vor.
3.	je 5 Min.	Individuelle Resonanz von B, C und D auf die Selbstempfehlung von A aus den gewünschten Perspektiven.
4.	je 15 Min.	B, C und D durchlaufen das gleiche Verfahren wie A in den Schritten 2 und 3.
5.	10 Min.	Austausch über das Erleben der Prozesse in der Übung.

Handout

Mein Flyer

Angenommen, Du präsentierst Dich bei einem internen/externen Kunden oder bei einem neuen Arbeitgeber:

Wofür stehe ich? Wofür steht meine Organisation?

Wie würde Dein Flyer mit folgenden Informationen zu Deinem Selbstverständnis aussehen?
- ▶ Person bzw. Organisation
- ▶ Selbstverständnis und Rolle
- ▶ Fähigkeiten
- ▶ Produkte
- ▶ Möglichkeiten und Energien

Bringe dabei zum Ausdruck:
- ▶ Motto/Bild/Symbol für die Person bzw. Organisation
- ▶ Zukunftsideen (drei bis fünf Jahre): Was wird sich in Deiner Professionslandschaft anders zeigen, was wird sich verschieben/verändern?

Resonanz-Rollen

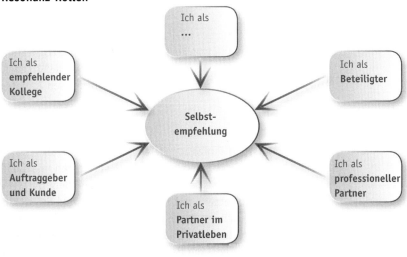

Portfolio-Arbeit

– Sichten und Verdichten eigener Kompetenzen als Portfolio
Thorsten Veith und Susanne Ebert

▶ Kenntnisstand der Teilnehmer: Fortgeschrittene
▶ Dauer: 90 Min. zzgl. individuelle Vorbereitungs-/Reflexionszeit

Kurzbeschreibung

Das Tools dient und unterstützt bei der Sichtung, Erstellung und Reflexion des Drei-Welten-Panoramas der eigenen professionellen Entwicklung und daraus abgeleitet (in Eigen- und Peer-Reflexion) des persönlichen Kompetenzportfolios. Die Schwerpunkte liegen in einem Review eigener Berufs-, Projekt- und Lebenserfahrungen in Bezug auf formell, informell und nonformal erworbene Kompetenzen, auf Spiegelungs- und Reflexionsarbeit mit Dritten zur Außenwahrnehmung, Anreicherung und Verdichtung sowie Formulierung des eigenen Kompetenzportfolios als Professioneller/Coach.

Setting

Gearbeitet wird in Paaren, zu dritt oder zu viert. Je größer die Gruppe, umso mehr Spiegelung und Resonanz erhält jeder Einzelne auf sein eigenes vorgestelltes Portfolio. Dadurch wird jedoch mehr Zeit für die Arbeitseinheit benötigt, bis alle Gruppenmitglieder den Arbeitsprozess durchlaufen haben.

Gründe für das Tool

Das Tool unterstützt Professionelle dabei, sich der eigenen Kompetenzen und Talente bewusst zu werden, sie zu verdichten und dadurch anderen transparent und beschreibbar zu machen. Sein Nutzen liegt in der Auseinandersetzung mit der eigenen Lern- und Entwicklungsgeschichte, derer sich ein Coach bewusst sein sollte. Viele unserer professionellen Kompetenzen erwerben wir beim Tun oder bei der Arbeit und in Kontakt mit anderen Menschen in unterschiedlichen Bereichen unseres Lebens und Engagements. Kompetenzen werden nicht allei-

Bernd Schmid, Oliver König (Hrsg.): Train the Coach: Methoden

ne in formalen Bildungskontexten von Schule und Studium (weiter) entwickelt, sondern informell und nonformal in vielen Lebensphasen und unterschiedlichen Lebensbereichen sowie in berufsbegleitender Weiterbildung und Professionalisierung. Oft sind wir uns nicht bewusst, welche Kompetenzen wir in unterschiedlichen Berufsstationen und Projekten, in sozialem oder gesellschaftlichen Engagement entwickelt und zu einem Teil unserer professionellen Kompetenz gemacht haben. Talente, Neigungen und persönliche Kernkompetenzen werden oft erst bei „genauerem Hinsehen" deutlich, d.h. bei der Reflexion gemachter Erfahrungen mit Blick auf das dabei Gelernte. Hier ist der Austausch mit und die Spiegelung von relevanten Dritten, auch, aber nicht zwingend aus dem eigenen Professionsfeld, eine wesentliche Anreicherung des eigenen Reflexions- und Review-Prozesses. Fragen hinsichtlich eigener Karriereentwicklung, beruflicher Um- und Neuorientierung und eigener Standortbestimmung werden aus der Perspektive der Person mit Blick auf Persönlichkeit und auf die eigene professionelle Identität beantwortet: Was macht mich aus, was sind meine Stärken, wofür trete ich leidenschaftlich ein, worin erlebe ich Sinn, wann und wo laufe ich zu Hochform auf, was sind meine „Heimspiele"? Anforderungen von außen (Stellenbeschreibungen, Markterwartungen, Karriereprofile) treten in den Hintergrund.

Es kann für die Teilnehmer einer Coachingweiterbildung als Selbsterfahrung gesehen werden, in der sie sich mit ihren Talenten, Neigungen, Werten und Lernstationen beschäftigen. Über die eigene Reflexion und das Feedback der anderen wird das eigene professionelle Profil geschärft. Diese Schärfung dient vorrangig dem Wissen über die eigene Person – also der Bewusstheit eigener Kompetenzen und der Positionierung am Markt bzw. im Kontakt mit Kunden. In der Lerngruppe entsteht über das Teilen der persönlichen Lern- und Entwicklungswege sowie dem dazugehörigen Feedback eine sehr vertrauensvolle und verbindende Atmosphäre. Die Portfolio-Arbeit eignet sich für den Einsatz gegen Ende einer Weiterbildung oder kann auch im Rahmen der abschließenden Weiterbildungseinheit eingesetzt werden. Mit der Portfolio-Arbeit kann ein zusammenfassendes Bild über die eigene professionelle Identität entstehen, welches mit dem Abschluss der Weiterbildung nicht vollendet, jedoch als Teilergebnis und Ausblick stehen kann.

1. Schritt

Ausführliche Beschreibung

Die Weiterbildungsteilnehmer werden in einer ersten Arbeitseinheit dazu angeregt, sich mit ihrem Drei-Welten-Panorama zu beschäftigen. Hierzu wird das Drei-Welten-Modell der Persönlichkeit kurz eingeführt, sofern die Teilnehmer es noch nicht kennen. Der Trainer erläutert die drei Welten „Privatwelt", „Professionswelt" und „Organisationswelt" und gibt Beispiele für die Bereiche, in denen die Teilnehmenden ihre relevanten Lern- und Entwicklungserfahrungen sammeln sollen.

Privatwelt	= Welt des privaten Lebens, z.B. Familie, Hobbys, Lebensereignisse
Professionswelt	= Welt der erworbenen Profession, z,B. Ausbildung, Studium, Weiterbildung,
Organisationswelt	= Welt der Organisation, z.B. aktueller Arbeitsplatz, frühere Arbeitgeber

Mit einem ersten Blick auf das berufliche und private Tun sammeln die Teilnehmer Teile ihres Panoramas, die für ihr Lernen und die Entwicklung ihrer Kompetenzen eine Bedeutung haben. Dieser erste Teil der Introspektion benötigt Zeit und sollte nicht unter Zeitdruck stattfinden. Daran schließt sich ein wesentlicher Teil der Portfolio-Arbeit an. In dieser Phase wählt jeder in Einzelarbeit aus dem erstellten Drei-Welten-Panorama jeweils zwei bis drei wesentliche Lernerfahrungen aus den Bereichen Bildung, Beruf, Freizeit und Gemeinwesen sowie besondere Lebensereignisse intuitiv aus, welchen er eine Bedeutung in der Professionalisierung als Coach zuschreibt. Hier sollte vom Trainer darauf hingewiesen werden, dass nicht zu zielgerichtet ausgewählt werden sollte, sondern vielmehr persönlich bedeutsame Situationen und Tätigkeiten fokussiert werden sollten.

2. Schritt

Die Reflexion und Extraktion der Kompetenzen erfolgt kommunikativ zusammen mit dem Partner. Die Partnerarbeit dauert 30–45 Minuten pro Person. Eine Person beginnt mit der Vorstellung des Panoramas und beschreibt die ausgewählten Lernerfahrungen. Der Partner begibt sich in die Haltung des interessierten und neugierigen Zuhörers und interviewt und unterstützt den anderen in der Ausformulierung und Verdichtung seiner Lernerzählung durch interessiertes Nachfragen. Eine erste Selbstzuschreibung erworbener Kompetenzen findet statt.

Nun erhält die Person vom Interviewer Resonanz und Verdichtung. Er spiegelt, was als Eindruck und Bild beim Zuhören und Interviewen entstanden ist, welche Kompetenzen sich für ihn in dem Erzählten abbilden und welches Kompetenzprofil des Vorstellenden sich für ihn ergibt. Häufig erreicht so der Gespiegelte eine Anreicherung seiner eigenen Kompetenzbilanz mit vielen persönlich wesentlichen Rückmeldungen in Bezug auf seine Person, seinen Erfahrungsschatz sowie seine persönliche Wirkung und sein Kraftfeld.

Die Spiegelung kann offen und frei durch den Partner stattfinden, er gibt respektvoll und würdigend Rückmeldung zu dem Gehörten. Sind die Teilnehmer ungeübt in dieser Art der intensiven persönlichen Rückmeldung, so kann der Hinweis von seiten des Trainers hilfreich sein, auch hier nicht zu zielgerichtet einzusteigen. Vielmehr geht es um die Versprachlichung intuitiver Bilder, von Eindrücken, was die gespiegelte Person ausmacht und was sie noch werden könnte (Intuition für das Mögliche). Auch der Ungeübte findet häufig einen guten Einstieg über die Verwendung von Metaphern. Alternativ kann der Gespiegelte für sich selbst und den Spiegelnden einen Fokus benennen, welcher ihn in den Rückmeldungen besonders reizt und interessiert. Er kann im Prozess nachfragen und an das Gesagte anschließen, wenn passend.

Nach 30–45 Minuten (je nach verfügbarer Arbeitszeit für dieses Design kann etwas verlängert werden) wechseln die Personen die Rollen und die zweite Person beschreibt ihr Panorama und ihre Essentials an Lernerfahrungen. Der Partner spiegelt und verdichtet.

3. Schritt

In der letzten Phase wechseln die beiden Partner in die Rollen professioneller Kollegen und schauen gemeinsam auf den erlebten Prozess und die gemachten Lernerfahrungen mit dieser Arbeitsform. In diesem Schritt ist es wichtig, nicht weiter auf Inhalte und Themen einzugehen, sondern von einem Meta-Standpunkt aus gemeinsam die Lern- und Arbeitssequenz zu reflektieren und für sich und den Partner die Bezüge zur eigenen Professionalisierung herzustellen. Wie erging es mir im Prozess? Was hat sich für mich gezeigt? Wie habe ich mich und Dich in den Rollen erlebt? Wie war unser Zusammenspiel geprägt? Was bedeutet mir diese Arbeitsform in Bezug auf meine Professionalisierung?

Kommentar

▶ Im ersten Schritt der Eigenreflexion sollten die Teilnehmer angeregt werden, möglichst breit in ihrem Leben zu „stöbern". Das erweitert die möglichen Quellen formeller sowie informeller Lernerfahrungen. Beispiele können hier aus den Bereichen Familie, Hobbys, Gemeinwesenarbeit, soziales und politisches (ehrenamtliches) Engagement, Sport sowie anderen Bereichen kommen. Die Portfolio-Arbeit kann um eine Präsentation des eigenen Portfolios in der Gruppe erweitert werden.
▶ Die Eigenreflexion bzw. die Erstellung des eigenen Drei-Welten-Panoramas kann der Arbeitseinheit Portfolio-Arbeit vorangestellt

werden, es bietet sich jedoch an, diese als Vorbereitungsaufgabe für zu Hause für die Weiterbildungseinheit zu vergeben, in der die Portfolio-Arbeit gemacht wird.

▶ Wie bereits oben beschrieben, bekommt die Portfolio-Arbeit eine besonders hohe Intensität je größer die Arbeitsgruppe ist. Wenn die Arbeit in der Gesamtgruppe durchgeführt wird, d.h., jeder Teilnehmer von jedem anderen Teilnehmer Feedback bekommt, ist der Austausch sehr wertvoll, jedoch sehr zeitintensiv. Optimal wäre die Arbeit in Halbgruppen (z.B. zu acht) mit der entsprechenden Anpassung der Zeit.

Quellen ▶ Schmid, B.: Das Drei-Welten-Modell der Persönlichkeit. Institutsschrift Nr. 015 2009. Download unter: www.systemische-professionalitaet.de/isbweb/component/option,com_docman/task,doc_download/gid,1470/ oder

▶ Schmid, B.: Das Drei-Welten-Modell der Persönlichkeit. In: Ders. (Hrsg.): Systemische Professionalität und Transaktionsanalyse. Köln: EHP-Verlag 2003, S. 65 ff.

▶ Ebert, S.; Veith, T.: Review your Position. Professionelle Standortbestimmung mit Formen von Spiegelung, Portfolio- und Flyerarbeit. In: M. Schwemmle; K. Schwemmle (Hrsg.): Beraten und Steuern live 2 – Methoden und Best Practices im Einzel- und Teamcoaching. Göttingen: Vandenhoeck 2011, S. 9 ff.

Schlagworte Portfolio-Arbeit, Kompetenzportfolio, Kompetenzbilanzierung, professionelle Identität, Drei-Welten-Modell, Selbsterfahrung als Coach, formelles und informelles Lernen

Trainingsdesign

▶ 100 Minuten

1. | 20 Min. | **Vergegenwärtigen und Sichten des Drei-Welten-Panoramas**
Fokussieren von zwei bis drei wesentlichen Lernerfahrungen in vier ausgewählten Lebensbereichen, die in Bezug auf die Professionalisierung als Coach wesentlich waren, z.B.:
- ▶ Bildung
- ▶ Beruf
- ▶ Freizeit und Gemeinwesen
- ▶ Besondere Lebensereignisse

2. | ca. 60 Min. | **Paararbeit**
Peer-Reflexion in Form eines Interviews entlang der Lernerfahrungen (je 30–45 Min.)
Interessiertes Nachfragen:
- ▶ Was ist geschehen?
- ▶ Was hast Du dabei erlebt?
- ▶ Was hast Du daraus gelernt?

Verdichtung & Resonanz
- ▶ Welche Kompetenzen schreibe ich Dir daraus zu?
- ▶ Welche Qualitäten bilden sich darin ab?

3. | 20 Min. | Austausch zu Prozess und Lernerfahrung.

Handout

Einzelarbeit in Vorbereitung

Vergegenwärtigen der Stationen, Erlebnisse und Lernerfahrungen in den drei Welten: Organisationswelt, Professionswelt, Privatwelt. Dann diese dokumentieren.

1. Welche Bereiche sind in den Welten für mich und meine professionelle Entwicklung wichtig gewesen (z.B. Ausbildung, Studium, Hobbys, Familie, etc.)?

2. Welche Stationen, Prozesse und Ereignisse waren bedeutsam?

Kapitel VI

Lernprozesse in der Ausbildungsgruppe anleiten

Überblick über Kapitel

In diesem Kapitel konzentrieren sich die Methoden auf Gruppenprozesse und Stationen innerhalb einer Weiterbildung. Die Tools unterstützen das Bewusstmachen von Gruppenprozessen und schaffen Möglichkeiten zur Reflexion von Lernwegen und Lernprozessen. Somit sind die Gruppe und die darin lernenden Individuen mit ihrer Einzigartigkeit im Fokus.

Überblick über die Tools

Mit einer **Pressenotiz** wird im Tool von **Gerhard Neumann** eine zukünftige Version der Teilnehmer als Coachs vorgestellt und öffentlich gemacht.

Dr. Andreas Kannicht stellt mit **Teambuilding** eine Möglichkeit vor, wie man unterschiedliche Ausbildungsgruppen fusionieren kann. Im Blick ist besonders die schon erlebte und nach der Fusion gewünschte Gruppenkultur.

In **mein Lern- und Lebensweg** lernen sich die Teilnehmer zu Beginn einer Ausbildung kennen. **Wolfgang Schmidt** beschreibt, wie sie ihre eigenen Lernerfahrungen und Lebenswege präsentieren können.

Das Tool **Übergänge und Abschlüsse gestalten** reflektiert die Ausbildung und das darin Gelernte auf eine würdigende Art und Weise. **Jutta Kreyenberg** beschreibt, wie parallel auch Abschlüsse von Coachingprozessen Thema sein können.

Pressenotiz

– Die Zukunft aus verschiedenen Perspektiven!
Gerhard Neumann

▶ Kenntnisstand der Teilnehmer: Anfänger
▶ Dauer: 45 Minuten zuzüglich Zeit für Präsentation

Kurzbeschreibung

Die Teilnehmer entwerfen und beschreiben ihre Zielbilder als Coachs so, als wäre diese Zukunft bereits konkret eingetreten und für jeden sichtbar. Es wird eine abgeschlossene Handlung in der Zukunft prognostiziert. Das Setting einer Pressenotiz erlaubt das spielerische Entwerfen einer „denkbaren" Zukunft. Über die Konkretisierung der zunächst eher vagen Zukunftsvision, die von der Motivation für die Ausbildung gestützt ist, werden sich die Teilnehmer der eigenen handlungsleitenden Vorstellungen bewusst. Den Ausbildern und den anderen Teilnehmern ermöglicht die Präsentation der einzelnen Zielvisionen einen Zugang zu den gewünschten Zielzuständen. Durch die Schilderung der Zielbilder in der Gruppe werden die Ausbilder und die anderen Teilnehmer Zeugen der jeweiligen Realitätskonstruktion. Gleichzeitig leistet die Präsentation der Pressenotiz in der Gruppe einen wichtigen Beitrag zur Konstitution der Gruppe. Dieses Tool beinhaltet zwei klassische systemische Fragetechniken. Es verbindet die Technik einer imaginierten abgeschlossenen Zukunft mit einer Beschreibung aus der Außenperspektive eines Dritten, des Journalisten.

Setting

Die Teilnehmer arbeiten zuerst im Einzelsetting an ihrem Entwurf. Dann tauschen sie ihre Entwürfe paarweise aus, um sie anschließend als Pressenotiz über den interviewten Partner im Plenum zu veröffentlichen. Bei größeren Gruppen ist auch eine Veröffentlichung in Form einer Plakatwand denkbar. Am Ende der Weiterbildung können diese Arbeiten zur Überprüfung und Reflexion der eigenen Entwicklung und des dann aktuellen Lernstandes herangezogen werden.

Gründe für das Tool

▶ Das Tool ermöglicht den Teilnehmern, eine Zielvision bezüglich der Weiterbildung, an der sie teilnehmen, zu entwickeln. Dabei lernen sie den Einsatz klassischer systemischer Fragen kennen und erleben deren Wirkungen.

▶ Der Teilnehmer beschreibt dabei die von ihm konstruierte Zielsituation so, als sei sie bereits eingetreten. Durch das Hineinversetzen in dieses Zielbild und das Beschreiben der Beobachtungen, die er dabei macht, wird er angeregt, darüber zu reflektieren, wozu genau er Coach werden will. Was will er mit der Weiterbildung erreichen? Welche vielleicht noch eher unbewussten (beruflichen) Ziele will er damit verwirklichen?

▶ Den Ausbildern ermöglicht die Arbeit mit der Pressenotiz einen Zugang zu den Ideen, die der einzelne Teilnehmer von seinem gewünschten Zielzustand hat. Der individuelle Kontext und das damit verbundene Lernverhalten der Teilnehmer wird deutlich.

▶ Gleichzeitig wird mit diesem Tool die große Bedeutung einer frühzeitigen Zielklärung zum Beginn eines Coachingprozesses hervorgehoben. Im Coaching ist die Zielklärung am Anfang des Coachingprozesses und jedes einzelnen Coachinggespräches ein unverzichtbarer Schritt auf dem Weg zu einer erfolgreichen Beratung. Diesen Schritt greift das Tool „Pressenotiz" beispielhaft und analog am Anfang der Ausbildung auf und verdeutlicht damit die Parallelität der Lernprozesse, in denen sich die Teilnehmer befinden.

Ausführliche Beschreibung

1. Schritt

Die Teilnehmer werden in einer ersten Runde aufgefordert, sich vorzustellen, dass sie nach Abschluss der Ausbildung von einem Journalisten der regional zuständigen Tageszeitung interviewt werden. Wichtig ist, diese Imagination mit einigen Sätzen zu Ort, Zeit, Umgebung, Situation etc. einzuleiten.

Die anschließende Frage des Journalisten könnte folgendermaßen lauten:

„Sie haben kürzlich eine qualifizierte Weiterbildung als Business Coach beim Institut XYZ abgeschlossen. Sie sind jetzt als gefragter und erfolgreicher Berater am Markt unterwegs. Wir sind sehr interessiert daran, zu erfahren, wie sich durch diese Investitionen von Zeit, Arbeit, Finanzen usw. Ihre Arbeitswelt/-umgebung/-situation … verändert hat. Wie sieht Ihre Situation heute aus? Erzählen Sie uns doch bitte

▶ *was Sie heute anders und anderes tun als vor der Weiterbildung?*
▶ *in welcher Form?*
▶ *wer Ihre Kunden sind?*
▶ *welche Dienstleistungen bieten Sie am Coachingmarkt an?*

▶ *was muss man tun, um Sie engagieren/gewinnen zu können?*

▶ *welche Vorteile hat es für Ihre Kunden, mit Ihnen zusammmen zu arbeiten?*

▶ *etc. "*

Jeder Teilnehmer entwirft in einer Einzelarbeit – als Ergebnis dieser Überlegungen – eine nicht zu umfangreiche Pressenotiz (ca. eine halbe bis eine handschriftliche Seite).

2. Schritt

In einer zweiten Runde in Paararbeit stellt der Autor seinen „erfundenen" Artikel dem Partner vor, der dann die Aufgabe hat, den Autor später im Plenum als denjenigen vorzustellen, über den dieser Artikel in einer nahen Zukunft geschrieben worden ist. Diese Vorstellungen der Pressenotizen ergeben im Plenum ein buntes Kaleidoskop an (denkbaren) Zukunftsentwürfen, die einerseits anregend und motivierend wirken, gleichzeitig aber auch einhergehen mit einer gewissen Selbstverpflichtung bei den Autoren. Man will dieses Ziel(bild) ja erreichen!

3. Schritt

Am Ende der Coachingweiterbildung (aber auch als Zwischenauswertung z. B. nach der Hälfte der Ausbildungszeit) lassen sich diese Pressenotizen in einer Reflexionsrunde – sowohl als Einzel- als auch in Partner- oder Gruppenarbeit – sehr gut zum Überprüfen und Abgleichen nutzen. Was ist aus dem Entwurf vom Anfang der Weiterbildung geworden? Was wurde Realität? Was ist anders gekommen als angenommen? Wo hat die Realität den ursprünglichen Entwurf inzwischen überholt? Was gibt es noch zu tun? Ein allerletzter Schritt innerhalb der nun vor dem Abschluss stehenden Weiterbildung könnte sein, sich mit der sich daraus ergebenden Frage zu beschäftigen: Wo werde ich als Coach, Organisationsberater, Supervisor heute in z.B. fünf Jahren sein? Wie sieht eine Pressenotiz über mich, geschrieben im Jahr ..., aus?

Kommentar

Im Allgemeinen macht es den Teilnehmern viel Spaß, spielerisch in eine denkbare eigene Zukunft einzusteigen und zu beschreiben, was am Ende der Ausbildung sein soll. Unsere Erfahrungen zeigen, dass die Gefahr, zu überziehen und in unrealistische Szenarien einzutauchen, relativ gering ist. Man bleibt bei Bildern, die man für möglich hält.

Wichtig ist, dass die Teilnehmer bei ihren Pressenotizen tatsächlich in der Form einer abgeschlossenen Zukunft bleiben. Dazu gehören Aussagen wie z.B. „Ich bin heute ein Spezialist auf dem Gebiet ...!" (nicht: Ich werde Spezialist sein ...), „Meine Kunden sind überwiegend Führungskräfte der ersten und zweite Ebene!" (nicht: Ich werde vor allem mit … arbeiten), „Ich arbeite in einem Netzwerk von …!" usw. Es geht darum, eine bereits eingetretene Zukunft zu beschreiben!

Quellen   Dieses Tool wurde im Laufe verschiedener Coaching-, Supervisions- und OE-Weiterbildungen bei BTS entwickelt und modifiziert und geht auf den geschätzten Kollegen Fridbert Hanke, ERGON-Team Kronberg, zurück.

Schlagworte   Pressenotiz, Zukunftsentwurf, Zielbild, Zielklärung, Zielfrage, Zielzustand, Zielbeschreibung, Beobachtungen, Coachingmarkt, Außenperspektive, systemische Fragen

Trainingsdesign

▶ 65 Minuten

1.	30 Min.	Jeder Teilnehmer entwirft in einer Einzelarbeit eine nicht zu umfangreiche Pressenotiz (ca. eine halbe bis eine handschriftliche Seite).
2.	15 Min.	Partnerarbeit: Der Autor stellt seinen „erfundenen" Artikel dem Partner vor, der dann die Aufgabe hat, den Autor später im Plenum als denjenigen vorzustellen, über den dieser Artikel in einer nahen Zukunft geschrieben worden ist.
3.	20 Min.	Vorstellung der Zukunftsentwürfe des Partners im Plenum.

Teambuilding

Dr. Andreas Kannicht

▶ Das Tool eignet sich für modulare Fortbildungen, wenn im Laufe des Curriculums Teilnehmer aus unterschiedlichen Herkunftsgruppen zusammengeführt werden. Es nützt die aktuelle Situation in der Ausbildungsgruppe um Dynamiken bei der Fusion von Teams zu veranschaulichen. Insofern kann es nur bei fortgeschrittenen Teilnehmern eingesetzt werden. Das Tool ist ohne aufwendige Vorbereitung in 90 Minuten durchzuführen.

Kurzbeschreibung Die Teilnehmer werden im ersten Baustein direkt nach der Vorstellungsrunde in ihre Herkunftssysteme aufgeteilt. Sie beantworten vorgegebene Fragen zu ihren Vorerfahrungen und nennen die sich daraus ergebenden Erwartungen an die neue Gruppe. Die Diskussionsergebnisse werden im Plenum unter der Moderation des Seminarleiters präsentiert. Anschließend werden Konsequenzen für die professionelle Steuerung von Fusionsprozessen in Organisationen abgeleitet. Dadurch erwerben die Teilnehmer Kompetenzen zur Steuerung von Veränderungsprozessen in Teams.

Setting Das Tool ist standardisiert und kann bei Bedarf variiert werden. Es eignet sich für jede Gruppengröße. Voraussetzung ist, dass in der neu zu bildenden Gruppe mindestens zwei Systeme zusammenkommen. Der Seminarleiter steuert den Ablauf, in einem Teilschritt arbeiten die Subsysteme autonom.

Gründe für das Tool Coachs sind häufig mit Fragen der Teamfusion und dem Zusammenführen von Teilsystemen in Organisationen konfrontiert. Sie erleben durch diese Übung die Dynamiken bei diesen Vorgängen und lernen

Bernd Schmid, Oliver König (Hrsg.): Train the Coach: Methoden

gleichsam am eigenen Erleben, wie man Prozesse des Abschiednehmens und Neubeginns in Teams gestalten kann. Zudem trägt sie zu einer konstruktiven, auf wechselseitigem Verständnis und Wertschätzung basierenden Gruppenkultur in der Gruppe bei.

Das Tool eignet sich grundsätzlich, um unkontrollierten Dynamiken in Ausbildungsgruppen vorzubeugen. Es wird auf die Prozesse und Dynamiken beim Bilden einer neuen Ausbildungsgruppe fokussiert und aus dieser Erfahrung werden Konsequenzen für professionelle Steuerung solcher Prozesse in Organisationen abgeleitet.

1. Schritt

Ausführliche Beschreibung

Das Tool wird im ersten Baustein eines Fortbildungsmoduls eingesetzt, wenn Teilnehmer aus unterschiedlichen Curricula zusammentreffen (z.B. zu Beginn eines Aufbaukurses nach absolviertem Grundkurs). Nach einer Eingangsrunde, in der sich die Teilnehmer vorstellen, benennt der Seminarleiter die besondere Situation: *„Hier sind Teilnehmer aus unterschiedlichen Kursen zusammengekommen. Dies ist eine Situation, wie sie auch in Teams vorkommen kann. Wir nehmen diese Situation als Beispiel für die Prozesse der Fusion, wie sie auch in Teams ablaufen können. Ich lade Sie jetzt zu einer Übung ein, die diesen Prozess zum Thema macht. Wir werden hinterher die gemachten Erfahrungen ausführlich reflektieren.“*

In einem ersten Schritt werden die Teilnehmer aufgefordert, sich mit den Teilnehmern ihres Herkunftssystems in einer Kleingruppe zusammenzufinden. Gibt es eine Stammgruppe mit mehr als sechs Teilnehmern, werden aus dieser Gruppe zwei Untergruppen gebildet. Teilnehmer, die als einzige aus einem Herkunftssystem anwesend sind, bilden eine Gruppe der „Einzelnen“. Sollte ein Teilnehmer als alleiniger Systemrepräsentant eines Herkunftssystems übrig bleiben, bietet sich der Seminarleiter als Gesprächspartner an.

2. Schritt

Alle Gruppen erhalten denselben Fragenkatalog, den sie miteinander besprechen sollen. Der Seminarleiter betont, dass sich die Fragen im Kern auf die erlebte Gruppenkultur des Herkunftssystems beziehen, jeder Teilnehmer sie in einem Nebenfokus bei Bedarf auch auf seine persönliche Rolle in der Gruppe beziehen kann.

1. Was habe ich in meinem Herkunftssystem geschätzt und möchte es in der neuen Gruppe wiederfinden?
2. Was möchte ich gegebenenfalls hinter mir lassen?
3. Was möchte ich gegebenenfalls Neues finden?
4. Meine/unsere Metapher für das Herkunftssystem (es können eine oder mehrere Metaphern entstehen).

Für die Arbeit in den Kleingruppen stehen 20 Minuten zur Verfügung.

3. Schritt

Kommen die Kleingruppen ins Plenum zurück, bilden Seminarleiter und eine der Gruppen einen Innenkreis. Gibt es eine Stammgruppe, empfiehlt es sich, mit dieser zu beginnen. Nun bittet der Seminarleiter die Antworten auf die Fragen in „holzschnittartiger Form", die auf das Wesentliche fokussiert, vorzustellen. Er moderiert diesen Prozess, indem er strukturierend durch die gestellten Fragen leitet. Der Dialog findet zwischen ihm und der Teilgruppe statt, der Außenkreis ist in der Rolle eines beobachtenden Teilnehmers. Der Seminarleiter kann Aussagen der Gruppenteilnehmer, die eher pauschaler Natur sind (z.B.: „Uns war die wertschätzende Atmosphäre wichtig"), durch Nachfragen plastisch werden lassen (z.B.: „Woran haben Sie diese Erfahrung festgemacht?").

Sind alle Fragen beantwortet, bittet er die Gruppe, im Außenkreis Platz zu nehmen und holt nacheinander die anderen Subsysteme in den Innenkreis, die analog von ihren Erfahrungen und Erwartungen berichten. Besteht eine der Gruppen aus mehreren Einzelteilnehmern unterschiedlicher Herkunftssysteme, empfiehlt es sich, mit jedem Einzelnen zunächst alle Fragen durchzugehen, damit für die Zuhörer ein möglichst plastisches Bild ihrer mitgebrachten Erfahrungen entsteht.

4. Schritt

Haben alle Teilnehmer einmal im Innenkreis gesessen, wird mit der Gesamtgruppe über die gemachten Erfahrungen reflektiert, soweit sie für die zukünftige Zusammenarbeit in der neu entstehenden Ausbildungsgruppe bedeutsam sind.

▶ Gibt es Rückfragen zwischen Teilnehmern aus unterschiedlichen Systemen?
▶ Was bedeuten die unterschiedlichen Kulturen der Herkunftssysteme für die Zusammenarbeit in der neuen Gruppe?
▶ Was könnte sich gut fügen, worauf müsste gegebenenfalls geachtet werden?

In einem weiteren Schritt wird die gemachte Erfahrung in ihrer Bedeutung für Teamfusionen reflektiert. Meist entsteht Verwunderung, dass die Zusammenführung paradoxerweise mit der Aufteilung in Herkunftssysteme eingeleitet wurde. Stärkt das nicht die alten Bindungen, die sich doch auflösen sollten? Wurde die gemachte Erfahrung als Bindung oder als Offenheit zur Lösung erlebt? Meist ist es hilfreich, wenn der Seminarleiter diese Diskussion nicht abstrakt führt, sondern nach der Wirkung der gerade gemachten Erfahrung fragt. Dieser Prozess geht meist fließend über in Erläuterungen des Seminarleiters, mit denen er sein Vorgehen transparent macht:

▶ Indem die Teilnehmer ihre Vorerfahrungen thematisieren, können ihre mitgebrachten Wünsche und Erwartungen an die anderen transparent werden.
▶ Indem sie von dem Herkunftssystem berichten wird deutlich, dass alle gleichermaßen verbunden sind durch einen Verabschiedungs- und Lösungsprozess von einem alten System.
▶ Indem sich die Teilnehmer wechselseitig für die Vorerfahrungen interessieren, wird das alte System gewürdigt. Diese Würdigung löst die Bindung und fördert die Bereitschaft, sich auf das neue System einzulassen.

Das scheinbare Paradoxon beginnt sich aufzuklären nach dem Motto „Lösung geschieht durch Hinwendung".

Kommentar

Manchmal sind Einzelne aus der Gruppe sichtlich überrascht, wenn sie sich mit ihrem Herkunftssystem in einen eigenen Raum zurückziehen sollen, um noch mal die „alten Zeiten" hochleben zu lassen. Die Investition in die Gruppenbildungsphase zahlt sich meist aus: Bei späteren Gruppenprozessen greifen die Teilnehmer häufig auf die Eingangsübung zurück.

Die Übung wird erleichtert, wenn der Seminarleiter den Untergruppen die Leitfragen in kopierter Form zur Verfügung stellt. Vorteilhaft ist ferner, wenn den Untergruppen eigene Räume zur Verfügung stehen.

Quellen

Die Methode wurde vom Autor gemeinsam mit Rudolf Klein in Ausbildungsgruppen entwickelt.

Schlagworte

Gruppenzusammenführung, Teamfusion, Teambuilding, Würdigung von Herkunftssystemen, Loyalität, Bindung

Trainingsdesign

- ▶ 90 Minuten
- ▶ Aufteilung im Plenum in Gruppen nach den Herkunftssystemen

1.	5 Min.	Es werden Gruppen gebildet, sobald sich mindestens zwei Teilnehmer aus einem Herkunftssystem in der Gruppe befinden. Falls mehrere Einzelpersonen aus unterschiedlichen Herkunftssystemen teilnehmen, bilden diese eine gemeinsame Gruppe. Gibt es einen Teilnehmer aus nur einem System, dient der Ausbildungsleiter als Gesprächspartner für Schritt 2.
2.	20 Min.	Die Gruppen unterhalten sich zu folgenden Fragen: ▶ Was habe ich in meinem Herkunftssystem geschätzt und möchte ich in der neuen Gruppe wiederfinden? ▶ Was möchte ich gegebenenfalls hinter mir lassen? ▶ Was möchte ich gegebenenfalls Neues finden? ▶ Meine/unsere Metapher für das Herkunftssystem (es können eine oder mehrere Metaphern entstehen).
3.	je 10 Min.	Im Plenum: Jedes System wird von dem/der Ausbildungsleiter/in im Innenkreis interviewt. Der Außenkreis hört zu.
4.	15 Min.	Die gesamte Gruppe tauscht sich über die gemachten Erfahrungen aus. Wie viel Übereinstimmung gab es, wo entstanden unterschiedliche Erwartungen, was heißt das für unsere Zusammenarbeit?

Hinweis

Bei den o.g. Fragen soll die Gruppenkultur im Vordergrund stehen.
Ergänzend können auch Fragen der persönlichen Rolle benannt werden.

Mein Lebens- und Lernweg

– Meine Kurzbiografie
Wolfgang Schmidt

▶ Kenntnisstand der Teilnehmer: Anfänger
▶ Dauer: bei zehn Teilnehmern insgesamt zwei Stunden

Kurzbeschreibung

In der Startphase einer Coachingweiterbildung stehen das Kennenlernen des Teilnehmers und die Fähigkeit zum Blick auf sich selbst im Mittelpunkt. Während sich die Teilnehmer bei der Darstellung des Lebenswegs mit Stationen ihres Lebens vorstellen, fokussiert die Frage nach den Lernerfahrungen auf die Art und Weise, wie Erfahrungen mit mir selbst und anderen mir ermöglicht haben, Kenntnisse zu sammeln und gegebenenfalls Verhaltensänderungen vorzunehmen.

Es gibt zwei Varianten für diese Übung

Setting

Variante 1: Bei einer Gruppengröße von bis zu zehn Teilnehmern bekommen die Teilnehmer den Auftrag, auf einem Flipchart ihren Lebens- und Lernweg zu zeichnen. Der Zeitrahmen für diese individuelle Arbeit ist ca. 20 Minuten. Danach erfolgt die Präsentation im Plenum.
Variante 2: Bei einer Gruppengröße von bis zu 20 Teilnehmern setzen sich die Teilnehmer paarweise zusammen und tauschen sich pro Person zehn Minuten lang über den Lebens- und Lernweg aus. Danach präsentiert man sich gegenseitig den restlichen Teilnehmern im Plenum (pro Person ca. drei bis fünf Minuten). Hier ist der Trainer gefordert, die Zeit und den Informationsgehalt im Auge zu behalten – gegebenenfalls durch qualifizierte Nachfrage. Für beide Varianten sind große Räumlichkeiten notwendig.

Gründe für das Tool

Der Blick richtet sich auf die Vergangenheit und die dort gemachten Erfahrungen, sowohl auf den Lebens- als auch den Lernweg.

Das Instrument eignet sich sehr gut für die Startphase einer prozess-orientierten Weiterbildung. Die differenzierte Darstellung bietet schon zu Beginn einen Blick auf die Methoden des Lernens. Die Teilnehmer berichten von ihren diesbezüglichen Erfahrungen und können diese zu einem späteren Zeitpunkt mit den Methoden des Coachings abgleichen. Damit wird u.a. der Blick auf die individuellen Stärken und Schwächen gelenkt. Vorkenntnisse sind nicht notwendig.

Ausführliche Beschreibung

Zu Beginn wird den Teilnehmern das Ziel erklärt (Vorstellung der eige-nen Person anhand des Lebens-/Lernweges). Die Präsentation (Variante 1) soll auf einem Flipchart erfolgen. Das „Wie?" (Zeichnen von Bildern oder Darstellung mit Text) wird dem Teilnehmer überlassen. *„Ich möch-te Sie nun einladen, uns Ihren bisherigen Lebensweg darzustellen. Dabei bitte ich Sie außerdem, uns drei positive Lernerfahrungen auf diesem Weg ebenfalls zu präsentieren … und vergessen Sie bitte nicht, Ihren Namen darauf zu schreiben."*

Die Teilnehmer verteilen sich nun mit einem Flipchart und möglichst mehreren farbigen Moderationsstiften im Raum. Nach 20 Minuten beginnt der Trainer, die Teilnehmer wieder einzusammeln und startet dann die Präsentation. Hierbei hat jeder Teilnehmer maximal zehn Mi-nuten Zeit, sich mithilfe des Flipcharts vorzustellen und über drei Lernerfahrungen zu berichten. Die Seiten werden nach der Präsenta-tion im Raum verteilt, sodass man während der Veranstaltung immer einen Blick auf die Präsentation hat.

Kommentar

Die bei den individuellen Präsentationen der Teilnehmer vorgestell-ten Lernerfahrungen sind sehr vielfältig: „Ich lerne erfolgreicher in Gruppen", „Ich lerne erfolgreich, indem ich Texte konsequent lese" oder „Ich habe gelernt, mir zu meinen Ideen zunächst ein Feedback geben zu lassen." Ich setze diese Methode deshalb sehr gerne in der Coachingweiterbildung ein, weil ich im Anschluss mit den Teilnehmern über die Arbeitsweise im Coaching spreche. Im Anschluss an diesen Einstieg gibt es nun die Möglichkeit, die Methoden und Techniken im Coaching und „Coaching als die Hilfe zur Selbsthilfe" vorzustellen.

Quellen

Ein eigenes Tool, entwickelt für unsere Coachingweiterbildungen beim management forum wiesbaden

Schlagworte

Lernerfahrungen, Lernmethoden, Lernschwächen, Lernstärken

Trainingsdesign

1. 20 Min. Lebens- und Lernweg auf einem Flipchart darstellen.
(Bei Partnerarbeit: Austausch mit zehn Minuten pro Person)

2. je TN max 10 Min. Präsentation der Lebens- und Lernwege. Jeder Teilnehmer hat maximal zehn Minuten Zeit.
(Bei Partnerarbeit: Präsentation des Partners vor dem Plenum. Pro Person drei bis fünf Minuten)

Übergänge und Abschlüsse gestalten

– Eine Struktur für den Abschluss von Coachings verinnerlichen
Jutta Kreyenberg

> ▶ Kenntnisstand der Teilnehmer: fortgeschrittene Coachs am
>   Ende ihrer Ausbildung
> ▶ Dauer: 90 Minuten

Kurzbeschreibung   Der Coach erhält ein Tool für die Struktur eines Abschlussgesprächs mit den Ebenen Inhalt – Prozess – Beziehung. In einer Coachingübung ist einer der Coachs der Klient und nimmt das Ende der Coachingweiterbildung als Anlass für ein Coachingabschlussgespräch. Durch Rollenwechsel und Feedback wird die Struktur verinnerlicht und anschließend wird die Übung auf andere Abschluss- und Übergangssituationen übertragen.

Setting   Die Übung wird in Dreiergruppen durchgeführt: Coach – Klient – Beobachter. Ist die Gruppe nicht durch drei teilbar, so gibt es eine oder mehrere Gruppen mit zwei Beobachtern.
Für diese Übung sind folgende Varianten möglich:
▶ der Teilnehmer wählt ein Coaching, das er als Klient abschließt.
▶ der Teilnehmer wählt ein Coaching, in dem er als Coach den Prozess beendet.
▶ der Teilnehmer wählt eine beliebige Abschluss- oder Abschiedssituation und überträgt die Kernbestandteile.

Gründe für das Tool   Das Tool wird zu zwei Anlässen herangezogen:
Zum einen am Ende des Coachings und zum anderen bei Übergangssituationen und Zwischenabschlüssen. Das Tool wird am Ende einer Coachausbildung eingesetzt, um in einem positiven Parallelprozess sowohl

den Abschluss der eigenen Coach(-ausbildungs)-erfahrungen zu erleben als auch diese dann auf reale Coachingprozesse zu übertragen.

Der Nutzen dieses Tools besteht in folgenden Faktoren:
▶ Emotionale und inhaltliche Faktoren am Ende eines Coachingprozesses erkennen
▶ Auf der Beziehungsebene gut Abschied nehmen können
▶ Erkenntnisse, Verbesserungen und neue Erfahrungen am eigenen Beispiel und für den Klienten verankern
▶ Einen Ausblick auf Weiterentwicklungsmöglichkeiten ermöglichen
▶ Mustererkennungs- und Reflexionsfähigkeiten anregen

Ausführliche Beschreibung

Am Ende eines Coachings werden nicht alle Probleme des Klienten gelöst sein. Das wäre weder wünschenswert noch sinnvoll. Gerade eine offene Gestalt lädt zur Weiterentwicklung ein. Es werden jedoch Veränderungen und Verbesserungen in Bezug auf die Coachingziele erkennbar sein. In dieser Übung geht es darum, Erkenntnisse und neue Erfahrungen zu verankern und eine Weiterarbeit an offenen Themen zu ermöglichen. Die Übung umfasst folgende Schritte:

1. Einführung in das Tool durch den Lehrtrainer

Die Lehrtrainerin erläutert die Ziele und Schritte der Übung und regt die Gruppenbildung in Dreiergruppen an (Klient, Coach, Beobachter).

2. Einzelarbeit

Jeder Teilnehmer des Coachingcurriculums reflektiert die eigenen Coaching- und Lernerfahrungen im Curriculum in Bezug auf das Thema Abschluss auf folgenden Ebenen (das vorbereitete Handout finden Sie unter den Online-Ressourcen):

▶ **Inhalt**
  ● Was waren die wichtigsten Themen?
  ● Was sind Fortschritte, Erkenntnisse, Erfolge?
  ● Wie gut haben Sie Ihre (ursprünglichen, neuen) Ziele erreicht?
  ● Wo ist etwas schiefgelaufen? Wie damit umgehen?
  ● Was ist noch offen?
  ● Wo ist Weiterarbeit nötig? In welcher Form?

▶ **Prozess**
  ● Wie würden Sie den Coachingprozess rückblickend beschreiben?
  ● Wie sähe der Prozess als Erfolgs- oder Zufriedenheitskurve aus?
  ● Welche Symbole, Slogans oder Metaphern haben Sie dafür?

- Welche (bekannten, neuen) Muster in Bezug auf Kommunikation, Führung, Problemlösung, Entscheidung ...) haben Sie identifiziert?
- Was waren Highlights, wo stockte es?

▶ **Beziehung**
- Wie zufrieden waren Sie mit der Zusammenarbeit?
- Welche (neuen) Erfahrungen in Bezug auf Kommunikation, Kontakt und interaktive Wirksamkeit haben Sie machen können?
- Was brauchen Sie, um emotional loszulassen?

▶ **Ausblick**
- Was lässt sich aus dem Coaching auf den Alltag übertragen und wie?
- Was haben Sie gelernt?
- Welche Ressourcen haben Sie (neu) entdeckt, die Ihnen bei künftigen Herausforderungen helfen können?
- Was brauchen Sie jetzt noch, um ohne Coaching auszukommen?

3. Coachinggespräch

Klient und Coach führen ein Gepräch, in dem sie die Trainingserfahrungen als Bespiel für ein Abschlussgespräch zusammenfassen.

Dabei kann folgendes Interventionsmodell für den Abschluss angewandt werden:

▶ **Lernernten:** Der Coachingklient berichtet über seine Learnings (hier als Teilnehmer des Coachingcurriculums auf den o.g. 4 Ebenen.
▶ **Würdigung des Erreichten:** Der Coach hält inne und widmet sein Feedback und die Reflexion der Würdigung des Gelernten/Erreichten. Sein Feedback wirkt hier stabilisierend und verankernd.
▶ **Ausblick/Empfehlung:** Darüber hinaus kann der Coach in seinem Feedback erfolgreiche und herausfordernde Momente im Coachingprozess benennen und einen Ausblick bzw. eine Entwicklungsempfehlungen geben, z.B. mit der Frage: „Wie müßte sich der Klient verhalten, wenn er die ursprünglichen Probleme wieder kreieren wollte?"
▶ **Abschied:** Klient und Berater verabschieden sich in ihren Rollen voneinander. Wichtig ist es, zu klären, ob, wann und wofür der Coach in Zukunft evtl. zur Verfügung steht.

4. Feedback des Beobachters

Der Beobachter gibt dem Coach ein Feedback darüber, welche Abschluss- und Abschiedsinterventionen er beobachtet hat in Bezug auf:

▶ Verankern
▶ Ausblick
▶ Emotionale Verarbeitung

5. Rollenwechsel

6. Austausch im Plenum

▶ Lernernten der Teilnehmer
▶ Reflexion/Austausch insbesondere bezüglich der Übertragung der Übungserfahrung auf reale Coachingprozesse
▶ Gegebenenfalls Input zu den Trauerphasen nach Kübler-Ross, Bindungsmodelle nach Bowlby oder Change-Modelle

Dieses Tool verdeutlicht die Ebenen des Abschlusses und Abschieds im Coaching. Bei der Einführung sollte die Lehrtrainerin darauf hinweisen, dass es hier nicht um eine Evaluation des Trainings geht, sondern um die Auswertung der persönlichen Lernerfahrungen als Spiegel/Parallelprozess eines Coachingprozesses. Bei der anschließenden Auswertung im Plenum ist es wichtig, die Aspekte der Übertragung auf reale Coachingsituationen hervorzuheben. Insbesondere ist der hier nicht vorhandene Aspekt der Rückkopplung mit dem Auftraggeber (soweit nicht mit dem Coachingklienten identisch) zu erläutern. Dabei steht die Rückbesinnung auf das zu Beginn des Coachings vereinbarte Vorgehen im Mittelpunkt und zwar bezüglich der

Kommentar

▶ Benachrichtigung des Auftraggebers über Ende des Coachings
▶ Mitteilung über Ergebnisse des Coachings

Im Umfeld dieser Übung (vorher oder nachher) ist ein Theorie-Input zu den emotionalen Phasen der Veränderung (Trauerphasen nach Kübler-Ross) und/oder Bindungs-/Trennungsphasen (nach Kohlrieser, Bowlby) hilfreich (siehe dazu die nächste Seite).

Input: Trauerphasen nach Kübler-Ross

1. **Leugung:** Nicht-wahrhaben-Wollen, am Alten festhalten
2. **Zorn:** chaotische Emotionen von Angst, Wut und Trauer, Verzweiflung)
3. **Verhandeln:** Hoffnung, dass es doch so bleibt wie es war, rationalisieren
4. **Depression:** Schuldgefühle, Ängste und Sorgen, was alles schiefgehen könnte
5. **Akzeptanz:** Zustimmung, emotionale Anbindung an das Neue, Blick in die Zukunft

Quellen Quellen zum Thema Abschluss, Trennung, Trauer finden sich im Original vor allem bei
- Bowlby, J.: Das Glück und die Trauer. Stuttgart: Clett-Kotta 2011, 3. Auflage.
- Sowie in den Studien über Sterbeprozesse von Kübler-Ross, E.: Interviews mit Sterbenden. Stuttgart: Kreuz Verlag 2009.
- Darüber hinaus ist Literatur zu Veränderungsprozessen in Organisationen hilfreich, wie z.B. von Kotter, J.: Das Pinguinprinzip: Wie Veränderung zum Erfolg führt. München: Droemer Knaur 2011.

Schlagworte Abschluss, Abschied, Trauer, Ausblick, Erfolg, offene Gestalt, Ergebnis, Auswertung, Trainingsende, Abschlussinterventionen

Trainingsdesign

▶ 90 Minuten

| 1. | 5 Min. | Einführung |

2. 15 Min. Einzelarbeit
Jeder Teilnehmer des Coachingcurriculums reflektiert
die eigenen Coaching- und Lernerfahrungen im Curriculum in Bezug auf das Thema Abschluss.

3. 10 Min. Coachinggespräch
Klient und Coach führen ein Gepräch, in dem sie die
Trainingserfahrungen als Bespiel für ein Abschlussge-
spräch zusammenfassen. Dabei kann folgendes Inter-
ventionsmodell für den Abschluss angewandt werden:
▶ Lernernten
▶ Würdigung des Erreichten
▶ Ausblick/Empfehlung
▶ Abschied

4. 5 Min. Feedback des Beobachters bezüglich
▶ Verankern
▶ Ausblick
▶ Emotionale Verarbeitung

5. 30 Min. 2 x Rollentausch und Wiederholung von 2. und 3.

6. 25 Min. Austausch im Plenum
▶ Lernernten der Teilnehmer
▶ Reflexion/Austausch zur Übertragung der Übungs-
erfahrung auf reale Coachingprozesse

▶ Das Handout mit den Fragen des Tools erhalten Sie online.

Autorinnen und Autoren

Dr. Elke Berninger-Schäfer

Dipl.-Psychologin, Senior Coach (DBVC), Lehrcoach, Supervisorin (BDP), Psychotherapeutin. Inhaberin des Karlsruher Institutes für Coaching und Leiterin des Coaching Zentrums der Führungsakademie B-W. Schwerpunkte: Coaching, Coachingweiterbildung (Business-Coach, Gesundheitscoach und virtueller Coach). Autorin, Dozentin, Leiterin des Fachausschusses Coaching Forschung im DBVC.

Dr. Elke Berninger-Schäfer
Stephanienstr. 9
76133 Karlsruhe

Tel.: 0721 - 1611848
Fax: 0721 - 1611847
info@berninger-schaefer.de
www.kic.berninger-schaefer.de

Susanne Ebert

Susanne Ebert, Dipl.-Päd., Mitarbeiterin der isb GmbH, Wiesloch und derzeit tätig im Bereich Organisations- und Kulturentwicklung gesellschaftlicher Initiativen und Organisationen in Zusammenarbeit mit der Schmid-Stiftung. Daneben Projekte und Tätigkeiten in Bildungs- und Wirtschaftskontexten als Seminar- und Projektleiterin, Beraterin und Moderatorin.

isb GmbH
Systemische Professionalität
Susanne Ebert
Schlosshof 1
69168 Wiesloch

Tel.: 06222 - 81804
Fax: 06222 - 51452
ebert@isb-w.eu
www.isb-w.eu

Klaus Eidenschink

Seniorcoach DBVC, Organisationsberater, Coachingausbilder, Forscher, Studium der Theologie, Philosophie und Psychologie. Geschäftsführer der Consultingfirma Eidenschink & Partner, Leiter von Hephaistos, Coaching-Zentrum München. Hintergrund für meine Ausbildertätigkeit sind Ausbildungen in humanistischen Psychotherapieverfahren, Systemtheorie, Gruppendynamik, Organisationstheorie und Konfliktforschung. Gegenwärtig arbeite ich an einer differenztheoretischen Veränderungstheorie von Personen und Organisationen.

Hephaistos,
Coaching-Zentrum München
Lärchenstr. 24
82152 Krailling

Tel.: 089 - 85662290
Fax: 089 - 85662245
info@coaching-zentrum.de
www.hephaistos.org
www.eidenschink.de

Prof. Dr. Jörg Fengler

Prof. Dr. Jörg Fengler ist em. Prof. für Klinische und Pädagogische Psychologie an der Universität zu Köln, Leiter des Fengler-Instituts für Angewandte Psychologie, Psychologischer Psychotherapeut, Supervisor (BDP, DGSv), Senior-Coach (DBVC, BDP-DPA), Balint-Gruppenleiter (DBG) und Gruppendynamik-Trainer (DAGG). Psychotherapie-Forschung, Helfer-Berufe, Burnout-Prophylaxe, Sucht, Methodik von Psychotherapie, Supervision und Coaching. Ausbildungs-Seminare und Vorträge in diesen Bereichen. Mitherausgeber der Zeitschrift „Gruppendynamik und Organisationsberatung". Mitglied in mehreren wissenschaftlichen Gremien und Beiräten.

Fengler-Institut für Angewandte
Psychologie
Zur Schneidemühle 6
53347 Alfter

Tel.: 0228 – 645 333
joerg.fengler@uni-koeln.de

Katalin Hankovszky Christiansen, M.A.

Ich bin Coach und Ausbilderin von Coachs sowie Teamcoachs. Seit ich Ende der Neunzigerjahre die sogenannte lösungsfokussierte Arbeitsweise kennenlernte, integriere ich diese in meine Arbeitsfelder und bin fasziniert durch die methodischen Formen, Lösungsfokussierung in der Erwachsenenbildung zu leben. Bin seit Beginn Teammitglied bei Solutionsurfers und biete diese Coachausbildungen seit 2010 auch in Ungarn an.

Katalin Hankovszky Christiansen
Neuhofstr. 20
CH-5600 Lenzburg

Tel.: 0041 - 794322108
info@handlungsspielraeume.com
www.handlungsspielraeume.com

Joachim Hipp

Joachim Hipp ist Geschäftsführer von Wengel & Hipp und langjähriger Managementtrainer & Coach. Er unterstützt seit 15 Jahren Unternehmen zu den Themen Talentmanagement, Führung, Stresskompetenz und Coaching. Als Lehrtrainer am Institut für systemische Beratung, Wiesloch lehrt er seit 1998 (Karriere-) Coaching und systemische Beratung. Zahlreiche Veröffentlichungen zu den Themen Systemische Beratung und Coaching.

Wengel&Hipp
Institut für systemische Organisations- und Karriereberatung
Kaiserstraße 57
60329 Frankfurt

Tel.: 069 - 21997220
Fax: 069 - 21997222
jh@wengelundhipp.de
www.wengelundhipp.de

Dr. Hans Jellouschek

Dr. theol., Lic.phil., Jg. 1939, Psychotherapeut, Lehrtherapeut für Transaktions-analyse und Systemisch-integrative Paartherapie, Lehrtrainer und Coach. Autor zahlreicher Bücher über Männer- und Beziehungsthemen. Seit vielen Jahren freier Mitarbeiter am Institut Professio-Akademie.

Professio-Akademie   Tel.: 07073 - 3662
Dr. Hans Jellouschek   Fax: 07073 - 2521
Baumgartenring 7   hans.jellouschek@t-online.de
72119 Ammerbuch   www.praxis-jellouschek.de

Dr. Andreas Kannicht

Dr. phil, Dipl.-Päd., Lehrtherapeut und lehrender Coach SG. Nach langjähriger Managementtätigkeit seit 2001 selbstständig als Coach und Teamentwickler in Neustadt an der Weinstraße. Ausbilder in verschiedenen Curricula für systemische Beratung, Coaching und Teamentwicklung. Lehrend tätig für:
Institut für systemische Beratung (www.isb-w.de),
Wieslocher Institut für systemische Lösungen (www.wieslocher-institut.de),
Saarländische Gesellschaft für systemische Therapie (www.sgst.de).

Andreas Kannicht   Tel.: 06321 - 890045
Gipserstr. 15   a.kannicht@system-beratung.net
67433 Neustadt   www.system-beratung.net

Oliver König

Lehrbeauftragter und Mitarbeiter der isb GmbH in Wiesloch und dort verantwort-lich für systemische Didaktik und Lernkulturentwicklung. Als freiberuflicher Berater, Coach und Teamentwickler arbeite ich für Unternehmen an Themen der Personal- und Organisationsentwicklung. Am Institut für systemische Führungs-kultur www.minor.de bin ich im Curriculum „Systemische Beratung für Junior Professionals" als Lehrtrainer tätig. Ausbildungen in Systemischer Beratung (ISB), als Erziehungswissenschaftler (B.A.) und als Bildungsmanager (M.A.).

Isb GmbH   Tel.: 06222 - 81880
Systemische Professionalität   koenig@isb-w.eu
Oliver König   www.isb-w.eu
Schlosshof 1
69168 Wiesloch

Jutta Kreyenberg

Jutta Kreyenberg ist Diplom-Psychologin, Lehrtrainerin für systemische Transaktionsanalyse, hat Erfahrung als Personalentwicklerin/Führungskraft in einem Großunternehmen. Kernkompetenzen: Coaching, Ausbildung von Coachs, Führung, Konfliktmanagement, Buchautorin. Professio steht für Professionalisierung von Personalentwicklern, Coachs und Führungskräften (offene Trainings, Consulting).

Institut für Coaching & Supervision, Professio
Jutta Kreyenberg
Bodelschwinghstr. 49
67227 Frankenthal

Tel.: 0173-2686394
info@CoachingSupervision.de
www.CoachingSupervision.de

Prof. Dr. Eric Lippmann

Studium der Psychologie und Soziologie an der Universität Zürich. Weiterbildung in Paar-/Familientherapie, Supervision, Coaching und Organisationsentwicklung. Leitung des Zentrums „Leadership, Coaching & Change Management" am Institut für Angewandte Psychologie IAP Zürich. Co-Leitung der Master of Advanced Studies (MAS) „Supervision & Coaching in Organisationen" und „Coaching & Organisationsberatung". Autor diverser Bücher zu Führung, Coaching, Identität.

Zürcher Hochschule für Angewandte Wissenschaften
IAP Institut für Angewandte Psychologie
Prof. Dr. Eric Lippmann
Merkurstrasse 43
CH-8032 Zürich

Tel.: 0041 - 589348383
eric.lippmann@zhaw.ch
www.iap.zhaw.ch

Dr. Michael Loebbert

Die Fachhochschule Nordwestschweiz FHNW ist einer der erfahrensten und größten Anbieter für Coachingweiterbildung im deutschsprachigen Raum. Forschung und Evaluation ergänzen das Leistungsangebot. Als Programmleiter vertritt Michael Loebbert eine pragmatische Ausrichtung. Roter Faden ist eine Didaktik für Prozessberatung. Daran lassen sich bewährte Praxismodelle aus unterschiedlichen Schulen knüpfen.

Fachhochschule Nordwestschweiz FHNW
Dr. Michael Loebbert
Riggenbachstrasse 16
CH-4600 Olten

michael.loebbert@fhnw.ch
www.coaching-studies.ch

Birgit Minor

Systemischer Coach (ISB Wiesloch), Dozentin für bewusste Sprache, Ausbildung für systemische Aufstellungsarbeit im Einzelsetting bei Wilfried
de Philipp. Zusammen mit Oliver König arbeite ich mit großer Freude als
Lehrtrainerin im Curriculum „Systemische Beratung für Junior Professionals"
in Nürnberg. Im Coaching liegt mein Schwerpunkt auf den Themen Professionalisierung in der Führungsrolle, Karrierecoaching für Schulabgänger/Stu-
denten und Persönlichkeitsentwicklung. Beim Sprachcoaching erweitere ich
die Sprachräume meiner Klienten, sodass sie in ihren Rollen klar auftreten
und eindeutig kommunizieren. Denn jedes Wort wirkt!

Birgit Minor – Balancing   Tel.: 0911 - 60046026
Maxenlohe 3   birgitminor@minor.de
90562 Heroldsberg   www.birgitminor.de

Marc Minor

Leiter des Instituts für systemische Führungskultur – spezialisiert auf die
Integration von Organisations-Kultur-Entwicklung und Einzelcoaching der
Schlüsselspieler in Organisationen. Durchführung von curricularen, bran-
chenübergreifenden, coaching-basierten „Führungs-Werkstätten". „Tool-
Einzelcoaching' zu systemischen „Heavy-Weight Modellen" aus dem ISB
Wiesloch, wie das „systemische Rollenmodell" oder das „Modell der komple-
mentären Verantwortung in Organisationen". Professionelle Heimat: das ISB
Wiesloch – seit 20 Jahren dem Institut und Dr. Bernd Schmid verbunden –
seit 2005 Lehrtrainer.

Institut für systemische   Tel.: 0911 - 6105257
Führungskultur   Fax: 0911 - 60046467
Marc Minor   marcminor@minor.de
Maxenlohe 3   www.minor.de
90562 Heroldsberg

Gerhard Neumann

Senior-Coach DBVC, Geschäftsführer BTS, Leiter der Coaching-Weiterbildung.
BTS bildet seit seiner Gründung vor 20 Jahren erfolgreich Coachs und Supervisoren aus. Coaching und Supervision sind für uns Formen ressourcenorien-
tierter Beratung von Einzelnen, Teams und Gruppen. Der Konstruktivismus,
die Systemtheorie und die Lösungsorientierte Beratung sind die drei Grund-
pfeiler systemisch-lösungsorientierten Coachings und Supervision bei BTS.

BTS Mannheim   Tel.: 0171 - 5154049
Gerhard Neumann   Fax: 0621 - 8019176
Brühler Ring 31   office@ bts-mannheim.de
68219 Mannheim   www.bts-mannheim.de

Dr. Hüseyin Özdemir

oezpa ist ein seit 1994 sowohl in der Weiterbildung (oezpa Akademie) als auch in der Management Beratung (oezpa Consulting) aktives Institut. Die Weiterbildungen in „Systemischem Business Coaching" bzw. „Organisationsentwicklung und Change Management" und die Beratungsprojekte sind eng miteinander verzahnt. oezpa kooperiert weltweit mit Business Schools und ist in sozialen Projekten engagiert („Rettung Amazonas" etc.).

oezpa GmbH
Dr. Hüseyin Özdemir
Schlosshotel Kloster Walberberg
Rheindorfer-Burg-Weg 39
53332 Bornheim-Walberberg

Tel.: 02227 - 92157-00
Fax: 02227 - 9215720
h.oezdemir@oezpa.de
www.oezpa.de

Dr. Sonja Radatz

Begründerin des Relationalen Ansatzes®, gründete 1998 das IRBW Wien, Schloss Schönbrunn. Die Autorin von 16 Büchern begleitet Unternehmen, Führungskräfte, Vertriebs- und HR Verantwortliche in ihrem nachhaltigen Erfolg. Die gefragte Keynote Speakerin und Gast-Universitätsdozentin ist Herausgeberin der Zeitschrift „LO Lernende Organisation". 2003 wurde ihr der Deutsche Preis für Gesellschafts- und Organisationskybernetik für ihr Lebenswerk verliehen.

Institut für Relationale Beratung
und Weiterbildung
Dr. Sonja Radatz
Schloss Schönbrunn,
Zuckerbäckerstöckl 39
A-1130 Wien

Tel.: 0043 - 69911454804
Fax: 0043 - 14095566 77
s.radatz@irbw.net
www.irbw.net
www.lo.irbw.net

Christopher Rauen

Jg. 1969, Dipl.-Psych., Senior Coach DBVC, Business Coach seit 1996, Geschäftsführer der Christopher Rauen GmbH, Vorsitzender des Vorstands des Deutschen Bundesverbandes Coaching e.V., Leiter der RAUEN Coaching-Ausbildung und Lehrbeauftragter an mehreren Universitäten. Arbeitsschwerpunkte: Coaching von Geschäftsführern, Vorständen und Unternehmern, Coaching-Ausbildung.

Christopher Rauen GmbH
Rosenstr. 21
49424 Goldenstedt

Tel.: 0541 - 98256777
Fax: 0541 - 98256779
cr@rauen.de
www.rauen.de

Dr. Bernd Schmid

Gründer des isb-Wiesloch und der Schmid-Stiftung www.forum-humanum.eu. Ehrenmitglied der www.systemische-gesellschaft.de/Ehrenvorsitzender Präsidium Deutscher Bundesverband Coaching www.dbvc.de. Preisträger des Live-Achievement-Awards 2014 der Weiterbildungsbranche, 2007 der Internationalen TA-Gesellschaft ITAA und 1988 der Europäischen TA-Gesellschaft EATA. Veröffentlichungen in Schrift, Video und Audio zum freien Download. Essays: www.blog.bernd-schmid.com

isb GmbH
Systemische Professionalität
Dr. Bernd Schmid
Schlosshof 1
69168 Wiesloch

Tel.: 06222 - 81880
Fax: 06222 - 51879
schmid@isb-w.de
www.isb-w.de

Fred F. Schmidt, M.A.

Mitgründer von potenzialraum („Kompetenzentwicklung für die Arbeitswelt der Zukunft") und Leading Expert Networking Intelligence in einem börsennotierten Technologieunternehmen. Der studierte Sozialwissenschaftler zählt zu den ersten Anwendern wissenschaftlicher Motivanalysen in der Führungskräfteentwicklung und aktiviert als Autor, Berater und Speaker rund um das Thema Personen- & Systemqualifizierung in einer vernetzten, dynamisierten Welt. Er ist dem isb-Wiesloch seit mehr als 15 Jahren als ehemaliger Mitarbeiter in verschiedenen Rollen verbunden.

Fred F. Schmidt, M.A.
Heinrich-von-Kleist-Str. 23
53113 Bonn

de.linkedin.com/in/FredFSchmidt
twitter.com/potenzialraum
fred.schmidt@potenzialraum.de
www.potenzialraum.de

Wolfgang Schmidt

Das management forum wiesbaden ist ein erfahrenes Beratungs- und Trainingsunternehmen mit Standort Wiesbaden. Wolfgang Schmidt ist Senior Coach (DBVC) und bietet Einzel- und Teamcoachings an. Die Coachingweiterbildung findet in kleinen Gruppen statt, hat systemische Grundlagen und legt u.a. Wert auf eine hohe Bereitschaft zur Selbstreflexion. Sie ist ebenfalls vom DBVC anerkannt. Unser Motto: Mit uns lernen, wo das Herz für Coaching schlägt.

management forum wiesbaden
Wolfgang Schmidt
Michaelisstraße 18
65207 Wiesbaden-Heßloch

Tel.: 0611 - 5440536
Fax: 0611 - 543466
info@mafowi.de
www.mafowi.de

Dr. phil. Christoph Schmidt-Lellek

Geb. 1947, Studium der ev. Theologie, Philosophie und der Erziehungswissenschaften, seit 1982 freiberufliche Praxis für Psychotherapie (HPG), Supervision (DGSv) und Coaching (DBVC) in Frankfurt/M.; Mitglied im Fachausschuss Profession des Deutschen Bundesverbands Coaching (DBVC); Mitherausgeber und Redakteur der Zeitschrift „Organisationsberatung, Supervision, Coaching", zahlreiche Veröffentlichungen.

Dr. phil. Christoph Schmidt-Lellek
Taunusstr. 126
61440 Oberursel

Tel.: 06171 - 708994
Kontakt@Schmidt-Lellek.de
www.Schmidt-Lellek.de

Dr. Cornelia Seewald

Dr. Cornelia Seewald ist seit 1996 als Executive Coach und Change Management Beraterin für namhafte Konzerne und Mittelstandsunternehmen tätig. Ihre Themenschwerpunkte sind: Veränderungsmanagement, Leadership, Strategie und Kommunikation. Zuvor hat sie als Wissenschaftlerin, Organisationsentwicklerin und Personalchefin in Linienfunktionen komplexer Unternehmen gearbeitet. 2006 erschien ihr Buch „Sozial nachhaltiges Change Management". Sie ist Präsidiumsmitglied des DBVC und leitet dort den Fachausschuss „Mittelstand".

costconcept
Dr. Cornelia Seewald
Sternstr.32
40479 Düsseldorf

Tel.: 0211 - 4921796
seewald@costconcept.de
www.costconcept.de

Mag. Walter Slupetzky

Geschäftsführer der Quintessenz Organisationsberatung GmbH. Mitglied des Austrian Coaching Council – ACC. Beratung von Wirtschaftsunternehmen, Verwaltungs- und Non Profit Organisationen zu den Themen Strategie-, Personal- und Organisationsentwicklung. Entwicklung sozialer Innovationen an der Schnittstelle von Wirtschaft und Gesellschaft, in den Bereichen Arbeitsmarkt, demographischer Wandel und Mobilität.

Quintessenz Organisations-
beratung GmbH
Walter Slupetzky
Nordberggasse 89/245
A-8045 Graz

Tel.: 0699 - 15111573
w.slupetzky@quintessenz.or.at
www.quintessenz.or.at

Dr. Walter Spreckelmeyer

Dipl.-Päd., Promotion in Philosophie, Logotherapeut DGLE; Seniorcoach DBVC, Gründer und Inhaber der CA Coaching Akademie, Lehrcoach seit 1999 für die Ausbildung zum „Coach der Wirtschaft (IHK)", langjährige Erfahrung in werteorientierter Beratung branchenübergreifend in Konzernen, KMU und Verwaltungen. Themen: Sinnkrisen und Veränderungsprozesse, sinnorientierte Mitarbeiterführung, Kommunikation und Konfliktmanagement, Unternehmensethik und Leitbildentwicklung.

CA Coaching Akademie e.K.
Dr. Walter Spreckelmeyer
Podbielskistr. 333
30659 Hannover

Tel.: 0511 - 5406414
Fax: 0511 - 5406300
ca@coaching-akademie.de
www.coaching-akademie.de

Dirk Strackbein

Dirk Strackbein arbeitet seit mehr als 10 Jahren als Berater, Coach (DBVC) und Trainer mit systemischem Hintergrund. Er ist Geschäftsführer der Diskurs Strackbein GmbH in Wuppertal. Er war langjährig in leitenden Positionen in der Industrie tätig. Seine Arbeitsschwerpunkte: Führung von Menschen in Organisationen, Motivation und Selbstverantwortung, Coaching und Begleitung von Führungskräften.

Diskurs Strackbein GmbH
Dirk Strackbein
Kronprinzenallee 107
42119 Wuppertal

Tel.: 0202 - 370 2221
Fax: 0202 - 370 2225
dirk.strackbein@diskurs.net
www.Diskurs.net

Rita Strackbein

Rita Strackbein, Unternehmensberaterin und Coach, Geschäftsführerin der Diskurs Strackbein GmbH in Wuppertal mit 20-jähriger Erfahrung. Mitglied des Vorstandes DBVC. Lehrtrainerin und Master am Institut für systemische Beratung, Wiesloch. Arbeitsschwerpunkte: Rund um das Thema der Führung – Coaching, Beratung und Begleitung von Führungskräften und Wirtschaftsmediation.

Diskurs Strackbein GmbH
Rita Strackbein
Kronprinzenallee 107
42119 Wuppertal

Tel.: 0202 - 370 2221
Fax: 0202 - 370 2225
rita.strackbein@diskurs.net
www.Diskurs.net

Dr. Peter Szabó

Dr. Peter Szabó ist Mit-Gründer des Weiterbildungsforums in Luzern und hat weltweit über 3000 lösungsorientierte Kurzzeit-Coachs ausgebildet. Er coacht Führungskräfte und begleitet Unternehmen in lösungsorientierten Change-Prozessen. Peter Szabó ist Autor von verschiedenen Büchern und Artikeln, die in 13 Sprachen übersetzt wurden, z.B.: „Coaching – erfrischend einfach", Solutionsurfers Luzern 2008.

Weiterbildungsforum   Tel.: 0041 - 412103973
Dr. Peter Szabó   peter.szabo@weiterbildungsforum.ch
Waldstätterstrasse 9   www.weiterbildungsforum.ch
CH-6003 Luzern   www.solutionsurfers.com

Helena Veith

Dipl.-Soz.-Wiss., systemische Beraterin (isb). Mitarbeiterin im Bereich Weiterbildung bei dm-drogerie markt, freie Mitarbeiterin am isb, Wiesloch. Arbeitsbereiche: Beratung, Führungskräfte- und Teamentwicklung sowie Begleitung von Veränderungsprozessen durch systemintelligente Lernarchitekturen. Leiterin der systemischen Beraterausbildung für Junior Professionals für Beratung, Coaching und OE/PE im Rhein-Main-Neckar-Raum (www.juniorprofessionals.de).

systemisch-beraten.de   mail@helenaveith.de
Helena Veith   www.systemisch-beraten.de
Rahel-Straus-Str. 4
76137 Karlsruhe

Thorsten Veith

Leiter des isb, Wiesloch. Lehrbeauftragter an Universitäten sowie Berater und Entwickler. M.A. in Erziehungswissenschaft und Soziologie (Universität Heidelberg & SciencePo Paris). Arbeitsbereiche: Management und Beratung, kollegiale Beratung, Kompetenzportfolio sowie systemische Didaktik und Lernkultur. Leiter der systemischen Beraterausbildung für Junior Professionals im Rhein-Main-Neckar-Raum (www.systemisch-beraten.de). Laufende Dissertation am Institut für medizinische Psychologie des Universitätsklinikums Heidelberg zum Thema Gesundheit & Führung.

isb GmbH   Tel.: 06222 - 81804
Systemische Professionalität   Fax: 06222 - 51452
Thorsten Veith   veith@isb-w.eu
Schlosshof 1   www.isb-w.eu
69168 Wiesloch

Dr. Cornelia von Velasco

Diplom-Pädagogin und Dr. phil. Acht Jahre Lehr- und Forschungstätigkeit an der Universität Würzburg. Wissenschaftliche Auszeichnung und Buchautorin. Vieljährige systemische Ausbildung und Fortbildung. Seit 1986 Lehrtrainerin am Institut für systemische Beratung, Wiesloch. Seit 1990 freiberuflich Coaching von Führungskräften, Beratung, Training, Konzeptentwicklung und Moderation für verschiedene Unternehmen. Im Coachingpool für das Topmanagement bei Daimler. Derzeitige Arbeitsschwerpunkte: Begleitung von Führungskräften in persönlichen und beruflichen Herausforderungen und Übergängen. Unterstützung bei der Führung von Mitarbeitern und Teams in herausfordernden Situationen. Entwicklung und Begleitung von Frauen in Führungspositionen. Unterstützung in Selbstmanagement, Work-Life-Balance, Zusammenspiel von Beruf und Familie.

Dr. Cornelia von Velasco
Lerchenweg 48
24211 Preetz

Tel.: 04342 - 4493
Fax: 04342 - 4154
drcornelia@vonvelasco.net
www.vonvelasco.net

Katja Wengel

Geschäftsführerin von Wengel & Hipp – Institut für systemische Organisationsberatung, erfahrener Businesscoach und Beraterin. Lehrtrainerin für Coaching am Institut für systemische Beratung, Wiesloch. Ihr Coachingstil zeichnet sich durch Respekt, präzise Kommunikation und konsequente Lösungsorientierung aus. Arbeitsschwerpunkte im Coaching derzeit: Businesscoaching, Coaching zu Persönlichkeitsentwicklung, Konfliktlösung und Karriereentwicklung. Autorin von Fachpublikationen im Bereich Coaching.

Wengel&Hipp
Institut für systemische Organi-
sations- und Karriereberatung
Kaiserstraße 57
60329 Frankfurt

Tel.: 069 - 21997220
Fax: 069 - 21997222
info@wengelundhipp.de
www.wengelundhipp.de

Dr. Julika Zwack

Diplom-Psychologin, Psychologische Psychotherapeutin, Supervisorin und Coach, daneben seit 2005 Mitarbeiterin der Sektion Medizinische Organisationspsychologie am Universitätsklinikum Heidelberg. Aktuelle Arbeitsschwerpunkte: Resilienzförderung und Burnoutprävention im Beruf, Supervision und Weiterbildungen im Feld systemischer Beratung.

Dr. Julika Zwack
Hauptstr. 33
69117 Heidelberg

Tel.: 06221 - 326482
mail@julikazwack.de
www.julikazwack.de

Stichwortverzeichnis

A

Abschluss ... 318
Akquisition ... 240
Ambivalenz ... 82
Analogien ... 189
Anfang bewältigen ... 67
Angebotsverhalten ... 160
Ankern ... 189
Anliegen ... 67, 136
Anschlussfähigkeit ... 62
Arbeit mit Bildern ... 189
Arbeitszufriedenheit ... 224
Assoziationstechnik ... 150
Aufbau des Buches ... 9
Auftragsdynamik ... 67, 122
Auftragsklärung ... 122
Ausblick ... 318
Außenperspektive ... 304
Auswertung ... 318

B

Bedürfnisse ... 67
Beobachtungen ... 304
Beratungsprojekt-Review ... 116
Beratungsqualität ... 62
Beratungssequenzen ... 111
Berufsentwicklung ... 268
Bilder ... 195
Bindung ... 309
Bisoziationstechnik ... 150
Burnout-Prävention ... 209, 224

C

Case Work ... 167
Coaching als Paar ... 167
Coachingerfolg ... 160
Coachinggespräche ... 111
Coachinghaltung ... 218
Coachingmarkt ... 160, 304
Coaching-Professionalität ... 160
Coachingprozess ... 105, 143
Coachingstandards ... 105

D

Dialog ... 200
Drei-Welten-Modell ... 182, 247, 296
Dyadisches Setting ... 57

E

Echte Klienten ... 67
Einstellung ... 200
Einstiegsübung ... 131
Emanzipation von Schemata ... 21
Emotionale Fragen ... 46
Empfehlungen formulieren ... 131
Entscheidungsprozesse ... 82, 116
Entwicklungskonflikte ... 218, 231
Entwicklungsmöglichkeiten ... 277
Ergebnis ... 318
Evaluation ... 160
Existenzielle Erfahrungen ... 231

F

Fallarbeit ... 195
Fallberatung in Gruppen ... 150

Feedback ... 259
Fishbowl ... 167
Flyerarbeit ... 289
Fokusdisziplin ... 160
Fragekompetenz ... 46, 101
Fragetechnik ... 27, 36, 42, 46, 131
Führung ... 200

G
Generationen ... 231, 282
Genius ... 247
Geschichten ... 150, 189
Gesprächsführung ... 143
Gesprächsvorbereitung ... 155
Group Relations Ansatz ... 167
Grundbedürfnisse ... 224
Gruppenmethode ... 143, 200
Gruppenzusammenführung ... 309

H
Handout ... 13
Heißer Stuhl ... 42
Hemmungen ... 21
Humor ... 21, 67
Hypothesen bilden ... 131

I
Identität ... 253
Identitätsentwicklung ... 231, 247
Integration ... 174
Interaktionsanalyse ... 75
Intuition ... 277, 282

K
Karlsruher Schule ... 143
Kollegiale Beratung ... 127, 136, 143
Kompetenzbilanzierung ... 296
Kompetenzportfolio ... 296
Konfliktcoaching ... 46, 200, 218
Konfliktkompetenz ... 218
Konstruktion Wirklichkeitsbild ... 62
Konstruktivismus ... 150
Kooperationsfähigkeit ... 174
Kreativität ... 200, 259

Kritische Beratungssituation ... 75
Kundengewinnung ... 240
Kundenperspektive ... 101, 289
Kurzcoaching ... 111

L
Latentes Anliegen ... 67
Lebensbalance ... 209
Lebensentwurf ... 231, 282
Lebensphasen ... 231, 282
Lebensstil-Analyse ... 268
Lebensthemen ... 231
Lebensübergänge ... 231
Lernerfahrungen ... 312
Lernmethoden ... 312
Lernprozesse anleiten ... 299
Lernreflexion ... 96
Lernschwächen ... 312
Lernstärken ... 312
Lessons learned ... 116
Life-Coaching ... 209
Lösungsbilder ... 189
Lösungsorientierung ... 27, 96, 111
Lösungsstrategien ... 111
Loyalität ... 309

M
Marketing ... 240, 289
Marktkompetenz ... 160
Meilensteine ... 116
Metaphern ... 189, 195, 273, 277
Motive ... 268
Muster ... 111, 282
Musterunterbrechung ... 75
Mut machen ... 57

N
Nachfrageverhalten ... 160
Narrative Ansätze ... 177
Nützlichkeit ... 101

O
Offene Prozesse ... 200
Open Staff ... 167

P

Passung ... 268
Persönlichkeit des Beraters ... 87
Persönlichkeitsentwicklung ... 231,
    235, 247, 282
Perspektiven erweitern ... 189
Plenumsarbeit ... 195
Portfolio-Arbeit ... 296
Potenzialanalyse ... 247
Potenzialentwicklung ... 268
Präferenzen ... 268
Pressenotiz ... 304
Probleminszenierung ... 195
Problemlösekompetenz ... 259
Produktentwicklung ... 174
Professionelle Identität ... 296
Professionsentwicklung ... 268
Profil ... 105, 235, 289
Projektarchitektur ... 174
Prozessberatung ... 62
Prozessdesign ... 174
Prozesse reflektieren ... 91, 105
Prozesse steuern ... 91
Psychodynamik ... 122, 167
Perspektivwechsel ... 152, 259

R

Rationale Fragen ... 46
Raum ... 57
Reflecting Team ... 136, 167
Reflexion ... 96
Regiekompetenz ... 160
Ressourcenarbeit ... 36, 189,
    273, 218
Riemann-Typologie ... 87
Rolle ... 143, 160, 182, 195
Rollenspiel ... 67

S

Scheinwerfer ... 195
Schnellfinder ... 14
schwierige Klienten ... 67, 87
Selbstbeschreibung ... 253, 289
Selbstbild ... 253

Selbstblockade ... 57
Selbsterfahrung ... 21, 87, 253,
    259, 296
Selbstklärungsprozess ... 57
Selbstmanagement ... 209
Selbstpräsentation ... 253
Selbstreflexion ... 273
Selbststeuerung ... 268
Self-Care ... 273
Sinnierkarte ... 247
Somatische Marker ... 82
Soziale Rollen ... 182
Spiegelung ... 167, 277
Spielerische Selbsterfahrung ... 67
Spielerisch Lernen ... 21, 36
Stagnation ... 57
Standortbestimmung ... 195
Stärken ... 247
Stellung nehmen ... 62
Systemische Didaktik ... 160, 200
Systemische Fragen ... 27, 36, 111,
    304

T

Tätigkeitsdimensionen ... 209
Team ... 174
Teambuilding ... 309
Teamentwicklung ... 200
Teilprojekte ... 174
Theatermetapher ... 195
Trainingsdesign ... 13
Trainingsende ... 318
Trauer ... 318
Turbocoaching ... 111

U

Übergänge ... 200
Übertragung/Gegenübertragung ... 87
Übungen auswählen ... 127
Übungsgespräche ... 96
Unbewusste Ressourcen ... 189
USP ... 268

V

Variantenreichtum ... 101
Veränderung ... 200, 282
Verantwortung ... 282
Verdecktes Anliegen ... 67
Versagensangst ... 21
Verstehen ... 62
Vertragsarbeit ... 67
Vision ... 259
Vorerfahrungen ... 11
Vorgehensweisen im Coaching ... 17
Vorgesetztenrolle ... 57

W

Wahrnehmen ... 200
Wandel ... 200

Werte- und Sinnsystem ... 268
Work-Life-Balance ... 209
Würdigung von Herkunftssystemen
    ... 309

Z

Ziel ... 57, 304
Zirkuläre Fragen ... 42
Zirkuläres Wirklichkeitsverständnis
    ... 42
Zuhören ... 200
Zukunftsentwurf ... 304
Zukunftsperspektive ... 259
Zusammenarbeit ... 174